教育部人文社会科学研究青年基金项目

"清华学校留美专科女生群体研究（1914—1927）"（批准号：18YJCZH178）

清华庚款留美女生研究

（1914—1927）

王晓慧 著

The Historical Research of
Tsing Hua College's Boxer Indemnity Female Students Studying
in America, 1914–1927

社会科学文献出版社
SOCIAL SCIENCES ACADEMIC PRESS (CHINA)

序

大约 10 年前，通过复旦大学校史研究室钱益民老师介绍，我认识了王晓慧老师，知道王老师专心于中国女性留学教育史研究，尤其关心清华学校时期选派留美专科女生，并不时有成果发表。因为有清华留美女生这个共同话题，我和王老师时有交流，受益良多。今年初看到王老师积数年之功完成的这部书稿时，我不禁为王晓慧老师辛勤耕耘大有所获感到由衷高兴。

自近代留学史研究发轫，清华选拔、派遣留学生即为重要组成部分和研究对象。无论是清华留美生整体，还是清华选拔、资助的每一类学生，既有留学史研究或多或少均会涉及。因此，清华留学生研究可以说是老题目。老题目如何做出新成果？就笔者从事的大学校史研究而言，有三个方面似可注意。

其一，国外资料的挖掘。既往留学史研究，对于国内资料的挖掘与运用几近，取得了丰硕的成果。而对国外资料，长期以来由于各种原因，挖掘与运用并不理想。近些年来，一些学者尤其是年轻学者利用外语、网络等便利，在国外图书馆、档案馆挖掘了丰富的史料，出版了一批优秀的成果。但相对于数量庞大、保存完整的海外文献，这方面仍有很大的空间。

其二，新理论与新方法的运用。新成果固然有赖于新材料，但理论与方法也很重要。材料随着研究问题走，而有价值的问题的提出，很大程度上取决于研究者所持的理论与方法。例如，传统留学史较多关注人物、学科、团体以及留学对中国的影响，对留学人员思想、知识等的追溯一般止步于留学国。近些年来，学界在全球史视野下研究世界范围内的知识转移，突破国别困囿，留学生思想、知识来源与传承的脉络更加清晰。

其三，对特定人群或人物进行深入挖掘。既有留学史研究，对留学生中优秀人物、重要留学生团体和刊物等都有较多的关注。但对一些特定群体的研究，仍显薄弱甚至存在空白。就清华庚款留学生研究而言，与本书的研究对象——清华留美女生类似的还有清华留美专科男生、清华大学中德交换生、清华大学留美公费生等。再如，对清华学校时期留学生，个体研究较多，集中研究则少之又少。实际上，经过在清华独特环境中数年熏陶，他们有了相似的文化、心理结构和背景。将某一级学生作为整体，把他们在清华的生活和学习与留学生活和学习连贯起来，能更完整地考察留学生的思想、知识、情感、成就、贡献、影响等。

上述三个方面，在王晓慧老师这本书里可以说都有体现。

该书的选题有很大的挑战性。首先，时间跨度大。留美女生不是同期选派，从1914年第一批到1927年第七批，也是最后一批，前后长达14年。其次，家庭出身和教育背景差别大。这些学生出身既有高门巨族、书香门第，也有基督教世家。再次，资料收集难度大。这些优秀的女性约在百年前分批次出国，大部分人此后逐渐湮没在历史长河中，不为人所知或熟知，信息少且分散。

如果说选择这个主题需要勇气和兴趣，那么这本书的完成则依赖于王晓慧老师提倡的教育史学想象力。她曾专门论及教育史学的想象力："与社会学的想象力相似，教育史学的想象力，也应该是教育史研究者所拥有的一种心智品质。这种品质使得教育史研究者能够利用教育史料增进自己对于人类教育历史整体研究的质感，从而在真实客观的史料之上，看清现实社会中教育变革的全貌，同时能清醒明白地辨析在当代社会变革中教育变革的走向。

这是一种历史眼光与当代视角转换与联系的能力。简言之，教育史学的想象力是一种能够立足于当下，以整体观和历史感的思维方式联系现实与过去且面向教育实践的能力。……教育史学的想象力便能赋予教育史研究者在宏大的历史社会变革与现实教育变革之间，在教育思想家的思想与教育制度的施行之间，在精英教育阶层与下层民众教育领域之间，在教育公共问题与个人研究兴趣之间穿梭的能力。从而构建一种基于社会整体观和历史全面观的整个教育史的结构性知识，使研究者们能够游刃有余地进行教育史研究，从而提炼与构建研究的新范式与新理论。"① 该书可以说是她运用历史整体观，借鉴社会学、心理学理论与方法，立足当代，将想象力运用于教育史写作当中去的作品。

在该书中，王晓慧老师有方法论自觉意识，既充分吸收、借鉴学术界研究成果，又格外注意研究视角的调整。她明确指出"女性要有自己的历史"，明确反对"传统的概念框架"中"试图把女性置于以男性为衡量标准的范畴与价值体系当中去"的现状，希望"把妇女还原到历史中去，并以女性的立场还原女性的历史"。由此，王老师以清华庚款留美女生为研究对象，将她们还原到当时的历史中，挖掘、整理、爬梳和描述她们在出国前、留美期间和回国后的学习和生活经历，还原和分析她们在教育、性别、职业与婚姻家庭之间的历史细节，从而丰富我们对中国近代教育史与女性史的认知与理解。

这本书将研究视角由"大历史观"与"男性视角"转换为"微观史学"与"女性视角"。这个研究视角的转化极有启发性，把清华留美学生从留学生群体尤其是男性视角下留学生群体中提取出来。但要指出的是，在作者那里"传统"与"现代"既互相对立又紧密联系，二者并非截然对立。该书考察清华庚款留美女生的家庭、学习、生活、情感、工作，善于同中看异，异同互转，

① 王晓慧：《论教育史学的想象力》，《教育学术月刊》2011 年第 9 期。

因而在既有研究成果的基础上新见迭出。

例如，书中对清华留美女生招生简章中学科的前后变化、出国前各界欢送词和讲话报告等的分析，说明随着女生留学教育的深入，原来只限定女生在相对女性化的专业里做选择的指导思想发生了改变，女子教育目标不再是培养优秀的贤妻良母，而是朝着女国民、女公民、女建设者的目标而设置专业。这些分析解读极富新意，让人耳目一新，也暗中提示这批知识女性此后人生的跌宕起伏。

王晓慧老师对女学生培养目标转变的考察，不仅关注留美女生的身份转变，更揭示了传统与现代之间的张力。通过对留美女生的教育、任职与婚姻家庭的考察，审视她们"贤妻良母"与"女子国民"两种身份的矛盾与冲突，反思她们在平衡主体身份建构与婚姻家庭生活中的结构性困境。王晓慧老师认为，这批知识女性参与社会过程，面临家庭与职业的平衡、传统与现代观念的冲突等各种问题和挑战，虽然她们接受了多年的男女平等教育，但在实际生活中仍无法完全摆脱中国传统文化的禁锢和世俗的约束。

应该说，这并非仅限于清华留美女生，而是近代以来所有知识女性普遍面对的困境。这一困境毋宁说本质上是现代性内在矛盾的体现——当制度变革先于文化变迁，当教育与经济独立遭遇传统规训，包括清华留美女生在内的中国知识女性经历了快速的性别、社会等角色重构过程。

王晓慧老师注重"女性个体的生命体验"，"将婚姻家庭这一维度纳入对这批女性的个人生活史考察"，考察了留美女生的婚姻和家庭状况，使得对个人生命历程的考察链条更加完整，从而让历史人物尤其是这批女性人物更加鲜活丰满。

在婚姻方面，留美女生经过现代教育，大多具有健全、独立的人格，能够自由选择和主宰自己的婚姻。王晓慧老师发现，知识女性面对传统与现代带来的结构性困境，并非总处于被动地位。留美女生身上同时具有现代/传统教育观念与性别观念，前者会积极地对后者进行"重构"，从而生成一种"半现代性"。现代教育观念与性别观念改造、教育与形塑这批女生的过程并非一帆风顺、一蹴而就，"传统性"与"现代性"会通过一定模式的互动实现"再生产"。尽管大多数留美女生的婚姻家庭比较幸福，但少数遭遇婚姻挫折的留美女生由隐忍到奋起抗争的历程表明她们在西方所浸染的"现代"特色终究压住了导致她们能够隐忍的出国前所熏陶的"传统"底色。由此，留美女生作为历史创造者的主体性与能动性异常鲜明地被揭示出来。王老师这一深刻洞见既富有历史意义，让我们全面认识中国近代以来知识女性参与社会的贡献、影响与局限；同时，当代中国大多数女性仍然面临这一困境，因而又富有现实意义。

现代性在推动中国社会进步的同时，确实为女性带来了新的困境。这些困境既包含全球化语境下的共性挑战，也有中国特定社会文化转型中的矛盾。王晓慧老师对清华留美女生群体的研究，或许有助于我们找到一条解困之道，那就是超越非此即彼的二元对立，积极培育能够激发知识女性主体性与主动性的友好的外部环境，从而构建具有中国现代性的性别伦理。

王晓慧老师此书能够推进对清华留美学生群体的研究。1909—1949 年，清华（包括游美学务处时期）前后选派、资助的留学生多达 10 余类；各类学生来源、选拔方式、派遣以及管理方式等不尽相同，有些甚至差别很大。以往留学史研究，一般将这些学生统称清华庚款生，描述共性者多，区别异同者少；个人研究多，群体研究少，对各类留学生群体进行专题研究者尤不多见。有些类别，例如自费生，迄今甚至连完整名单都无法开列。笔者前些年对清华大学留美公费生群体的研究，也仅从考试选拔、辅导、学校和专业选择等方面入手；对清华留学生类型的考察，也仅限于考试规程、选拔人数、资助标准等。对于每类考生家庭和教育背景，在外留学情况，以及留学回国后的工作、家庭情况等，均付阙如。王晓慧老师的这本书可以说填补了清华留美女生群体研究的空白，大大丰富了对这一群体的认识。

此前，王晓慧老师对清华留美女生群体做了多角度研究。例如，对1914年首批留美女生的考证，纠正了长期以来流传的人数、人名的某些错讹；从社会学角度，探讨清华留美女生成为"群体"的可能，提供了教育背景、集体心理、共同价值等富有启发性的分析角度；从全球史角度，考察美国女传教士对专科女生教育发展的影响，这批女生在美所学专业、受到或目睹的种族歧视，由此带来的思想冲击；从女性主义角度，考察婚姻、家庭、职业的冲突与矛盾；等等。这些研究成果，在该书中都有系统化呈现。这一解剖麻雀式的细化研究，丰富、深化了清华留美女生研究，更重要的是，无论是群体选择，还是对特定群体中个人出身与教育，选派、留学期间的学习与生活，职业与家庭等因素进行分析的框架，实际上为其他类型留学生的研究提供了方法论的借鉴。

王晓慧老师广泛收集与主题相关的中外各类资料，包括报纸、杂志、日记、档案、书信、回忆录、研究论文和著作等，尤其系统梳理重要的留学生刊物 *The Chinese Students' Monthly*（《中国留美学生月报》）上的重要信息，挖掘了很多鲜为人知的史料，各种资料的综合运用让研究对象鲜活饱满，全书引证丰富，立论严谨。如果说要求全，笔者认为，研究对象既然是留美女生，则在美的学习与生活，思想与知识的接受、传承等自然都是考察的重点。但要做到这一点，仅靠这份刊物及部分回忆录似较单薄。如果条件允许，能更多利用美国的档案，这项研究当能更加深入。当然，王晓慧老师已有认识。正如她坦陈："就本书题材而言，最好到美国各校去广泛收集留美女生们的求学资料，但因这53名女生分散在美国十余所高校，有些档案已经通过电子邮件询问得到，有些档案并不完全开放，加之本书并非只做单一学校女生的个案研究，台湾学者王惠姬的遗憾也是笔者的遗憾，限于时间、财力与能力，实在力有未逮，或许将来有机会，可以一偿夙愿。"希望在不久的将来，王晓慧老师的"夙愿"早日实现，为学术界提供更加深入的清华留美女生研究成果。

我与王晓慧老师认识约 10 年，虽然迄今缘悭一面，但每有疑问或问题，彼此请益，受益良多。值此大作问世，我得以先睹为快，并不揣浅陋把自己阅读的心得写出来，请王晓慧老师和各位学界先进批评指正。

金富军

2025 年 3 月

目 录

导　论

在以往的中国留美教育史研究中，女性的身影较为少见。略有提及的若干研究，一是往往从"添加妇女入史"的角度出发，将其置于留美学生群体中一笔带过；二是往往从"女性解放"视角切入，或是将这一群体浓缩为近代女性争取留学教育权的一个注脚，或是将某一女性个体放大为整个留美女生群体的代表。这些研究既容易将留美女生作为留美男性群体的附属，又容易将她们视为一个完全同质的社会群体，忽略了她们在求学目的、专业选择与人生发展上的个体差异性。恰如格尔达·勒纳（Gerda Lerner）所言，这些研究总是在"传统的概念框架"中"试图把女性置于以男性为衡量标准的范畴与价值体系当中去"①，这对人口数量占据了一半的女性来说，并不妥当。

在一百多年来的中国留美教育史中，有一个群体特别引人注目，那就是清华学校自 1914 年到 1927 年利用庚子赔款经费派遣的53 名留美女生。这不仅是近代女子教育史上的重大突破，也是这些女性人生转折的重要标志。对这一女性群体进行研究，基本上能达成琼·凯利-加多（Joan Kelly-Gadol）所指出的女性历史研究的两个目标，即"把妇女还原到历史中去，并以女性的立场还原

---

① Gerda Lerner, *The Majority Finds Its Past*: *Placing Women in History*, London: Oxford University Press, 1979, p. 137.

女性的历史"①。本书试图以这 53 名庚款留美女生为研究对象，将她们还原到当时的历史中，挖掘、整理、爬梳和描述她们在出国前、留美期间和回国后的学习和生活经历，还原和分析她们在教育、性别、职业与婚姻家庭之间的历史细节、主要张力及其背后的历史原因，从而对这 53 名清华庚款留美女生做进一步的性别化与差异化分析，揭示近代女子教育中所蕴含的异质性。

一 选题背景

女性是近代中国改革进程中的重要主体，她们在近代留学史中也占据了一席之地。比起中国男性，女性的出洋留学更具有划时代的历史意义。因为近代多数女子受到中国传统观念的束缚，长期留守闺阁，大门不出、二门不迈，所受教育主要是为满足男权社会"贤妻良母"的角色期待，直到 1840 年以后，教会女学兴起，她们才得以在新式教育中接受教育与求得自立。在蓬勃发展的教会女学刺激下，彼时的中国社会才意识到女性受教育的价值所在。精英男性知识分子开始倡议中国女性"废缠足""兴女学"，希望占据中国人口另一半的女性也承担起中华民族"救亡图存"的时代责任。1907 年，清政府颁布《奏定女子小学堂章程》和《奏定女子师范学堂章程》等，女性开始与男性共同接受学校教育，意味着政府对女学的重视与顺应民意。此后，中国本土女学才开始发展起来。

与本土女学发展相伴而行的，是女性留学教育的开始。甲午海战之前，也有很少一部分女性能获得出国留学机会。20 世纪初，随着中国人对日本的重新认识，一些女性又随着父兄或者丈夫自费负笈东瀛留学。同期，也有少数女子赴美求学，1908 年以前，

---

① Joan Kelly-Gadol, "The Social Relation of the Sexes: Methodological Implications of Women's History", *Signs*: *Journal of Women in Culture and Society*, Vol. 1, No. 4 (Summer, 1976): 809.

留美女生共计 15 人，1911 年，中国留学于美国高等学堂者，女子共计 52 人，占总数的 8%[①]，但随着中国开始重视女子教育，仅 1922 年一年，在美国学习的女生就有 200 人左右[②]。这些受过美国教育的女学生，与中国男性一起肩负了西学东渐的时代重任。马克思曾指出，"每个了解一点历史的人也都知道，没有妇女的酵素就不可能有伟大的社会变革。社会的进步可以用女性（丑的也包括在内）的社会地位来精确地衡量"[③]。妇女的地位是衡量一个国家文明程度和现代化进程的重要尺度。虽然近代中国留美女性的人数比起男性而言并不多，但她们学成归国后大都学以致用，不少人还成为专业领域内可以与男性学者比肩的专家，开创了数个"第一"，对此后中国妇女的教育发展和地位提升起到了非常大的表率作用。因此，研究这些较为先进的女性知识分子，对进一步考察近代中国女子留学史兼以管窥中国近代社会的教育、性别与文化的历史变迁，具有重要意义。

二　进入视野

1909 年 7 月，在庚子赔款中设置的留美预备学校——清华学校的前身——游美学务处成立，9 月在史家胡同招考第一批留美学生。1910 年 12 月，游美学务处改名为清华学堂，1912 年 10 月，清华学堂改称为清华学校。1914 年 6 月，清华学校"首次招取 10 名专科女生赴美留学"，并决定从当年开始"每隔一年选派专科女生 10 名（1923 年后改为 5 名）赴美留学"[④]，由此，清华学校的"派送专科女生留美"政策得以实施。截至 1927 年，校方一共向美国派送了 53 名庚款留美专科女生。其中，1914 年、1916 年以及

①　阎广芬：《西方女学的传入与中国近代女子教育》，《教育研究》2000 年第 4 期。
②　叶维丽：《为中国寻找现代之路：中国留学生在美国（1900—1927）》（第二版），周子平译，北京大学出版社，2017，第 126 页。
③　《马克思恩格斯选集》（第四卷），人民出版社，1995，第 586 页。
④　清华大学校史研究室编《清华大学九十年》，清华大学出版社，2001，第 12 页。

1921 年各为 10 名，1918 年为 8 名，1923 年、1925 年以及 1927 年各为 5 名。所谓专科女生，特指招考于清华校外且被录取后"须于规定的学科中任择一科为进美校研究之专科，择定后，不得擅改"①的直接出洋女生。这批女生并不在清华校内学习，招录之后就直接被送到美国留学。每年规定的学科虽然在发布招生简章时略有变动，但总体可以囊括教育、音乐、文学、历史、幼稚园专科、体育、家政、医科、博物、物理、化学等学科。这既是近代中国第一次以庚款官费的形式大规模派送留美女生，也是清华学校此后女生留美政策的开端。

清华学校的这批庚款留美女生②是近代中国较早接触美国教育熏陶的中国女性，更是日后为中国现代化建设做出了突出贡献的高学历知识分子。然而，囿于史料以及性别视角，这一部分女性几乎未曾为学界深入研究过。但仔细查阅史料我们发现，这一女性群体具有非常鲜明的特点：她们大多出身于近代中国中上层家庭，得益于清华学校庚款留美生派遣政策的实施，进入美国各高水平大学深造。回国后，她们一边工作，一边结婚生子。不少女性回国后以专业为志业，成为该领域的开拓者与领路人，亦有不少女性回归家庭，襄助丈夫培育子女。她们中的大多数人如同今天的多数职场女性一样，在平衡职业与家庭之间辗转磨炼，左顾右盼。因此，通过研究这批女性，可以向读者展示她们的成长轨迹，从生命史的角度来还原她们的教育故事及其独特之处，从而丰富我们对近代中国高等教育史和近代中国女性史的认知与理解。而且，挖掘她们的历史故事，考察她们的留学道路、教育成效以及她们归国后的学术轨迹，辅以她们的婚姻家庭生活史，对于我们了解整个近代中国留学史更有裨益，有助于我们全方位地了解整个中国近代教育发展史。

---

① 舒新城：《近代中国留学史》，上海书店出版社，2011，第 53 页。
② 为行文方便，下文酌情简称"清华留美女生"。

或者，不妨再深入一点，我们可以突破"大历史观"与"男性视角"的理论预设，将清华学校 53 名留美女生视为一个具有典型特征的整体，撷取这批女生中若干个具备传统与现代张力的典型个案，来考察现代教育观念与性别观念在对她们进行引导时对传统教育观念与性别观念的"重构"和"再解释"。如此，将这 53 名留美女生的受教育背景、求学经历与职业生活、婚姻家庭概况等挖掘、爬梳并描述还原出来，就具有十分重要的意义。

本书希望能在马克思主义妇女理论视野下进行近代中国女子留学教育史研究，尝试搭建近代中国妇女解放论述经验的研究框架。从理论层面来看，本书突出了女性作为历史创造者的能动性，改变了将近代女性定位为"贤妻良母"群体的性别偏见，从而丰富了近代女性史的研究疆域和理论落脚点。此外，它也突破了中国近代留学史研究的男性视角，以这一女性群体的"小历史"对原有的近代教育史、近代留学史等以男性论述为主的"大历史"进行补充、拓展与修正，并在一定程度上重写以男性为主要论述对象的留学史，从而为构建马克思主义妇女理论视野中的近代中国女子教育史研究框架提供思路。

所以，本书把这 53 名清华留美女生作为研究对象，以马克思主义妇女理论为指导，通过以小见大的微观史学与性别研究视角，分析 20 世纪初现代教育观念与性别观念在进入近现代女子教育场域后与中国传统教育观念的"碰撞"与"融合"，展示现代教育观念与性别观念在近现代女子教育中的"重构"、"再塑"和"再生产"机制。因此，本书无论在理论建构还是现实应用方面，都具有较为重要的意义。

三 学术史回顾

近年来，留学教育在中国近现代历史研究中虽受重视，留美教育的研究也非常令人瞩目，尤其是热衷于探讨留学生对中国

"现代化"的贡献，但大多数都偏重于研究男性留学生，而少见对女性留学生的研究探讨，更遑论清华庚款留美女生群体。回顾国内外学者对清华学校留美专科女生群体的关注，只可零星见于对中国留学生群体与中国女子教育的研究之中。总体而言，自民国以来已有研究大致可以集中梳理如下。

首先，以宏大历史叙事为导向，将留学生群体或者女性群体作为一个整体来进行研究，在对中国近代留学史以及中国近代女子教育史进行爬梳整理时，兼有涉及清华留美女生。这一视角又可分为两个层面。

一是将留学生群体视作一个整体，着重对近代中国的留学政策、制度的演变进行梳理，系统考证并梳理留学生名录与史料，全面论述留学生的状况、教育和职业成就以及探讨留学生对近代中国现代化的贡献，在此基础上重点突出一些标志性留学生的活动与贡献，其中就涵括了清华学校留美女生群体以及个人。如20世纪20年代有常道直的《留美学生状况与今后之留学政策》、舒新城的《近代中国留学史》①，后者几乎是近代留学史研究的奠基之作；台湾学界在20世纪60年代有房兆楹编的《清末民初洋学学生题名录初辑》，70年代有林子勋的《中国留学教育史（1847—1975)》，80年代有王焕琛的《留学教育：中国留学教育史料》（第三册)②，皆对清华学校留美女生名录有过考证。

大陆学界经过约三十年的发展，对留学史的研究形成了南开大学的中国留学教育研究中心和徐州（江苏）师范大学的留学与近代中国研究中心两个专门机构③，经过这些机构及其研究者们的

① 常道直：《留美学生状况与今后之留学政策》，《中华教育界》1926年第9期；舒新城：《近代中国留学史》，中华书局，1928。

② 房兆楹：《清末民初洋学学生题名录初辑》，台湾"中研院"近代史研究所，1962；林子勋：《中国留学教育史（1847—1975)》，台湾华冈出版有限公司，1976；王焕琛：《留学教育：中国留学教育史料》（第三册），台湾编译馆，1980。

③ 张睦楚：《民族意识与自由主义的双重变奏——留美中国学生联合会之历史考察》，社会科学文献出版社，2018，第11页。

辛苦耕耘，自 20 世纪 90 年代起，近代留学史研究有一个井喷时期。南开大学李喜所、刘集林等著的《近代中国的留美教育》和李喜所主编的《中国留学通史》（三卷本）及其论文《20 世纪中国留学生的宏观考察》^① 等，以及彭小舟的《近代留美学生与中美教育交流研究》^② 对中国近代留学史尤其是对留美学生群体做了全面细致的梳理与研究。江苏师范大学周棉的《中国留学生大辞典》（主编）、《中国留学生论》（合著）、《留学生与中国的社会发展》（主编）、《留学生群体与民国的社会发展》（合著）^③ 及其系列论文^④，对留学教育史和留学生与中国的社会发展做了关联梳理，尤其梳理了这些留学生的历史贡献。浙江大学田正平自 1998 年开始主持国家级的"中外教育交流课题"，带领其团队成员出版了《留学生与中国教育近代化》《教育交流与教育现代化》《调适与转型：传统教育变革的重构与想象》^⑤ 等一系列近代留学教育史的相关研究成果，或以专著或以专辑形式汇集了近年来近代留学教育史、留学生与中国教育近代化和现代化的研究成果。

此外，王奇生的《中国留学生的历史轨迹（1872—1949）》《留学与救国——抗战时期海外学人群像》^⑥ 呈现了近代中国留学生群

---

① 李喜所、刘集林等：《近代中国的留美教育》，天津古籍出版社，2000；李喜所：《中国留学通史》（三卷本），广东教育出版社，2010；李喜所：《20 世纪中国留学生的宏观考察》，《广东社会科学》2004 年第 1 期。

② 彭小舟：《近代留美学生与中美教育交流研究》，人民出版社，2010。

③ 周棉：《中国留学生大辞典》，南京大学出版社，1999；周棉：《留学生与中国的社会发展》（一），中国矿业大学出版社，1997；《留学生与中国的社会发展》（二），吉林人民出版社，2008；周棉等：《中国留学生论》，南京大学出版社，2012；周棉：《留学生群体与民国的社会发展》，中国社会科学出版社，2017。

④ 周棉：《论中国留学教育的产生》，《教育评论》2002 年第 6 期；周棉：《留学生群体与民国时期新式教育体制的建立》，《浙江学刊》2012 年第 5 期；周棉：《留学生群体与民国的社会发展》，《近代史研究》2019 年第 1 期。

⑤ 田正平：《留学生与中国教育近代化》，广东教育出版社，1996；田正平、周谷平：《教育交流与教育现代化》，浙江大学出版社，2005；田正平：《调适与转型：传统教育变革的重构与想象》，人民教育出版社，2016。

⑥ 王奇生：《中国留学生的历史轨迹（1872—1949）》，湖北教育出版社，1992；王奇生：《留学与救国——抗战时期海外学人群像》，广西师范大学出版社，1995。

体以爱国为使命的责任担当；程新国的《庚款留学百年》①，章开沅、余子侠的《中国人留学史》②，谢长法的《中国留学教育史》③，梁冠霆的《留美青年的信仰追寻》④，吴汉全、王中平的《留学生与近代中国社会变迁》⑤ 以及林伟的博士学位论文《彼岸的想象：留美中国学生的国家认同，1901—1919》⑥ 等著述均对本研究有参考价值，虽然这些研究对清华专科女生群体未曾具体提及或细致铺陈，但为本研究奠定了这一群体海外留学的爱国情感与心态基调。新近研究如李永等人的《中国近代留学教育活动史研究》、郑刚的《留学生与近代中国研究生教育》、朱孔京的《中国近代留学教育比较研究》⑦ 以及梁晨的《1909—1944 年清华留美学生职业状况量化研究》⑧ 等对留美学生的历史贡献做了进一步梳理。不过，需要指出的是，这些著述更多的是以男性视角考察整个留学史，故而容易忽略留美女性群体，可能间或会出现那么一两个女生个体，但并不全面，而且其对清华学校留美女生多是一笔带过，并不详尽。

新近研究在留学教育以及留学生群体在海外的具体活动考察上亦有新的突破。张睦楚的《民族意识与自由主义的双重变奏——留美中国学生联合会之历史考察》《留美中国学生联合会史》《浙籍留

① 程新国：《庚款留学百年》，东方出版中心，2005。
② 章开沅、余子侠：《中国人留学史》，社会科学文献出版社，2013。
③ 谢长法：《中国留学教育史》，山西教育出版社，2006。
④ 梁冠霆：《留美青年的信仰追寻》，上海人民出版社，2010。
⑤ 吴汉全、王中平：《留学生与近代中国社会变迁》，吉林人民出版社，2012。
⑥ 林伟：《彼岸的想象：留美中国学生的国家认同，1901—1919》，博士学位论文，北京师范大学，2012。
⑦ 李永、顾晓莉：《中国近代留学教育活动史研究》，科学出版社，2019；郑刚：《留学生与近代中国研究生教育》，大象出版社，2020；朱孔京：《中国近代留学教育比较研究》，中国社会科学出版社，2022。
⑧ 梁晨：《1909—1944 年清华留美学生职业状况量化研究》，《近代史研究》2024年第 4 期。

美学生与浙江近代高等教育早期现代化研究》》① 三本专著及其系列文章②试图再现留美中国学生联合会的创立与变迁，对留美学生的海外活动亦多有描述和呈现，其所记述的联合会活动中不乏清华留美女生的身影。

近年来，国外学界的研究对清华留美女生群体也有所涉及。早在 1966 年，美籍华裔学者汪一驹对中国留学生成为知识分子后对中国教育、财政等产生的影响做了详细的论述③；美国圣约翰大学的李又宁主编了《华族留美史：150 年的学习与成就》④，收录了华族留美史国际学术研讨会的若干论文，尤其强调了留美生与中国政治和领导阶层的关系；美国密歇根州立大学学者史黛西·比勒（Stacey Bieler）的《中国留美学生史》⑤，用生活史的个案写作方法来呈现留美女生形象，书中有一些地方谈到了留美女生，并以陈衡哲作为个案进行了论述；而美国马萨诸塞州立大学波士顿分校学者叶维丽的《为中国寻找现代之路：中国留学生在美国（1900—1927)》⑥，则专辟一章从现代性（modernity）的角度来讲述 19 世纪 80 年代到

① 张睦楚：《民族意识与自由主义的双重变奏——留美中国学生联合会之历史考察》，社会科学文献出版社，2018；张睦楚：《留美中国学生联合会史》，西南大学出版社，2023；张睦楚：《浙籍留美学生与浙江近代高等教育早期现代化研究》，浙江大学出版社，2024。

② 张睦楚：《由“私域”走向“公共”：近代留美中国学生的历史选择——以留美中国学生联合会为例》，《北京教育学院学报》2018 年第 4 期；张睦楚：《“奢望幻灭”：一战期间留美中国学生对威尔逊主义的反应》，《思想理论战线》2023 年第 4 期；张睦楚：《书生报国的另一种面相：留美中国学生的价值选择与意义转向》，《现代教育论丛》2022 年第 5 期；等等。

③ Y. C. Wang, *Chinese Intellectuals and the West*, *1872-1949*, Chapel Hill：University of North Carolina Press. 该书出版后，由梅寅生翻译成中文出版，见汪一驹《中国知识分子与西方：留学生与近代中国（1872—1949）》，梅寅生译，台湾枫城出版社，1978。1991 年，由台北久大文化股份有限公司再版。

④ 李又宁：《华族留美史：150 年的学习与成就》，纽约天外出版社，1999。

⑤ 史黛西·比勒：《中国留美学生史》，张艳译，生活·读书·新知三联书店，2010。

⑥ 叶维丽：《为中国寻找现代之路：中国留学生在美国（1900—1927）》（第二版），周子平译，北京大学出版社，2017。

20 世纪 20 年代美国女留学生的学习生活经历，并专门谈到了陈衡哲"造命"的生命历程。

二是将女性群体作为一个研究整体，专门对其教育历史、发展概况、角色变迁等进行研究。这里面值得一提的是孙石月的《中国近代女子留学史》①，专门对我国近代女子留学状况进行了系统论述，尤其是专门辟一个小节来论述清华庚款留美女生的派遣，对本书写作多有帮助。另外，教育史学界在研究女性教育史时专辟章节对近代中国女留学生整体进行描写与评述，间或就提到了清华留美女生群体。如 20 世纪 30 年代有俞庆棠的《三十五年来中国之女子教育》②；80 年代有卢燕贞的《中国近代女子教育史》③；90 年代有雷良波的《中国女子教育史》④、杜学元的《中国女子教育通史》⑤。进入新世纪，史静寰的《妇女教育》⑥、熊贤君的《中国女子教育史》⑦ 等悉数出现，对留美女生群体都略有涉及。此外，还有试图对留学女性进行性别视角理论探索与观照的，如乔素玲的《教育与女性——近代中国女子教育与知识女性觉醒（1840—1921）》⑧、蒋美华的《20 世纪中国女性角色变迁》⑨ 等，在妇女解放视角下会涉及女留学生群体研究。笔者在对近代中国女子教育史做整理和爬梳时，所著的《近代中国女子教育论争史研究（1895—1949）》⑩ 一书也曾对清华留美女生有所涉及。

---

① 孙石月：《中国近代女子留学史》，中国和平出版社，1995。
② 俞庆棠：《三十五年来中国之女子教育》，载李又宁、张玉法编《中国妇女史论文集》，台湾商务印书馆，1981。
③ 卢燕贞：《中国近代女子教育史》，文史哲出版社，1988。
④ 雷良波：《中国女子教育史》，武汉出版社，1993。
⑤ 杜学元：《中国女子教育通史》，贵州教育出版社，1995。
⑥ 史静寰：《妇女教育》，吉林教育出版社，2000。
⑦ 熊贤君：《中国女子教育史》，山西教育出版社，2009。
⑧ 乔素玲：《教育与女性——近代中国女子教育与知识女性觉醒（1840—1921）》，天津古籍出版社，2005。
⑨ 蒋美华：《20 世纪中国女性角色变迁》，天津人民出版社，2008。
⑩ 王晓慧：《近代中国女子教育论争史研究（1895—1949）》，中国社会科学出版社，2015。

其次，以中观史学为考察角度，学界在重点整理清华大学学校发展史以及庚款兴学历史时，亦关注到清华留美女生派遣政策与招录概况，以及这一群体的具体名录和人生轨迹等。如清华大学校史研究室的系列编撰校史书籍《清华大学九十年》《清华大学一百年》《清华漫话》① 等，以及清华大学校史馆金富军的《清华大学留学管理研究：1909—1949》《档案里的清华》② 等著作系统全面地爬梳了清华大学留美政策的演变历程并对女生留美政策和考试的具体过程进行了介绍。他的系列论文，如《1949 年前清华大学资助留学生类型考察》③，对清华学校的发展及其教育举措等进行了系统全面的介绍，又对留学政策有所梳理；而苏云峰的《从清华学堂到清华大学（1911—1929）：近代中国高等教育研究》④ 在整理了许多清末与民初史料的基础上书写清华历史，为这一时期的清华教育研究提供了坚实基础。

最后，以微观史学视角予以探究，如近年来已有学者以女留学生为专门对象进行研究，尤其是有专门对这一群体以及这一群体中较著名者进行历史考证的研究。如谢长法的《清末民初的留美女学生》⑤，台湾学者王惠姬的《中国现代化的推手——以留美实

---

① 清华大学校史研究室编《清华大学九十年》，清华大学出版社，2001；清华大学校史研究室编《清华漫话》，清华大学出版社，2006；清华大学校史研究室编《清华大学一百年》，清华大学出版社，2011。

② 金富军：《清华大学留学管理研究：1909—1949》，清华大学出版社，2022；金富军：《档案里的清华》，上海三联书店，2023。

③ 详见金富军《1949 年前清华大学资助留学生类型考察》，《江苏师范大学学报》（哲学社会科学版）2015 年第 1 期；金富军《清华大学留美公费生考试制度考察》，《清华大学学报》（哲学社会科学版）2015 年第 3 期；金富军、李珍《清华学校留学辅导考察》，《扬州大学学报》（高教研究版）2016 年第 3 期；金富军《1909—1949 年清华留学生派遣政策考察》，《兰台世界》2016 年第 12 期。

④ 苏云峰：《从清华学堂到清华大学（1911—1929）：近代中国高等教育研究》，生活·读书·新知三联书店，2001。

⑤ 谢长法：《清末民初的留美女学生》，载田正平等编《教育交流与教育现代化》，浙江大学出版社，2005。

科女生为主的研究（1881—1927）》①，以及项建英等人的《近代中国留美高校女性综论》② 和陈雁的《密歇根大学、巴伯奖学金与亚洲近代女子高等教育》③ 等，专门对女留学生群体进行了细致研究。也有对这批女生中的个人生活史与学术史进行描述的研究，因首批女生中陈衡哲最为出名，故而学界对陈衡哲的研究比较多，光是传记式研究就有至少三本④，至于研究论文，就更是不胜枚举了。国外学者对陈衡哲的研究也较为多见，如 Janet Ng 的《二十世纪初中国自传的现代性经验》（*The Experience of Modernity：Chinese Autobiography of the Early Twentieth Century*）⑤ 对陈衡哲自传的现代性进行了深度分析。笔者自对这一群体感兴趣之后，也曾尝试发表了系列论文。⑥ 可喜的是，近年来学界在对音乐教育史进行研究时，逐渐地出现了一些对周淑安等人的研究⑦，这些论文大大突破了男性视

① 王惠姬：《中国现代化的推手——以留美实科女生为主的研究（1881—1927）》（上、下），台湾花木兰文化出版社，2011。

② 项建英、高梅：《近代中国留美高校女性综论》，《教育评论》2017 年第 8 期。

③ 陈雁：《密歇根大学、巴伯奖学金与亚洲近代女子高等教育》，《全球史评论》2019 年第 1 期。

④ 王玉琴：《一日西风吹雨点——陈衡哲传》，中国书籍出版社，2015；李火秀：《过渡时代的"造桥"者——陈衡哲评传》，中国社会科学出版社，2019；刘开生：《衡山碧色映朝阳：陈衡哲和她的姊妹们》，湖南大学出版社，2023。

⑤ Janet Ng, *The Experience of Modernity：Chinese Autobiography of the Early Twentieth Century*, Ann Arbor：The University of Michigan Press, 2003.

⑥ 王晓慧：《1922 年清华停送专科女生留美始末》，《现代大学教育》2017 年第 5 期；《1914 年清华学校首批留美专科女生考略》，《江苏师范大学学报》（哲学社会科学版）2018 年第 5 期；《平权诉求、反体制行动与体制之困——20 世纪 20 年代"清华"男女同学运动的历史研究》，《教育学报》2019 年第 10 期；《全球史视野下的清华专科女生留美教育述略》，《全球史评论》2019 年第 1 期；《20 世纪上半叶留美知识女性平衡职业家庭初探——基于 53 名清华留美专科女生群体的分析》，《妇女与性别史研究》2020 年第 11 期；《清华留美专科女生的生命历程与性别塑造——以陈衡哲、颜雅清、凌淑浩为例》，《山东女子学院学报》2022 年第 8 期。

⑦ 宫宏宇：《清华学校首批庚款留美女学人中的音乐人》，《音乐艺术（上海音乐学院学报）》2021 年第 1 期；任秀蕾：《周淑安的历史地位》，《中国音乐学》2009 年第 3 期；张文莉：《音乐教育家周淑安研究》，硕士学位论文，浙江师范大学，2023；万凡捷：《闽籍华侨华人音乐家的音乐创作——以周淑安、罗浪、殷承宗为例》，《华侨大学学报》（哲学社会科学版）2023 年第 2 期。

角，将目光聚焦于留学生中的女性群体或者个体，肯定了女性在中国现代化进程中的力量和影响。

既有研究为笔者了解中国近现代留学史的整体概况奠定了坚实的学术基础，也推动了这一领域研究进程的持续发展，但由于研究对象、研究视角与研究方法的局限性，亦产生了有待深入研究的问题领域。因此，本书主要从以下三个方面加强。

第一，将研究对象拓展至特定的清华女留学生群体。"清华学校留美女生"具有重要且特殊的研究价值，她们身上有着教育观念与性别观念上较为鲜明的传统与现代的冲突与融合特质。但诸多研究者在做原始史料筛选时，习惯于将目光聚焦于男性精英群体，容易对她们视而不见，使得其处于研究边缘。本书试图将其纳入整体留学史研究。

第二，将研究视角由"大历史观"与"男性视角"转换为"微观史学"与"女性视角"。在以"大历史观"作为研究的视角预设时，容易以"男性视角"不自觉地凝视女性群体的生命历程。因此，本书将转换研究视角，以"女性视角"从女性群体内部往外看，从微观层面加强对女性个体生活史与个人生命叙事的具体研究，主动援引"性别理论"来补叙小历史与女性主体性研究，从而丰富马克思主义妇女解放理论中国化的历史叙事。

第三，使用跨学科研究方法，将"教育"与"性别"有机统一进教育史研究。既有研究主要选取单一学科研究方法，重在对史料的挖掘、梳理与呈现，故而其得出的研究结论相对缺乏深度。本书将更注重跨学科研究方法的交叉使用与有机整合，既总结历史经验，也关怀现实社会。

四　研究框架与主要史料

尽管 1914—1927 年清华学校派遣的留美女生在数目上已经明确统计为 53 名，但由于笔者能力有限，加之史料庞杂，而且有些女生缺少资料，本书无法在一时之间涉猎所有 53 名留美女生的具体情况。因此，本书旨在对 53 名留美女生进行地毯式的史料追踪后，再主要酌取她们中史料较多且具有代表性的人物进行研究。本书将按照清华学校留美女生群体"出国前、在美国、回国后"的三阶段逻辑框架来设计研究内容，并对支撑这三阶段得以可能的政策背景进行梳理，在此基础上，解释探究传统与现代的教育观念、性别观念是如何作用于这一群体身上的。

　　首先，对这批女生的特定称谓，需要予以厘定和澄清。目前，学界约定俗成称这 53 名女生为"庚款女生"或"专科女生"，但如何界定仍然有需要澄清之处。需要说明的是，如前所述，2001 年出版的《清华大学九十年》中明确提出这批女生是"专科女生"，但 2011 年出版的《清华大学一百年》中，"专科"二字已经不见了，留美考试时间也往前推了一个月，取而代之的是"5 月 21 日—23 日，本校首次招考录取女生赴美留学考试在上海举行，共 37 人报名，本年录取 10名。此后，本校一般每隔一年选派女生 10 名（1923 年后改为 5 名）赴美留学"①。不过，两本清华校史的主要编写者、清华大学校史馆副馆长金富军老师的系列论文和专著中，依然称其为"清华留美专科女生"。

　　目前的考证大约是：1914 年，清华学校开始招收庚款留美女生，并未明确说是要招收"专科女生"，1916 年，清华学校开始有专科生招收计划，但这个专科生招收计划主要是针对男生，当年专门招收男生的《专科学生赴美留学试验规程》明确指出，"本校特设法科、矿科、农科、电机科、机械科、土木工程科六种试验，凡会在国内外上开专门学校毕业能直进美国大学院（Post-Graduate Course），各专科研究高深学问者均可报考。……试验分普通、专门两项"②。

---

① 清华大学校史研究室编《清华大学一百年》，清华大学出版社，2011，第 14 页。
② 见《专科学生赴美留学试验规程摘要》，载清华学校《清华学校一览》，1917，第 88 页。需要说明的是，当时清华学校发布的是《专科学生赴美留学试验规程》，但《清华学校一览》中仅收录了《专科学生赴美留学试验规程摘要》。下文同此，不再赘述。

这份简章既说明了专科生性别限定是男生，同时也说明了何谓"专科"。同年，清华学校发布《女学生赴美留学试验规程》，但未明确说是招收专科女生，而且，第八条明确规定，"考取各生由本校派员，送到美国应入本校所指定之大学，应于教育、幼稚园专科、文科、音乐、图画、女子体育、家政、医科、看护法等科内择习一科"①，其中也并未明确说女生所选学科即是"专科"，所以，在一开始，可能清华学校也并未强调所招收的女生是专科女生。然而，到1918年清华学校再出《女学生赴美留学试验规则》时，就明确了这些学科是"专科"，招生简章中第十四条明确规定，"录取各生须于下列学科中任择一科，为将来进美校研究之专科，择定后不得更改：一、教育，二、幼稚园专科，三、体育，四、家政学，五、医科"②。此后清华学校再出的如1921年与1923年女学生招生简章，也与1918年的语词一致。

可见，自1918年以后，这批留美女生既被称为"庚款女生"，也被称为"专科女生"，尤其是1923年发生清华学校停送女生事件后，社会舆论以及清华校内外讨论此事时，多以"专科女生"论及这一女生群体，自此之后，舆论界和学术界开始统一称呼这53名女生为"专科女生"了。基于此，本书对这一批女生的称谓采取的方式是，因学界约定俗成的认识，即1914年到1927年的清华留美女生为庚款资助，所以本书整体称其为清华庚款留美女生，但如史料中有"专科女生"字样，则遵从原始史料习惯，行文中也会将"庚款留美女生"与"留美专科女生"二者混用。

---

① 见《女学生赴美留学试验规程摘要（中华民国五年一月订）》，载清华学校《清华学校一览》，1917，第92页。需要说明的是，当时清华学校发布的是《女学生赴美留学试验规程》，但《清华学校一览》中仅收录了《女学生赴美留学试验规程摘》。下文同此，不再赘述。

② 清华大学校史研究室编《清华大学史料选编》（第一卷），清华大学出版社，1991，第228页。

（一）研究内容

导论：介绍选题缘由、学术史与主要史料等。

第一章：整体概况。对这批女生在出国前的个人情况进行梳理，具体则是对目前通行的 53 名专科女生的名录再次进行挖掘、考证与梳理。这一章主要是归纳出国前 53 名专科女生的整体概况与成为群体之可能。

第二章：走近清华。本章对这些女生出国前的家庭和所受教育进行研究，具体可以细分为：对每一个有迹可循的女生的家庭出身、受教育背景以及留学时年龄、留学原因进行探究，总结她们出国前的"传统性"群体特征；选取其中有特殊经历的女性个体进行个案研究，试图为认识"现代教育观念与性别观念的中国传统遭遇"提供较为厚重的史料基础。

第三章：清华考选。本章将详细梳理出国前后清华学校作为"中转站"招录专科女生的政策变迁以及具体举措。具体而言，则是详细考察清华学校招收与录取留美专科女生政策的目的、兴起、演变历程，探究产生这些变化的深层原因，同时试图还原 1914 年至 1927 年清华学校招录留美专科女生的具体举措；同时选取有代表性的女生个案，尝试通过女生的投考与考试等亲身经历来佐证当时清华学校的招录情况。

第四章：域外求学。这一章试图重点把握出国后 53 名女生在美国的学习生活情形。这批女留学生一般在美国全方位、全身心接受 5 年左右的现代教育观念与性别观念熏陶，她们中很多人思想内外都发生了质的变化。这部分内容主要侧重于：探寻 53 名专科女生在域外求学时的经历，回顾她们在美国进入了哪些大学、学习哪些专业、获得哪些学位，考察她们在各个大学所学状况及所获域外成就；考察这一群体在闲暇时间的个体生活轨迹以及业余爱好等，考证她们各自最终的回国时间。

第五章：教育成效。本章试图深入考察 53 名专科女生归国后的求职经历与婚姻概况，并对这些女性回国后的职业与家庭进行归类与探讨。本部分主要考察：53 名留美专科女生回国后的任职经历以及职业生活状况；对 53 名女生的职业进行归类分析；从个人生活史的角度来考察她们的恋爱、婚姻状况以及家庭生活概况。

结语：本书在结语部分，尝试以"半现代化"来归纳探究这批留美女生在回归传统家庭与选择新式职业之间所经历的"传统性"与"现代性"的碰撞之路。

（二）主要史料

需要指出的是，因为史料太过庞杂，非常难寻，故而本书在史料的选取上，试图穷尽一切可以利用到的手段与机会。① 按理来说，本研究的第一大史料应是来源于政府教育机构的历史文献，比如抗战前留学教育的档案与出版物，如清华学校回国学生履历表、《外交部咨送清华学校游美毕业生履历备案由附件》、各省市考选留学生档案等，然而在梳理考察过程中，笔者发现，这些档案材料中较少能见到这些女生的身影。同样的情形也见于中央政府推出的《教育公报》《教育部公报》《第一次中国教育年鉴》《第二次中国教育年鉴》等与留学生相关史料，以及各省市教育机构的出版物，如《江苏教育》等。

因此，涉及清华学校主编的各史料，也是本书所用材料主要来源之一，如《清华一览》②、《清华同学录》③、苏云峰的《清华大学师生名录资料汇编（1927—1949）》等。史料编著方面，以清

---

① 南京大学的梁晨曾慨叹过清华留美生的信息散落在各类型材料之中，而且这些材料"结构完全不同，信息密度差距极大，并且对于研究者而言，会在何时、何种情境下发现某项材料，同样难以预料"。见梁晨《技术方法的引入与时代新史学的形成》，《南京大学学报》（哲学·人文科学·社会科学）2022 年第 2 期。本人深以为然。

② 《清华一览》不同年份有不同版本，如 1920 年版、1926 年版。

③ 北平清华大学：《清华同学录》，国立清华大学校长办公处，1937。

华大学校史研究室编的《清华大学史料选编》（第一卷）[①] 为主。此书是 1991 年为纪念清华大学建校八十周年，清华大学校史编辑委员会、校史研究室选辑出版的，至 1994 年 4 月共出版了四卷六册，汇编了清华大学 1911—1948 年的相关校史资料。这段时间的史料，按清华大学经历的四个时期各辑一卷，其中对本书较有参考价值的是清华学校时期（1911—1928）第一卷。此外，清华大学校史编写组编写的《清华大学校史稿》[②]，从不同的历史时期来描写清华大学的发展，主要包括六编。其中，对本书较有参考价值的是第一编，从清华学校成立之经过，清华学校的教育，改办大学和设立研究院，经费、设备与教职工学生概况，学生运动这五部分来展示老清华的概况。再就是清华大学出版社出版的《清华大学一百年》[③]，该书以编年体为主、结合纪事本末体的方式，简要而真实地记述了清华大学百年来发展历程中的重要事件和重要数据。本书主要参考其第一编，包括清华建校的历史背景、清华学堂和清华学校、国立清华大学、抗战时期中的清华——西南联合大学时期、复员后的国立清华大学。但是这些史料的问题在于，一是有些史料上的名字并未标明男女，二是有些史料难免出现谬误，因此，经常需要几份材料一一铺开，不断对照比较，才能加以确定。这也是本书最费心力的基本工作，因此直到书稿收尾，仍不敢说已经搜罗殆尽，恐有遗漏谬误之憾。

第二大史料来源主要是清华学校学生的内部刊物《清华周刊》[④]，以及中国留学生在美国组建的留美中国学生联合会出版的两份报刊：英文版的《中国留美学生月报》（*The Chinese Students'*

---

① 清华大学校史研究室编《清华大学史料选编》（第一卷），清华大学出版社，1991。
② 清华大学校史编写组编著《清华大学校史稿》，中华书局，1981。
③ 清华大学校史研究室编《清华大学一百年》，清华大学出版社，2011。
④ 《清华周刊》创刊于 1914 年 3 月，至 1937 年 5 月共出版 676 期。抗日战争全面爆发后，清华南迁，该刊被迫停刊。1947 年 2 月复刊后，只出了 17 期便再次停刊。

Monthly）（1914—1930 年）①，以及中文版的《留美学生季报》②。在这两份刊物上可以查阅到清华庚款女生们在美国大学就读时的诸多情形。此外，还有一些调查统计，如梅贻琦主编的《百年来留美学生调查统计》、寰球中国学生会编印的《寰球中国学生会民国十五年特刊》③ 等、北京清华学校 1917 年出版的《游美同学录（民国六年）》④ 等。再就是当时通行的报刊如《教育杂志》⑤《中华教育界》⑥ 等以及中西女塾和圣玛利亚女校的校刊等。

　　第三大史料来源是目前出版的可供参考的史料辑册，如舒新城的《近代中国留学史》⑦，陈学恂主编的《中国近代教育史教学参考资料》⑧，朱有瓛主编的《中国近代学制史料》⑨，杜学元主编的《近代女性教育文献丛刊》（共 30 册），其中第 1 册、第 2 册、第 6 册⑩均提供了大量资料。

　　第四大史料来源则是 53 名专科女生的文章、撰述，以及她们

---

①　《中国留美学生月报》由留美中国学生联合会出版，主要面向在美国的中国留学生发行，每年一共 8 期（1914 年有 9 期），一般是每年的 11 月至次年 6 月出版发行，每月出版一期，故而每年的第一期为当年的 11 月刊行。该月报在纽约州伊萨卡邮局作为二类邮件寄出，美国国内订阅费为每年 1 美元；邮寄回中国的订阅费为每年 2.5 美元。该月报是美国的中国留学生与国内学生之间沟通了解两国情况的信息桥梁。

②　自 1909 年起，留美学生自发组织了学生会并开始主办《美国留学报告》杂志，1911 年 6 月更名为《留美学生年报》（1912 年空缺一期），1914 年 3 月再次更名为《留美学生季报》，每年一卷，分春夏秋冬四个季号出版。《留美学生季报》一直出版了 14 年，于 1928 年停刊。刊物在美国编辑，然后邮送国内在上海出版，由中华书局发行，后于 1917 年改由商务印书馆印行，直至停刊。

③　寰球中国学生会：《寰球中国学生会民国十五年特刊》，1926。

④　北京清华学校：《游美同学录（民国六年）》，1917。

⑤　《教育杂志》（*The Education Magazine*）由商务印书馆创刊于 1909 年，止于 1948 年，计出刊 33 卷 382 期。

⑥　《中华教育界》是 1912 年 1 月由上海中华书局创办的教育月刊，是中国最早出版的教育期刊之一，1937 年 8 月停刊。

⑦　舒新城：《近代中国留学史》，上海古籍出版社，2014。

⑧　陈学恂主编《中国近代教育史教学参考资料》，人民教育出版社，1987。

⑨　朱有瓛主编《中国近代学制史料》，华东师范大学出版社，1983。

⑩　杜学元：《近代女性教育文献丛刊》（第 1、2、6 册），国家图书馆出版社，2021。

的亲人、好友、同学等的著作、撰述、传记、回忆录、口述史等，比如陈衡哲自己写的《陈衡哲早年自传》①，凌淑浩的外孙女、美国华裔学者魏淑凌所著的《家国梦影：凌叔华与凌淑浩》② 等书籍。

就本书题材而言，最好到美国各校去广泛收集留美女生们的求学资料，但因这 53 名女生分散在美国十余所高校，有些档案已经通过电子邮件询问得到，有些档案并不完全开放，加之本书并非只做单一学校女生的个案研究，台湾学者王惠姬的遗憾也是笔者的遗憾，限于时间、财力与能力，实在力有未逮，或许将来有机会，可以一偿夙愿。

（三）创新之处

本书以 1914—1927 年清华学校 53 名留美女生为研究对象，呈现她们留学前后"传统性"与"现代性"的群体特征，并对特殊个体的生活史进行个人生命叙事，以此凸显女性在历史创造中的主体性与能动性。本书从女性视角展开分析，认为现代教育观念与性别观念成功形塑了留美女生独特的群体特征与气质，正是这些特征与气质，主导着她们对自身教育、职业与婚姻家庭的思考，进而形成她们的人生历程。具体而言，则是追寻现代教育观念与性别观念进入中国传统教育领域后，在这 53 名清华留美女生身上体现出来的互动过程。

因此，本书的创新之处主要有如下几个方面：（1）以 53 名清华留美女生作为研究对象，从微观和个体层面考察传统与现代的教育观念与性别观念是如何在她们身上进行互动的，试图探究她们人生中错综复杂的阶段性特征及其与女性教育、职业、婚姻家庭生活结构性要素的关联；（2）通过对她们的教育、任职与婚姻家庭经历的考察来检验"贤妻良母"理念与"女子国民"理念的

---

① 陈衡哲：《陈衡哲早年自传》，安徽教育出版社，2006。
② 魏淑凌：《家国梦影：凌叔华与凌淑浩》，张林杰译，百花文艺出版社，2008。

实践程度，同时也对这批女性在职业与家庭之间的矛盾与冲突予以审视，反思她们在平衡主体身份建构与婚姻家庭生活中的结构性困境。

本书认为：面对现代教育观念与性别观念在专科女生群体内部的影响与扩散，藏于她们身上的传统教育观念与性别观念并非处于被动地位，它们会积极地对其进行"重构"，从而生成了一种"半现代性"。现代教育观念与性别观念在改造、教育与形塑这批女生的过程中并非一帆风顺，"传统性"与"现代性"会通过一定模式的互动实现"再生产"。

第 一 章

整体概况：留美前 53 名女生的信息考较

本章致力于了解与梳理 53 名女生出国前中美女子教育的整体概况，然后对目前通行的 53 名留美女生的具体名录再次进行挖掘、考证与梳理，纠正学界含糊不清的各种通行人数与名录，并对 53 名留美女生的籍贯、出国前就读学校和专业等再探究竟，同时归纳她们作为一个群体的基本特征，为后面行文做基本准备。

第一节　20 世纪初的中美女子教育图景

清末民初"兴女学"，一是考虑到此时美国女子教育的蓬勃发展提升了美国妇女的地位，培养了一大批女教师前往中国传教，既为后来的女生留美教育提供了女性师资，也对她们的职业立志产生了深远的影响；二是考虑到其时中国新式教育的构建与形成正处于新旧交替状态，从而导致正摸索着开展的中国女子教育前途不够明朗但又充满可能性。因此，本节主要交代 53 名女生留美前中国和美国女子教育的开展情况，同时，在全球史的视野下描述和分析中美女子教育之间通过美国女传教士链接的教育图景，试图给读者呈现 19 世纪末 20 世纪初世界女子教育发展的整体面貌，为此后理解这批女生的留美教育奠定一个基本印象。

与近代中国女子教育相似的是，即使作为 20 世纪妇女运动勃发的中心地，美国女子高等教育亦经历了非常大的曲折。因为在西方，与中国传统社会类似，男性占据着社会的主体支配地位，"男尊女卑"的性别观念充斥于社会的每个角落。《圣经》以及基督教教义都强调女性的美德和职责是服从。整个西方世界的历史长河中，女性都长期处于社会的边缘地位。① 正是因为女性的"附属品性质"和"屈从地位"，美国女性接受教育遭受了诸多诟病，也遇到很多困难。

据不完整记录，最早的一批女子学院开办于 19 世纪四五十年代，其中包括卫斯理安女子学校（Wesleyan Female Seminary）等。② 然而，由于长久的历史传统和性别观念的阻碍，西方社会始终认为男女有别，大多数美国人并不认同女性接受高等教育，所以即使有了开端，美国 19 世纪前半期女子高等教育仍然发展缓慢。1861 年，美国内战爆发，女子高等教育反而达到了发展高峰。因为男人都上战场了，女性必须当家作主，有了更多与外界接触的机会，比如进入工厂、学校，或投身于社会改革运动。美国女性因此而获得了诸多就业机会和受教育机会，美国女子高校也逐渐多了起来。不过，这并不意味着美国女性从此就与美国男性平起平坐，并且真正做到了"男女平等"。

1918 年夏，修改关税委员会会长蔡廷干对即将出国的清华留美女生进行专门训导，言"女生留学宜实事求是，宜学美（国）妇（人）于善于感夫及烹饪。盖美妇不特体质之美足以动人，德智之高尤胜人一筹也"③，并特别希望"他日女生学成返国，灌输于女界而改革我国之家政也"④。蔡氏的言论或可透露出两点信息：

①　王晓焰：《18—19 世纪英国妇女地位研究》，人民出版社，2007，第 201 页。
②　约翰·塞林：《美国高等教育史》（第二版），孙益、林伟、刘冬青译，北京大学出版社，2014，第 53 页。原书将 Wesleyan Female Seminary 翻译为卫斯理女子学校，实为卫斯理安女子学校，与卫斯理学院（Wellesley College）有区别。
③　李权时：《戊午夏游美志程》，《清华周刊》1918 年第 151 期。
④　蔡廷干：《蔡廷干先生送别留美学生演说词》，《环球》1918 年第八次征求号。

第一，当时输送女生留美的主要目的还是要学习美国妇人的果敢、慈和等气质，以期回国能更高效地相夫教子；第二，20世纪初的美国女性，大多给人一种敏捷有为、独立自主、敢于创新、富于活力的"现代女性"形象，遂成为当时中国社会羡慕与效仿的对象，也是当时舆论教导中国女性学习的榜样。

然而，需要指出的是，尽管相对于中国女性，当时美国女性的社会地位较高，但实际上直到20世纪初，美国主流舆论评判女性社会地位高低的主要根据却依然是她们的家庭背景和婚姻关系，也即取决于她们的父亲或者丈夫的社会地位。因为当时美国社会依然认为妇女应该是"家庭主妇和母亲"，其职责是"为丈夫营造美好的家庭退隐之所，（她们）担当着核心家庭纯粹的道德中心"①。这一点，与中国传统社会不无类似。可见，尽管美国女子教育的蓬勃发展一时间带来了社会进步，但女性进入大学仍遭遇到了非常大的成见和习俗的阻力。

胡彬夏（1888—1931）②曾撰写了一篇15000多字的文章《美国胡桃山女塾之校长》，用"二年来亲所见闻之事实"专门介绍了该校校长是如何管理这所学校的。文中一一交代了与胡桃山女塾有关的政教风俗，从中我们大约可以判断出美国女学在当时的发展概况和学校具体教学内容。比如该校课程"既有强健之体育，复有纯正之德育，而后乃求完美之智育"，对学生的德育以宗教教育为主，而辅以言行；在智育方面，按照学生的个别资赋，分别培养学识与操练才能等。③然而，女性入学机会的增加常常被校园

---

① 帕梅拉·麦克维：《世界妇女史：1500年至今》（下卷），洪庆明、康凯译，格致出版社、上海人民出版社，2012，第144页。
② 胡彬夏（1918年庚款留美女生胡卓的堂姐），1907—1909年就读于美国胡桃山女塾。她是中国第一批公派赴美女留学生之一，回国后成为著名社会活动家、教育家、女报人。
③ 胡彬夏：《美国胡桃山女塾之校长》，《女子杂志》1915年第1卷第1期。

内部不公平的待遇和课程所抵消。① 因为即使顺利考上大学，女生们也不能杜绝高校内部的隔离，在课程和校园生活中，女生通常都会遭到压制和阻挠。1925 年，当清华留美女生凌淑浩进入美国西储大学就读时，她很快就发现"自己曾经身处其中的太平洋彼岸中国轰轰烈烈的妇女运动，实际上比起美国来并不逊色"②。她对西储大学的学生性别比严重失衡感到失望："在班上，女生的数量比在中国时还要少。我本以为美国有多先进呢。"③ 可以看出，在中国被营造出来的诸如"美国女性与男性共享平等地位"的想象，实际上是一种幻象，它带有极大的迷惑性。

于是，一个有趣的反差就出现了。当这些通过艰苦的女权斗争获得教育权并接受了教育的美国女性在毕业后想进入公共领域与男性一起从事体面工作时，却发现社会对她们有着诸多的歧视。与此同时，因为海外传教需要，美国"学生志愿海外传教组织"对这些处于就业困境的女大学生们给予了关注。从 1886 年至 1919 年，美国共有 8140 名学生志愿者被派往国外传教，其中 2524 人前往中国。④ 并且，女性占据了大多数，光是欧柏林学院（Oberlin College）就输送了占据美国宣教团 20% 的女传教士到中国。⑤ 据统计，1920 年在华外国传教士共有 6636 人，来自美国的有 3305 人，占了半数，在这众多的美国传教士中，女性有 2104 人，约占 2/3。⑥

---

① 约翰·塞林：《美国高等教育史》（第二版），孙益、林伟、刘冬青译，北京大学出版社，2014，第 178 页。

② 魏淑凌：《家国梦影：凌叔华与凌淑浩》，张林杰译，百花文艺出版社，2008，第 172—173 页。

③ 魏淑凌：《家国梦影：凌叔华与凌淑浩》，张林杰译，百花文艺出版社，2008，第 173 页。

④ C. J. Phillips, "The Student Volunteer Movement and Its Role in China Missions, 1886-1920", in Suzanne Wilson, Barnett and J. K. Fairbank, *The Missionary Enterprise in China & America*, Cambridge：Harvard University Press, 1974, p. 105.

⑤ Jane Hunter, *The Gospel of Gentility：American Women Missionaries in Turn-of-the-Century China*, New Haven：Yale University Press, 1984, p. 48.

⑥ 中国社会科学院世界宗教研究所：《中华归主——中国基督教事业统计》（中册），中国社会科学出版社，1987，第 711 页。

当这些受过大学教育的女性进入中国具有男性特权、价值感和权威性的公共空间做教师时，惊喜地发现她们可以将自己在原生文化中所不能尽情发挥的性别力量转换到中国的教育事业中。如此，她们逐渐从传教士身份转变为专职教师身份，不再从事传教工作，"到 1911 年，50%以上在华美国女传教士不再投身直接的宣传工作，大部分成了教师"[1]。1918 年，美国在华传教士总数为 4800人，其中从事教育工作的专职教师就有 1500 人[2]，并且，大部分为女性。这些女传教士是如此热衷于中国女子教育，以至于汕头浸信会教堂的一位教友 Dr. Ashmore 写道："教堂应该做一些教堂该做的事情，而不仅仅是教育中国的姑娘们。"[3] 然而，信仰一旦建立，教学的热情就会异常澎湃。1916 年，为拓展教会女学教育，中西女塾的校长莲吉生女士甚至在"没有征得教会总部同意的情况下"，就用"80000 两银子买下在忆定盘路上的 53 亩地"，由此该校"因良好的经营和经济独立而成了办学楷模"[4]。

可以说，清华留美女生这一群体不是凭空出现的，她们受益于近代中国女子学校教育的兴起和发展，尤其是受教于美国女传教士群体，在中国向美国输出作为西方科学、文化学习者的女性群体之前，以美国为代表的西方国家就已经在向中国输出所谓的科学、文化的传播者（侵略者）这一女性群体了。可以说，中美女性在教育这一场域形成了一种异质文化上的互动与交流。

53 名清华留美女生中，有 25 名左右毕业于圣玛利亚女校与中西女塾这两所学校。不过，与她们的一些老师命运类似的是，当

① Jane Hunter, *The Gospel of Gentility: American Women Missionaries in Turn-of-the-Century China*, New Haven: Yale University Press, 1984, p. 10.
② 史静寰：《美国现代派传教士教育家的形成与中国教会学校的改革》，《美国研究》1991 年第 3 期。
③ Margaret E. Burton, *The Education of Women in China*, New York: Flening H. Revell Company, 1911, p. 59.
④ 葛继恩（Jean F. Craig）：《上海中西女子中学简史》，载陈瑾瑜编《中西女中（1892—1952）》，同济大学出版社，2016，第 191 页。

这些女生中学毕业试图升学时，她们赫然发现，中国国内可供她们就读的大学极少，她们该何去何从？如果进入社会就业，又面临女子职业非常有限，一般是成为教师、医护人员的现实困境。所以，在当时给女性开放的职业设置并不健全的前提下，大部分教会女学毕业生仍然可能回归家庭、嫁人生子，受教育无非为她们嫁人赢得一个更好的筹码。然而，不少女生却不愿意回归家庭，她们的出路在哪里呢？

在各种因素交织影响下，她们做出了留学美国的重大决定。

第二节　53 名留美女生的信息考较

从 1914 年夏天开始到 1927 年夏天结束，清华学校分为 7 个年度，一共向美国派送了 53 名留美女生。其中，1914 年、1916 年以及 1921 年各 10 名，1918 年 8 名，1923 年、1925 年以及 1927 年各 5 名（见表 1-1 至表 1-7①）。根据目前所查阅到的史料，对于这 53 名女生的基本情况，笔者将按照出国年份逐一展现。

一　1914 年首批清华留美女生名录

需要说明的是，目前学界对清华首批庚款留美女生的人数与具体名录尚有认识偏差，不少学人倚赖的材料与史实略有出入。此前，笔者以清华大学校史办编写的若干清华校史著作以及清华学校内部学生期刊《清华周刊》历年来对留美学生的名录统计作为原始依据，并与其时盛行刊物《中国留美学生月报》上刊登的文章、材料以及相关庚款女生的回忆录等相互印证，尝试考证并

---

① 以下 53 名女生的基本信息表格，是根据《清华女同学》（《清华周刊》1922 年第 261 期）、《游美学生方面》（《清华周刊》1921 年纪念号）等统计表格，从《中国留美学生月刊》上整理的清华学生名单等，以及清华大学"清华文库—校友名录—专科女生同学"等信息综合编制而成。

梳理了首批庚款留美女生的确切人数以及具体名单。[①] 可以确证的是，1914 年 6 月，清华学校确实招录了 10 名庚款留美女生，而到了 8 月，这 10 人中只有 9 人前往美国，因为她们中的唐玉瑞 1918 年才被派送出国。最能确证的应该是当年 10 月的《中国留美学生月报》明确刊登了对这"nine girls"[②]（9 名女生）的欢迎信息，并在当期 Personal Notes（个人信息）栏目公布了 9 名女生的具体名录和学校去向（详见后文）。

考虑到首批清华留美女生在中国女性留美史上的特殊地位，为比较客观地展现女生们在考入清华前的籍贯与所受教育程度，特以表格呈现之，详见表 1-1。

表 1-1　1914 年首批清华留美女生名录

姓名	生卒年	籍贯	毕业（肄业）学校/年份
汤蔼林（Tong, E-ling）	1894—1980	上海	中西女塾肄业[①]
王瑞娴（Wong, Zoen-Yien）	1893—1971	广东东莞	中西女塾[②]/1914
周淑安（Chiu, Siok-an）	1894—1974	福建惠安	中西女塾肄业
张端珍（Tsang, Doen-tsung）	1891—1935	福建福州	中西女塾/1914
陈衡哲（Sophia H. Chen）	1890—1976	江苏武进	中英女子医学院肄业
唐玉瑞（Tong Nvok Zoe）[③]	1895—1979	上海	金陵女子文理学院/1914
杨毓英（Yang, Youk-iung）[④]	1893—	浙江镇海[⑤]	苏州景海女塾/1914
韩美英（Han, M.I.）	1895—	浙江	圣玛利亚女校/1911[⑥]
林荀（Ling, Sing）	1894—	江苏无锡	中西女塾肄业
李凤麟（Li, Vung-ling）	1893—1947	浙江邓县	圣玛利亚女校/1913

注：表中首批女生的英文名字，均取自她们首次出现于《中国留美学生月报》Personal Notes（个人信息）信息栏中的具体名录信息。详见"New Students Favor Engineering", *The Chinese Students' Monthly*, Vol. 10, No. 1（Oct., 1914），p. 50。

①汤蔼林、周淑安以及林荀三人于 1912 年入读中西女塾，不过未及毕业就投考了清华。
②王瑞娴是该校 1914 年（琴科）毕业生，见李岩《千虑一失——萧友梅音乐教科

---

① 详见拙文《1914 年清华学校首批留美专科女生考略》，《江苏师范大学学报》（哲学社会科学版）2018 年第 5 期。
② "Welcome", *The Chinese Students' Monthly*, Vol. 10, No. 1（Oct., 1914），p. 6.

书的缺憾》，《人民音乐》2012 年第 3 期。

　　③金陵女子文理学院 1914 年毕业生。唐玉瑞大约于 1908 年或者 1909 年进入中西女塾就读，与后来的赵元任夫人杨步伟是同学，可能 1910 年毕业或肄业。详见陈瑾瑜《中西女中（1892—1952）》，同济大学出版社，2016，第 243 页；杨步伟《一个女人的自传》，岳麓书社，2017，第 69 页。

　　④也写作 Yuoh Yung Yang，见宫宏宇《清华学校首批庚款留美女学人中的音乐人》，《音乐艺术（上海音乐学院学报）》2021 年第 1 期。韦季刚整理的《美国国家档案馆藏 1914 年庚款留学生入境记录》显示，杨毓英、韩美英、林荀三人当时的年龄分别为 21 岁、19 岁、20 岁，故而推断三人的出生年份分别是 1893 年、1895 年、1894 年。不过，该入境记录中王瑞娴、张端珍、陈衡哲三人的年龄与学界通行的有出入。见韦季刚《美国国家档案馆藏 1914 年庚款留学生入境记录》，清华大学校史馆，2020 年 12 月 21 日，https://xsg.tsinghua.edu.cn/info/1003/2381.htm。

　　⑤李景文、马小泉主编《民国教育史料丛刊 970 高等教育·高等教育史》，大象出版社，2015，第 134 页。另一说为江苏松江人，苏州景海女塾毕业生，见宫宏宇《清华学校首批庚款留美女学人中的音乐人》，《音乐艺术（上海音乐学院学报）》2021 年第 1 期。

　　⑥韩美英 1909 年入读圣玛利亚女校，是 1911 届师范毕业生，见徐永初、陈瑾瑜主编《圣玛利亚女校（1881~1952）》，同济大学出版社，2014，第 273 页。

二　1914 年后历年留美女生名录

　　1914 年首批清华留美女生成功留美，女生群体以及美国高校方面反响很好，受到社会各界的广泛关注，因此清华校方推行女生留美政策有了更大自信。此后历年的招录（除去两次停招风波）都比较顺利。尽管有时会有名字上的谬误，但学界对后面六批女生的具体情况也基本上形成了统一认知。因此，目前学界通行的这些女生名录都基本趋同。为能清晰显示她们的具体情况，我们仍然以表格形式呈现 1914 年后历次留美女生名录以及她们的基本信息，具体见表 1-2 至表 1-7。

表 1-2　1916 年第二批清华留美女生名录

姓名	生卒年	籍贯	毕业（肄业）学校/年份
袁世庄（S. T. Yuan）	1894—1977	江苏宝山	启明女校肄业①
陈翠贞（Katherine Chen）	1898—1958	河北北平	华北协和（女子）大学肄业②
蔡秀珠（S. T. Tsa）	1898—	江苏吴县	苏州景海女塾/1916
李清廉（T. L. Li）		广东清远	中西女塾肄业③

续表

姓名	生卒年	籍贯	毕业（肄业）学校/年份
黄桂葆（K. P. Huang）	1897—	江西九江	中西女塾肄业
梁逸群（Y. K. Liang）		广东三水	香港圣士提反女子中学[④]
方连珍（L. T. Fong）	1895—	上海	中西女塾/1916
刘华采（H. T. Lieo）		湖北黄陂	圣玛利亚女校/1915
邝翠娥（T. N. Kwong）	1897—1968	广东番禺	中西女塾肄业
严惠卿（H. C. Yen）	1897—	福建闽侯	南京汇文女校/1915[⑤]

注：表中 1916 批女生的英文名字，均取自她们首次出现于《中国留美学生月报》Personal Notes 信息栏中的具体名录信息。详见 "The New Students", *The Chinese Students' Monthly*, Vol. 12, No. 1 (Nov., 1916), pp. 55-56。需要说明的是，囿于史料缺失，表中有些女生的生卒年、入学年份、父亲姓名、回国年份等相关信息遍寻不到，故表中只能留白，留待日后补充。下文同此，不再赘述。

①英文全名为 Sze Tsang Yuan。根据袁世庄女儿汪安琦在《"懋庄"旧话》中的回忆，再根据上海市第四中学（前身为启明女校）校友录，1914 年袁世庄、杨保康就读于启明女校的"英文科选修"专业，但疑似肄业，可能在 1916 年就读期间去报考了清华庚款留美女生。见汪安琦《"懋庄"旧话》，载萧梦麟选编《橘花：〈苏州杂志〉选集》，新世界出版社，2017，第 17 页。再根据袁世庄在 1920 年《启明女学校校友会杂志》第 1 期上发表的文章《论治术》的备注里标明的是"前肄业生"，基本可以确认这一历史细节。见袁世庄《论治术》，《启明女学校校友会杂志》1920 年第 1 期。

②陈翠贞于 1909—1915 年在天津中西女子中学（简称"天津中西"Keen School）就读，成为该校最早的住校生，1915 年考入华北协和（女子）大学（燕京大学的前身之一）。

③陈瑾瑜等对 1900—1952 年中西女中毕业生/肄业生名单进行统计时，将邝翠娥、李清廉、黄桂葆三人统计为 1918 届毕业生，见陈瑾瑜《中西女中（1892—1952）》，同济大学出版社，2016，第 244 页。

④香港圣士提反女子中学（St. Stephen's Girl's College at Hongkong），由英国海外传道会在 1906 年创办，亦是香港补助学校议会 22 所补助学校之一，无须缴付学费。

⑤南京汇文女校毕业，见《时事新报（上海）》1915 年 6 月 18 日第 10 版。

表 1-3　1918 年第三批清华留美女生名录

姓名	生卒年	籍贯	毕业（肄业）学校/年份
王淑贞（Wang Zoh Tsung）	1899—1991	江苏吴县	苏州女医学堂[①]
丁素筠（Ting Sao Yuin）	1899—1955	山东掖县	苏州景海女塾
顾岱毓（Koo De Yoeh）	1898—	上海	湖州湖郡女校
杨保康（Yang Pao Kong）	1895—	江苏无锡	启明女校
胡卓（Hu Tsu）	1896—	江苏无锡	上海大同大学

续表

姓名	生卒年	籍贯	毕业（肄业）学校/年份
章金宝（Tsong Kyung Pau）	1898[2]—	江苏江宁	圣玛利亚女校/1919[3]
杨佩金（Yang Be Kyung）	1900—	浙江镇海	中西女塾/1918
朱兰贞（Tsu Lan Tsung）	1897[4]—1949	江苏嘉定	圣玛利亚女校/1917

注：本表中第三批女生的英文名字均取自她们首次出现于《中国留美学生月报》Student World（学生世界）信息栏中的具体名录信息。详见"Welcome to the New Comers：Tsinghua College 1918 Fellowship and Girl Students", *The Chinese Students' Monthly*, Vol. 14, No. 1（Nov. , 1918）, p. 56。

①1914—1917 年曾就读于苏州景海女塾。

②韦季刚、薛一东整理的《美国国家档案馆藏 1918 年庚款留学生档案》（上）显示，章金宝年龄为 20 岁，故而推断她的出生年为 1898 年。但此档案登记的丁素筠、杨保康、杨佩金的年龄与学界通行的有出入。见韦季刚、薛一东《美国国家档案馆藏 1918 年庚款留学生档案》（上），清华大学校史馆，2023 年 8 月 4 日，https://xsg.tsing-hua. edu. cn/info/1003/3314. htm。

③与邝翠娥、李清廉、黄桂葆三人类似的是，徐永初、陈瑾瑜主编的《圣玛利亚女校（1881~1952）》一书中，对章金宝的统计亦为 1919 届毕业，章金宝于 1918 年 8 月乘船出国，可见是肄业生越级投考。见徐永初、陈瑾瑜主编《圣玛利亚女校（1881~1952)》，同济大学出版社，2014，第 274 页。

④也写作朱兰珍，一说为 1899 年，见李静玲《现代性的另一种诉求：近代中国留美生基督信仰研究》，硕士学位论文，浙江师范大学，2021，第 50 页。

表 1-4　1921 年第四批清华留美女生名录

姓名	生卒年	籍贯	毕业（肄业）学校/年份
王国秀[1]（K. S. Wong）	1895—1971	江苏昆山	中西女塾
林同曜（K. Y. Ling）		福建闽侯	培华女中
桂质良（C. L. Kwei）	1900—1956	湖北武昌	圣玛利亚女校/1920
倪徵琼（T. T. Nyi）	1896—1995	江苏吴江	沪江大学
张继英（E. C. Chang）[2]	1900—1998	浙江杭县	圣玛利亚女校/1920
陆慎仪（Zung Nyi Lo）	1900[3]—	江苏嘉定	金陵女子大学肄业
黄孝贞（Shia Chen Whang）	1901—1981	湖北宜昌	北京女子高等师范学校[4]
黄倩仪（Dorothy Wong）	1901—1992	福建同安	中西女塾/1922[5]
倪逢吉（V. K. Nyi）	1902[6]—	浙江杭县	金陵女子大学[7]肄业
颜雅清（Hilda Yen）	1904—1970	上海	中西女塾/1921

注：本表中第四批女生的英文名字均取自她们陆续出现于《中国留美学生月报》（1921 年 9 月—1924 年 6 月）Student World/ Personal News 信息栏中的具体名录信息。

①原名王竹素，肄业于中西女塾。胞妹王国新亦留学于美国波士顿音乐学院（Boston Conservatory），与黄倩仪为同学。《师魂》一书说她出生于 1896 年，见胡文华《爱国重

教倡导男女平等——记校图书馆原馆长王国秀教授》，载华东师范大学老教授协会组编《师魂》，华东师范大学出版社，2011，第49页。

②Eva C. Chang.

③一说为1896年出生，见北平清华大学《清华同学录》，国立清华大学校长办公处，1937，第137页。

④也有史料说她毕业于北京大学，本书以她的自述为准。见李黄孝贞《投考清华的追忆》，《清华校友通讯》1971年新36期。

⑤陈瑾瑜对1900—1952年中西女中毕业生肄业生名单进行统计时，将黄倩仪统计为1922年毕业生，见陈瑾瑜《中西女中（1892—1952）》，同济大学出版社，2016，第244页。她1921年考取了清华庚款留美女生，并于当年8月份就乘船出国了。所以，可以判断，黄倩仪属于越级投考。同时，根据《世界公民颜雅清传》等书对颜雅清生平的描述，该书统计1921年毕业的颜雅清时，误将名字写成了"颜婉清"，亦可以推断，颜雅清、黄倩仪等人，应是师姐妹关系。

⑥倪逢吉的出生年见上海市科学研究所官方账号"世界科学"刊载文章《百年前的金女大毕业生，如何在婚姻中做自己？》，2023年3月8日，腾讯网，https://new.qq.com/rain/a/20230308A091E100。

⑦谢长法：《中国留学教育史》，山西教育出版社，2006，第133页。

表1-5　1923年第五批清华留美女生名录

姓名	生卒年	籍贯	毕业（肄业）学校/年份
王志宜（Cora Wang）	1903—1984	河北天津	北京培华女中①
朱其廉（Julia Tsu）	1904—1998	上海	圣玛利亚女校/1921
胡永馥（Y. F. Hu）	1904—1928	湖北孝感	圣玛利亚女校/1920②
胡汉纳（Hannah Hu）③	1903—	江西九江	中西女塾/1924
顾静徽（Zen Wey Koh）	1900—1983	江苏嘉定	上海大同大学肄业

注：本表中第五批女生的英文名字均取自她们陆续出现于《中国留美学生月报》（1924年1月—1924年12月）Student World/ Personal News信息栏中的具体名录信息。

①早年就学于天津严氏女学。

②考取时登记了两个国内学校，一为圣玛利亚女校，一为沪江大学，见《清华招考留美学生之揭晓》，《新闻报》1923年7月28日第15版。

③也作Lydia Hu。韦季刚、薛一东整理的《美国国家档案馆藏1923年庚款留学生档案》显示，胡汉纳年龄为20岁，故而推断她的出生年为1903年，但此档案登记的王志宜、顾静徽的年龄与学界通行的有出入。另，档案中，王志宜的英文名为Wang Chih Yi，顾静徽的英文名为Ku Ying Whai，朱其廉的英文名为Tsu Ji Li。见韦季刚、薛一东《美国国家档案馆藏1923年庚款留学生档案》，清华大学校史馆，2024年4月3日，https://xsg.tsinghua.edu.cn/info/1003/3451.htm。

表1-6　1925年第六批清华留美女生名录

姓名	生卒年	籍贯	毕业（肄业）学校/年份
唐绿萦		上海	金陵大学

续表

姓名	生卒年	籍贯	毕业（肄业）学校/年份
张玉珍①	1908—	浙江鄞县②	金陵（女子）大学③肄业
张纬文	1905—	浙江吴兴	上海大同大学
凌淑浩（Ling Shu-Ho）	1904—2006④	广东番禺	北京协和医学院/1925
黄桂芳	1900—1983	广东南海	沪江大学

注：《中国留美学生月报》在 1925 年后进行了改版，此后极难寻到各女生对应的英文名字。下同。

①英文名为 Chang Nyoh Tsung，回国后改名为张郁真，见冯长春、张翼鹏《音乐教育家张玉珍考略》，《中国音乐》2024 年第 2 期。

②应是祖籍浙江鄞县（今鄞州区）的上海人，见冯长春、张翼鹏《音乐教育家张玉珍考略》，《中国音乐》2024 年第 2 期。

③《清华周刊》上显示的是金陵大学，见招考处《考录学生》，《清华周刊》1925 年第 1 期。不过，根据冯长春、张翼鹏的考证，张玉珍起先是在上海清心女中就读，毕业后考入金陵女子大学，有可能未及毕业就直接投考了清华。见冯长春、张翼鹏《音乐教育家张玉珍考略》，《中国音乐》2024 年第 2 期。

④在凌淑浩的外孙女魏淑凌给其所写的传记《家国梦影：凌叔华与凌淑浩》中，因书中有凌淑浩 2005 年 9 月 10 日庆祝 101 岁诞辰的照片，可见此时还健在。不过该书序中写道，"2006 年 12 月我在旧金山举行了读者见面会，几周之前外婆已经离开人世，她还没来得及读完全书"，可见凌淑浩去世于 2006 年 11 月。见魏淑凌《家国梦影：凌叔华与凌淑浩》，张林杰译，百花文艺出版社，2008，第 2 页。

表 1-7　1927 年第七批清华留美女生名录

姓名	生卒年	籍贯	毕业（肄业）学校/年份
张锦	1910—1965	山东无棣	燕京大学
曹简禹	1907—1990①	江苏宜兴	上海大同大学/1927②
曹静渊（静媛）		浙江嘉兴	燕京大学③
应谊（蕙德）④	1912—	浙江杭县	北京笃志女学⑤
龚兰珍（真）	1904—1987⑥	上海	燕京大学⑦/1927

注：①沈俊鸿编《江阴名人自述》（上）记录其生卒年为 1901—1990 年，又说她 20 岁考取清华大学公费留美。此处出生年应有误，因为她是 1927 年留美生，故出生年应为 1907 年。见曹简禹《八十自述》，载沈俊鸿编《江阴名人自述》（上），上海古籍出版社，2008，第 270 页。

②曹简禹，一说为江苏江阴人，1927 年毕业于上海大同大学数理科，见《曹简禹由美返国》，《申报》1933 年 7 月 9 日第 20 版。

③这里统计她是该校校友，说明她是从该校考取清华的。见张玮瑛、王百强、钱辛波主编《燕京大学史稿 1919—1952》，人民中国出版社，1999，第 1225 页。

④柔石藏有一张与应蕙德姐弟的合影照，并题写"生命中的一刹那"。因为他曾为二人的家庭教师。柔石：《柔石日记》，载北京鲁迅博物馆鲁迅研究室编《鲁迅研究资

料7》，天津人民出版社，1980，第47页。

⑤1927年应谊的国内就读学校。见《清华专科学生调查录》，《时事新报（上海）》1927年8月14日第8版。

⑥王德禄：《归来：二十世纪五十年代归国北美留学生名录》，中国科学技术出版社，2023，第71页。

⑦龚兰珍，史料也写作龚兰真，是圣玛利亚女校1923届毕业生，毕业后，约于1924年到1926年在圣玛利亚女校担任图书馆管理员，1926年考入燕京大学化学系学习，1927年赴美。见徐永初、陈瑾瑜主编《圣玛利亚女校（1881~1952）》，同济大学出版社，2014，第289、291页。

以上是笔者目前所能收集到的所有关于53名庚款女生的基本信息。因为她们中有一些人在抗战后或者新中国成立后随夫定居台湾地区或者美国，还有一些在结婚生子后又退守家庭，因此有些信息实在难以确证。但不管怎么说，从目前已有史料基本可以概观全貌，从而了解她们的信息。

第三节　成为"群体"之可能

粗略一看，53名庚款女生在14年间被分为七批派送去美国留学，似乎互相之间并没有关联。但实际上，种种迹象表明，她们中其实有不少联系和互动，可以说，53名庚款女生结成了一个错综复杂的社交网络群体。

一　成为"群体"的特征

"群体（group／community）"这一概念，一般出现在社会学、社会心理学等学科领域中，指的是多个个体所组成的集合体，也可称为某种共同体，如今也可以用来指具有共同价值观或者因为某一目的而凝聚和团结在一起的一群人。

一般来说，社会学意义上的"群体"，可以被定义为两个或更多的人的组合体，这一组合体内的成员有共同的认同以及某种团结一致的感觉，他们对这一组合体内部的成员的行为都有相同而确定的目标和期望。① 在有些界定中，也将社会群体等同于社会团体，认为所谓社会群体，就是处于社会关系中的一群个人合成体。这个群体，一般来说，不仅群体中的个人自己能够意识到，而且也是被群体以外的人们所意识到了的。②

显而易见，53 名清华留美女生群体出现的社会背景比较特殊，而她们因清华留美派遣政策而聚，正是当时社会所关注到并且予以重视的一个群体。她们获得了一定程度的社会共识（group consciousness），享有共同的群体目标（group aim）与利益，对"清华留美女生"的名称有着深厚的情感投入和深刻的自身觉知，她们共同受到清华学校的组织和监管，有着相互协作与配合的组织保证，每个人都为实现"留学美国并回国做贡献"的群体目标而纷纷做出自己的努力。

首先，这一批年轻女孩，拥有年龄、性别和教育水平上的共同通约性特征。她们都属于至少受过中等教育的年轻女孩，出国时年龄基本都在 19—20 岁，在获得清华庚款留美女生资格时，比起当时跟她们处于同一年龄段的中国女孩更有惺惺相惜之感，这一点就足以让她们产生共享的情感联系。其次，在国外的留学生活中，她们同属于清华留美女生群体的意识非常明显，群体中每个成员都意识到自己是群体的一员，意识到其他成员的存在，并与她们相互影响，建立起相互依存的关系与情感，群体成员之间经常进行必要的交流与沟通，而这些活动又反过来巩固了她们作为清华留美女生群体的成员资格，由此而建立积极的社会认同，形成群体一体化的自我感觉。而且，这一群体内部既通过留美中国学生联合会开展了群体分工（group devision），也通过清华同学会构建了一定的组织结构。这些女生中的绝大多数成员都在群体

---

① 戴维·波普诺：《社会学》（第十一版），李强等译，中国人民大学出版社，2012，第 191 页。
② 郑杭生：《社会学概论新修》（第三版），中国人民大学出版社，2003，第 147 页。

内占有一定的地位，扮演一定的角色，执行一定的任务。① 归国后，这些女生以曾属于清华留美女生群体为荣，有着她们的情感归属需要。每每个体自己做介绍时，总会介绍自己为清华庚款留美女生，可见她们自觉归属于所属群体，在心理上彼此有依存关系和共同感。有了这种情感，她们就会以这个群体的目标为准则，进行自己的活动、认知和评价，自觉地维护群体的利益，并与群体内其他成员在情感上产生共鸣。

二　作为"群体"的53名清华留美女生

首先，她们中有很多来自中西女塾和圣玛利亚女校，缔结了因校友间互相信任所产生的深厚情谊，同级之间互相影响和依赖。她们在教会女校读书期间，就已经形成了深厚的情感。其次，自踏上游轮前往美国的那一刻起，深为社会瞩目的留美女生群体的共同情感构建与国外留学生活也就开始了，而在美国留学生涯中为了共同的目标和需求所举行的系列活动和闲暇交往，更是深化了她们的情感联系。最后，回国后她们会聚在清华留美女生名录之下，互相成为同事、清华同学会成员、中华基督教女青年会工作人员等，又会结成业缘关系。接下来，我们尝试对53名女生留美前的社交关系网络予以初步分析，至于她们留美期间与归国之后的社交网络，我们留待后文详细论述。

第一，地缘上，她们大多来自当时中国经济发达的江浙（见表1-8），享有一套经济发达地区的价值观和思想文化观念，而且，基本上都来自中国中上层家庭，家世良好。53名女生中，有31名出生于江浙地区，尤以上海、杭州、无锡等地为主；有12名女生

---

① 依据《留美学生季报》与《中国留美学生月报》上刊登的信息和文章，清华庚款留美女生在留美中国学生联合会这一社团的活动组织和开展过程中发挥了非常大的作用。对留美中国学生联合会的研究，见张睦楚《民族意识与自由主义的双重变奏——留美中国学生联合会之历史考察》，社会科学文献出版社，2018。

出生于广东、福建沿海两省，如南海、番禺、厦门、福州等地；另外 10 名女生尽管出生于内陆地区，基本上也是来自大城市，如武汉、宜昌等地。这些地方通风气之先，经济发达，思想开放，同时，无论是教会女学还是本土女学都相对发达，可见，这些趋同的出生地，赋予她们一种地域上的群体特征。至于她们的家庭背景，那也是家世较好、家学渊源较深的那种。

表 1-8　53 名清华留美女生籍贯

单位：人，%

留美批次	江苏	广东	浙江	福建	河北	湖北	江西	山东	总计
1914	4	1	3	2					10
1916	3	3		1	1	1	1		10
1918	6		1					1	8
1921①	3	1	2	2		2			10
1923	2				1	1	1		5
1925	1	2	2						5
1927	2		2					1	5
总计	21	7	10	5	2	4	2	2	53
百分比	39.6	13.2	18.9	9.4	3.8	7.5	3.8	3.8	100.0

注：本表对照《本校历年毕业生统计表》[清华大学校史研究室编《清华大学史料选编》(第一卷)，清华大学出版社，1991，第 50—55 页]整理得出。

①1921 年女生中，查王国秀、倪徵琮、陆慎仪、颜雅清 4 人的籍贯均为江苏，但此表统计时，只有 3 个女生的籍贯为江苏，另一女生的籍贯为广东，其余 3 人均可确证，陆慎仪的籍贯究竟在哪里，目前存疑。

第二，从教育背景来看，她们共享一套当时中国盛行的女学知识背景尤其是教会女学范式，有着情感和学识上的认同和归属感。53 名女生中，自教会女学毕业的有 46 人①（见表 1-9 至表 1-12），

① 三人有特殊情况。唐玉瑞中学毕业于中西女塾，大学毕业于金陵女子大学；倪徵（征）琮中学毕业于圣玛利亚女校，大学毕业于沪江大学；龚兰珍中学毕业于圣玛利亚女校，大学毕业于燕京大学。这些学校均为教会女学，故在统计上，以上三人在表中略有重复。

她们中有 26 名女生毕业或肄业于中西女塾、圣玛利亚女校这两所学校，具体而言，至少有 15 名女生肄业或毕业于中西女塾，至少有 11 名女生肄业或者毕业于圣玛利亚女校；有 12 名女生来自苏州景海女塾等其他教会女学，有 11 名女生来自金陵女子大学等教会大学，这几所都是民国时期非常著名的教会女（子大）学。

中西女塾和圣玛利亚女校这两所学校在 20 世纪 20 年代初以"名门淑女"的精英式教育为主，每年培养的女生数额都较少，一个以《墨梯》为学生刊物，一个以《凤藻》为学生刊物，团结和凝聚在校学生和毕业校友。不难推断，她们是有着共同目标、教育背景、女学归属感的一个群体。以中西女塾输送给清华的 15 名留美女生为例，我们可以根据她们分属的届次和班级推断出她们的入学年限和就读、毕业时间。可以明确，她们基本上都是同班同学或者师姐妹的关系。

首批女生中，唐玉瑞于 1910 年就从中西女塾毕业[①]，相当于大师姐，根据记录可能毕业于该校琴科，同届毕业的学生有且仅有三人，除了她，另两人是丁懋英与严顺真[②]；王瑞娴、张端珍1914 年毕业，两人是同班同学，初步判断她们可能于 1910 年左右入读该校，当时全班毕业人数约为 13 人，王瑞娴亦毕业于该校琴科；汤蔼林、周淑安、林荀、方连珍四人应为同班同学，她们都于 1912 年左右进入中西女塾就读，不过，前三人未及毕业就投考了清华，而方连珍直到 1916 年按时毕业，再按部就班参加的清华

---

① 查《中西女塾章程》可知，该校分为二级，一预科一正科，每级四年，预科毕业授予修业证书，正科毕业授予毕业证书；至于琴科，则是"本塾琴学一科共九年，学完八年授修业证书，学完九年授毕业证书"。见《中西女塾章程》，商务印书馆（代印），1920，第 4 页。不过，按照章程，唐玉瑞 6 岁即进入中西女塾就读琴科，9 年后才获得毕业证书。此处存疑。

② 唐玉瑞大约于 1908 年或者 1909 年进入中西女塾就读，赵元任夫人杨步伟曾回忆她与唐玉瑞是中西女塾的同班同学，但 1910 届毕业生名录中没见到杨步伟名字。详见陈瑾瑜《中西女中（1892—1952）》，同济大学出版社，2016，第243 页；杨步伟《一个女人的自传》，岳麓书社，2017，第 69 页。

入学考试。李清廉、黄桂葆、邝翠娥与杨佩金是同班同学[1]，但前三人于 1916 年投考清华，杨佩金 1918 年按时毕业后再考取清华；1921 年留美的颜雅清自 1911 年（7 岁）起就入读该校，对以上数人应至少有所耳闻，第二次入学大约是 1917 年前后，此时，应与杨佩金是同学，又与此后的黄倩仪、王国秀（王竹素）[2]、胡汉纳等有交集，因 1921 年留美的黄倩仪被记录[3]为 1922 年的毕业生或者肄业生，推断其入学至少在 1918 年，王国秀或于 1920 年到 1921 年就读于该校，1923 年留美的胡汉纳被记录为 1924 年毕业生或肄业生，推断其入学年限可能是 1920 年，可见，颜雅清、黄倩仪、王国秀和胡汉纳四人亦存在求学生涯上的共同生活经历。综上，

杨佩金

资料来源：《环球》1918 年第八次征求号，第 26 页。

---

[1]　这样的推断在《中西女中（1892—1952）》一书对历年来中西女中毕业生/肄业生的统计中也得到了论证，见陈瑾瑜《中西女中（1892—1952）》，同济大学出版社，2016，第 243—244 页。

[2]　王国秀原名王竹素，在清华文库其毕业学校登记为上海中西女塾，后来对她的研究也有所印证。见胡文华《爱国重教倡导男女平等——记校图书馆原馆长王国秀教授》，载华东师范大学老教授协会组编《师魂》，华东师范大学出版社，2011，第 49 页。

[3]　原史料如此，因为可能根据原始档案而整理出来，有可能该书统计者也不能确定，所以此处描述为"被记录"，但实际情况应有所出入，下同。

这些中西女塾学生之间存在在校时间上的交叉，在人数非常稀少的女校中存在深厚的同窗情谊和同校情谊。具体名单可见表1-9。

表1-9 毕业/肄业于中西女塾的女生名单

留美批次	姓名	入学年份[1]	毕业/肄业年份[2]
1914	唐玉瑞	1908/1909	1910
	汤蔼林	1912	1914
	周淑安	1912[3]	1914
	张端珍	1910	1914
	林苟	1912	1914
	王瑞娴	1910	1914
1916	方连珍	1912	1916
	黄桂葆	1914	1916
	李清廉	1914	1916
	邝翠娥	1914	1916
1918	杨佩金	1914	1918
1921	王国秀	1920	1921
	黄倩仪	1918	1921
	颜雅清	1917[4]	1921
1923	胡汉纳	1920	1923

注：①本表中各位女生的入学年份，除周淑安（有脚注引用），其他均根据《中西女塾章程》四年制学制以及其他史料印证推测。

②毕业/肄业年份均从《圣玛利亚女校（1881~1952）》一书中的附录信息摘录，这些信息与前述统计有不符合之处，可能是因为她们未及毕业就出国了，或者是毕业后没有立即出国。

③张文莉：《音乐教育家周淑安研究》，硕士学位论文，浙江师范大学，2023，第20页。

④颜雅清曾两次就读于中西女塾，第一次是在她7岁时，即1911—1916年，入读中西女塾的小学部；1916年因其父亲颜福庆要去美国哈佛大学进修一年的公共卫生学，她跟随前往，1917年回国继续就读于中西女塾的中学部，见钱益民、颜志渊《颜福庆传》，复旦大学出版社，2007，第50页；帕蒂·哥莉《飞天名媛：中国第一代女飞行家三人传》，张朝霞译，花城出版社，2012，第19页。

同样的情形也见诸圣玛利亚女校的11名女生。首批女生中，韩美英于 1909 年入读圣玛利亚女校，1911 年师范科毕业，这是当时该校第二届师范毕业生；李凤麟于 1913 年入读该校，第二年即成为清华庚款留美女生；与她有同样经历的是刘华采，1915 年入读该校，第二年也成为清华庚款留美女生；朱兰贞于 1917 年入学，翌年出国留美，如她也就读师范科，那么应于 1919 年毕业；1918 年留美的章金宝被记录为该校 1919 年的毕业生或肄业生，往前推算 4 年（高中）或 2 年（师范科），她应于 1915 年或 1917 年入学，与刘华采或朱兰贞是同学，可以予以佐证的是当年毕业生名单里还有倪徽琮，但倪徽琮是 1918 年左右转入圣玛利亚女校的，1919 年毕业后她留校做了一年的数学和英文老师，1920 年考入沪江大学，1921 年成为清华庚款留美女生，那么，极有可能章金宝、倪徽琮、朱兰贞三人曾同学过一段时间；1920 年在圣玛利亚女校就读的女生有桂质良、张继英、胡永馥，这三人应为同学，桂质良与张继英 1921 年成为庚款留美女生，胡永馥被列为 1920 届琴科毕业生，但根据记载，她毕业后一直在该校琴科担任教师[①]，1923 年才出国留学；朱其廉被记录为该校 1921 届毕业生，有可能她于 1917 年入学，1921—1922 年就读于该校琴科专业，又同时任教于圣玛利亚女校，担任钢琴教师[②]，由此可以确证的是，胡永馥、朱其廉二人在留美前，既为学姐妹，又为同事关系[③]；最后，有迹可循的是龚兰珍，她被记录为 1923 届毕业生。具体名单可见表 1-10。

---

① 徐永初、陈瑾瑜主编《圣玛利亚女校（1881~1952）》，同济大学出版社，2014，第 289 页。

② 根据《圣玛利亚女校（1881~1952）》记录的若干信息综合得知，朱其廉自 1921 年在圣玛利亚女校普通文科专业毕业后，又进入琴科进修，但同时又担任了该校钢琴教师。见徐永初、陈瑾瑜主编《圣玛利亚女校（1881~1952）》，同济大学出版社，2014，第 274—275、288 页。

③ 1922 年《凤藻》记录当年的中文教员时，曾提到"胡永馥朱其廉二女士授琴学"，见《校闻——良师迭至》，《凤藻》1922 年第 4 期。

表 1-10　毕业/肄业于圣玛利亚女校的女生名单

留美批次	姓名	入学年份	毕业/肄业年份[①]
1914	韩美英	1909	1911
	李凤麟	1913	1913
1916	刘华采	1915	1915
1918	章金宝[②]	1915/1917	1918
	朱兰贞	1917	1919
1921	桂质良		1921
	张继英		1921
	倪徵琮	1918	1919
1923	胡永馥		1920
	朱其廉	1917	1921
1927	龚兰珍		1923

注：①毕业/肄业年份根据《圣玛利亚女校（1881～1952）》附录部分摘录，这些信息与前述统计有不符合之处，可能是因为她们未及毕业就出国了，或者是毕业后没有立即出国。

②章金宝应是 1919 年才毕业，但提前考取了留美女生。

需要强调的是，为求得高深学问，有一些女生在好几个女校都辗转就读过。比如王淑贞在投考时就读于苏州女医学堂，但此前曾就读于苏州景海女塾。再如 1921 年留美的倪徵琮，查到 1916 年时她以苏州景海女塾在读学生的身份在《妇女杂志》之"国文范作"栏目上发表《书韩退之答刘秀才论史书后》[①]，可见此时她就读于苏州景海女塾。但她在该校学习了三年半时间，之后就转入圣玛利亚女校就读，1919 年毕业并留校做了一年的数学和英文老师。出国前，她又就读于沪江大学。

总之，这些女生既有共同的教会女子教育背景，又有着共同的求学目标。而这些共同的教会女学经历，培育了她们的集

---

① 倪徵琮：《国文范作：书韩退之答刘秀才论史书后》，《妇女杂志（上海）》1916 年第 2 卷第 11 期。

体心理，使得她们共享一套集体精神和价值观，一定程度上为其不约而同选择留美提供了机会与可能。这种学缘关系缔造的精神追求与信仰使她们紧紧地联系在一起，成为一个教会女学生群体。

表 1-11 和表 1-12 分别列举了毕业于其他教会女（子大）学的庚款女生名单。

表 1-11 毕业/肄业于其他教会女学的女生名单

毕业院校	留美批次	姓名	入学年份	毕业/肄业年份
苏州景海女塾	1914	杨毓英		1914
	1916	蔡秀珠		1916
	1918	王淑贞	1914	1917
	1918	丁素筠		1918
上海启明女校	1916	袁世庄		1916
	1918	杨保康		1914
南京汇文女校	1916	严惠卿		1915
湖州湖郡女校	1918	顾岱毓		1918
北京培华女中	1921	林同曜		1921
	1923	王志宜		1923
香港圣士提反女子中学	1916	梁逸群		1916
北京笃志女学	1927	应谊		1927

表 1-12 肄业/毕业于教会女子大学的女生名单

毕业院校	留美批次	姓名	入学年份	毕业/肄业年份
金陵女子大学	1914	唐玉瑞[①]		1914
	1921	陆慎仪		1921
		倪逢吉	1920	1921
	1925	张玉珍[②]	1923？	1925
北京协和医学院	1925	凌淑浩	1922	1925
华北协和（女子）大学	1916	陈翠贞		

毕业院校	留美批次	姓名	入学年份	毕业/肄业年份
沪江大学	1921	倪徽琮	1920	1921
	1925	黄桂芳		1925
燕京大学	1927	龚兰珍 曹静媛 张锦		1927

注：①唐玉瑞毕业时，金陵女子大学为"金陵女子文理学院"。

②张玉珍进入金陵女子大学就读前，曾就读于上海清心女中，至少1920年该校记录中有她登台演出情形记载，毕业生名录中也有她，具体可见冯长春、张翼鹏《音乐教育家张玉珍考略》，《中国音乐》2024年第2期。其入学年份可能为1923年，此处有待进一步考证。

　　第三，53名留美女生的家庭在地位上处于当时中国社会的中上层，祖辈父辈等都有各种交往，由此导致她们本身的内在关系也千丝万缕，有一些是亲属关系，有一些是同学关系，有一些是好友甚至挚友关系，还有一些是前后辈关系。这里，以其时对女子教育颇为热心、在教育史学界颇为著名的杨荫榆为分析中心，梳理这些女生在留美前就已经错综复杂的社交网络，以一窥究竟。仅仅以杨荫榆为中心，就可以在强关系上串联起1914批、1916批、1918批的清华庚款留美女生。

　　首先，从同学关系来梳理，杨荫榆在1907年7月赴日留学之前，与1914批林荀一起就读于务本女塾的中学班，全班共7人，两人至少在1907年上半年同学了一个学期①，而与杨荫榆当年同时获得留美"备取"名额之一的就是1918批王淑贞的姑姑王季昭，两人后来都被端方以官费生身份派往日本留学②；其次，从亲缘关系来理解，她是1918批杨保康（杨绛堂姐）的亲姑母，杨保康与1916批的袁世庄一同求学于上海启明女校，袁世庄是杨绛的

————————

① 见姚菲《女学初澜时代的运作与效应》，载裔昭印编《妇女与性别史研究》（第一辑），生活·读书·新知三联书店，2016，第141页。

② 《各省游学杂志》，《东方杂志》1907年第11期。

表姐，两人既是亲戚又是同班同学，又一前一后出国①，杨荫榆与袁世庄同样关系很好，杨荫榆 1918 年去美国胡桃山女塾留学时，袁世庄刚好于 1917 年从胡桃山女塾毕业后前往卫斯理学院就读，特地还向校长引荐了杨荫榆②；再次，从友缘关系来推断，1918 批胡卓的母亲周辉与杨荫榆都对兴办女子教育既有热情又有实干精神，二人互为挚友③，在这样亲密的同学与密友关系中，很难将胡卓、杨保康甚至王淑贞、袁世庄等视为投考清华前的陌生人，说不定四人一同投考清华，正是母辈们商议后做的决定；最后，从旅缘关系来推断，1918 年杨荫榆赴美留学，同船之人有 1918 批整批清华留美女生 8 人，以及 1914 批的唐玉瑞，共 9 名女生，徐志摩的《留美日记》中有过清晰记录。④ 我们甚至都不用再去列举出

① 杨绛在其回忆文章《幼年往事》里写道："……不久，我堂姐（杨保康）的姨父姨母也到北京来了，就住了那五间南屋。姨父是教育部次长袁观澜（字希涛）。我家门口有两个门牌：一边是无锡杨寓，一边是宝山袁寓。……我和三姐姐常到袁家去玩。袁大阿姨卧房里，近门口处，挂一张照相，我知道那是袁世庄姐姐的相片，她在外国读书，要三年后才能回来。我总觉得三年好长啊，常代袁大阿姨想女儿。"见杨绛《幼年往事》，《风流一代》2017 年第 29 期。另见杨绛在回忆父亲辈兄弟姐妹六人的故事时讲述了"我堂姐杨保康曾和三姑母同在美国留学，合照过许多相片"。见杨绛《将饮茶》，生活·读书·新知三联书店，2015，第 79 页；杨绛《幼年往事》，载朱航满编《2017 中国随笔年选》，花城出版社，2018，第 127 页。
② 此外，袁世庄的长女汪安琦曾回忆道，杨荫榆在一所中学教英文，听说她的日文很好，英文却不怎么行，不时还来请我母亲辅导。我母亲有一本"韦氏大辞典"，我们小时候总觉得它硕大无比，像茶几面那么大。杨荫榆一来，母亲就常与她一起"翻辞典"。见汪安琦《"懋庄"旧话》，载萧梦麟选编《橘花：〈苏州杂志〉选集》，新世界出版社，2017，第 17 页。有趣的是，这本"韦氏大辞典"的编者约翰·韦伯斯特先生，曾专门前往凌淑浩家，单独辅导过凌淑浩的英语，见魏淑凌《家国梦影：凌叔华与凌淑浩》，张林杰译，百花文艺出版社，2008，第 132 页。
③ 1913 年 6 月，时任北京女子师范学校学监的周辉，奉教育部之令到日本考察女子师范教育，抵达东京后很快就拜访了其时刚毕业于日本东京女子师范学校的杨荫榆，"老友相见，相谈甚欢"。见胡周辉《北京女子师范学校派赴日本考察校务报告》，《教育杂志》1913 年第 10 期。
④ 徐志摩、潘倩：《徐志摩翰墨辑珍》第 2 卷《留美日记》，中央编译出版社，2014，第 89 页。

这些女生父辈之间的社交网络，就可以得知她们在留美前，除了教会女学的同学关系，还有家庭之间交际圈子的各种交叉，而这些关系甚至都还不是她们出国后靠自己来建立的。这些关系，我们从图1-1或可更一目了然。

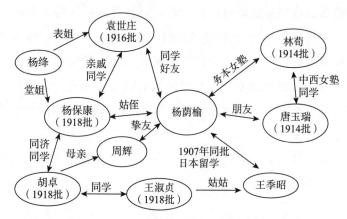

图1-1　以杨荫榆为中心展开的清华留美女生社交网络

如此错综复杂又千丝万缕的人际关系、家世背景甚至亲密的上下辈之间的关系，使得这批女生在民国留学圈里互相认识、互为同学甚至互为好友且惺惺相惜。关于她们具体的家庭出身以及在教会女学所受教育如何，她们又是为何选择了投考清华留美女生，这批女生出国后如何结成了深厚的情谊，回国后又是如何会聚在"清华留美女生"这一群体之中，笔者将会在接下来的行文中详细阐述。

第二章

走近清华：53名留美女生的出身与教育

53名清华留美女生出生的年份跨度自1890年到1912年，这22年，刚好是近代中国女子本土教育从起步到兴盛再到进入学制的阶段。这些女生之所以能在中国新旧交替时走出国门，一方面固然是自己在校学习的努力有了回报，另一方面则是因为她们的家庭出身和家世教育，超出了同时代其他同龄女孩。而且，她们的受教育之路，其实也隐含着在社会上或任职政府高官、或身处知识阶层、或试图转为官商绅商的父辈们在重建中国价值文化系统时，希望于教育上找寻救国新路的殷切期盼。

因此，本章试图对53名留美女生中有迹可循者的家庭出身、童年忆往、受教育背景以及缘何留学等进行探究，并以数名留美女生的个案来呈现她们考录前的基本情况。

第一节　家庭出身与教育启蒙

前一章中，我们对53名女生的籍贯进行了统计，发现绝大部分女生出生于经济、文化都相对发达的江浙地区，既有天然的地理优势，也有着历史深厚的人文底蕴，而且受到西方文化的影响比较明显，在家族文化和家风构建上，相对中西部来说也更为开明。有学者将近代中国城市社会阶层结构划分为上、中、下三个阶层，城市的社会上层主要由特权官僚和上层工商业者组成，其中上层工商业者包括大买办和工商业资产阶级。城市的社会下层则主要由工人和城市贫民等组成。而位于中间的城市中产阶层则主要由政府职员、一般工商业者、自由职业者、工商业雇员等职业群体组成。[①] 本书遵从这一阶层分类，目前基本可以得知，尽管来自不同的家庭，但 53 名女生总体上为中上层阶层家庭出身。

尽管 53 名女生的成长之路各有不同，但毕竟她们的阶层出身基本相似，又加上绝大部分女生都是进入教会女学就读，因此，在这些女生的身上还是有着一些比较鲜明的特点的。她们在家庭的熏陶中种下追逐梦想的种子，在动荡的时代中争取受教育的权利，在国内女学教育中不断吸收知识的养分从而立下人生的志向。

一　较为优越的家庭出身

从史料搜集与查阅结果来看，民国时期尤其是民国前期的女学生，大部分来自当时的名门望族，此后逐渐过渡到知识阶层、绅商家庭和中下层普通家庭等。以上海圣玛利亚女校为例，到 20 世纪 30 年代初期，学生的家庭出身，商界占了将近一半，其次是宗教界、军界、政界、学界、医界等。[②] 这批女生的家庭出身背景也不例外，她们的家庭总体上算是中国社会中上层阶层中的精英家庭，有一些来自达官贵人家庭，还有一些来自绅商家庭和过渡时期的士人家庭。此外，尽管这 53 名女生来自全国各地，但比较明显的是，还是以江浙地区居多，而且大部分毕业学校位于上海（当时隶属于江苏省）。不过，民国时期不少家庭的背景错综复杂，只能简单将这 53 名女生的家庭出身分为两种颇具特色的类型。

第一类是"高门巨族"或者说"名门望族"，以某氏族群或某地某家据称，至少在这些女生出生、成长并留美之前，仍显发达

---

① 张铭雨、李中清、梁晨：《民国时期大学生的社会阶层来源：基于量化历史数据的实证分析》，《清华大学教育研究》2023 年第 4 期。
② 《本校学生家族职业一览》，《圣玛利亚女校五十周年纪念特刊》，1931。

之势。如 1914 批陈衡哲出生于衡东陈家；1916 批梁逸群出生于梁
氏家族；1918 批胡卓出生于无锡胡家，同批的王淑贞出生于苏州
王家；1921 批林同曜出生于福州林家，同批的颜雅清出生于颜氏
家族；1925 批张纬文出生于南浔张家，同批的凌淑浩出生于凌氏
家族。这些都是近代较为著名的世家大族，这些显赫家世有几个
共同特点：一是或有祖荫，即祖上出了高官，或是出过大名人，
或是受到过朝廷的嘉奖或赐封；二是追溯上两代族人有大功绩者，
即祖父辈和父辈中有为数较多的清廷官僚和民国高官；三是借由
前面几代的名望和利益，这些女生的父辈们在商界、法界、宗教
界、军界、政界、学界、医界等有突出成就。当然，往往以上这
几个特征互相交错，声望、名誉与利益纠葛颇深，可谓互相成就。

我们以世家大族在政界的沿袭发展为脉络，以她们家族中有
人尤其是祖父或者父亲都位居中国政府高职（政界、法界、学界）
为特征，按照女生们的留美批次试举几例。1916 批袁世庄是民国
教育部次长袁希涛（1866—1930）的长女，同批的梁逸群是中国
驻澳大利亚总领事、粤海关监督梁澜勋[1]的长女，梁启超族人；
1921 批林同曜是南京最高法院庭长、司法部参事林斯璧的长女，
同批的张继英"乃是吾级护送人张凯臣师之女"[2]，其高祖张师诚
曾任江西和福建巡抚，同批的颜雅清，其伯父颜惠庆、父亲颜福
庆，均是民国史上鼎鼎有名之人；1925 批凌淑浩的父亲凌福彭曾
近侍帝王并官居一品，她的胞姐是民国著名女作家凌叔华[3]；1927
批张锦是清末两广总督张鸣岐之次女，母亲纪钜淑及祖母纪氏均
为河北献县清乾隆大学士纪晓岚的族人。

世家大族发展的另一条脉络是成为商界巨贾，官商与绅商互

---

① 梁澜勋，中国早期的知名外交家。

② 张凯臣也是庚子赔款留学生。见浦薛凤《万里家山一梦中》，《浦薛凤回忆录》
（上），黄山书社，2009，第 81—82 页。

③ 凌淑浩的外孙女魏淑凌对她们这个家族有过颇为详尽的考据与描述，见魏淑
凌《家国梦影：凌叔华与凌淑浩》，张林杰译，百花文艺出版社，2008。

相转化。如 1918 批章金宝的父亲章文通是北京中法实业公司总经理，祖母张氏在清末被赐封为一品夫人[1]；1925 批的张纬文出生于南浔张家，张家经营浙盐，是全国有名的大盐商。张纬文是张静江的侄女，她的父亲张增鉴是张静江的弟弟。[2]

世家大族的第三条发展脉络是将官宦家族的名望更多地通过书香门第或者说教育世家来承袭和延伸，以此闻名一方。如众所周知的 1914 批陈衡哲，其祖父陈梅生是清末翰林，父亲陈韬为举人出身，晚清官吏、著名学者，擅长书法，母亲庄曜孚是当时著名的中国画女画家之一。庄曜孚的娘家乃是江苏常州的名门，戏剧家吴祖光的曾祖母与陈衡哲的母亲是姐妹。北洋政府都肃政使、审计院长庄蕴宽，是陈衡哲的舅父。到了陈衡哲这一代，也不例外，如她堂姐陈撷芬是中国早期杰出女报人，在上海创办《女报》并担任主笔；1918 批的胡卓来自江苏无锡有着深厚人文底蕴的江南世家，其先祖是北宋名儒胡瑗。胡卓是近代著名教育家胡雨人[3]及女教育家周辉（韫玉）唯一的女儿。胡卓的母亲周辉及其外祖母王运新[4]，在当时都是响当当的女权主义者，二人极力推行女学，崇尚男女同校。胡卓还是著名教育家胡彬夏、胡敦复、胡明复的堂妹。同批的还有来自苏州十全街怀厚堂王家的王淑贞，也是出身书香门第。祖父王颂蔚是前清进士，做过高官，祖母王谢

---

① 王惠姬：《中国现代化的推手——以留美实科女生为主的研究（1881—1927）》（上），台湾花木兰文化出版社，2011，第 178—179 页。

② 张南琛、宋路霞：《张静江、张实铭家族——一个传奇家族的历史纪实》，重庆出版社，2006，第 402 页。

③ 胡雨人生于 1867 年，光绪年间秀才。后留学日本弘文学院师范科，曾参加同盟会。回国后历任京师女子师范学堂校长、江阴南菁书院院长等，并在家乡创办胡氏公学及图书馆。续妻周辉（韫玉）亦热心教育，曾任教于丽则女校和苏州振华女校。1908 年秋，协助胡雨人在京师创立女子师范学堂，以斋务长兼教修身，曾赴日考察女子师范学校。

④ 王运新，任职胡氏女学教务，又以竞志女校教师身份任无锡天足会会长，该社团成立得到了裘廷梁、胡雨人、侯鸿鉴等乡绅的鼎力赞助，组织人员到各乡宣传放天足。

长达创办了苏州振华女校，姑姑王季玉将一辈子奉献给了振华女校，使之成为著名女校，另一个姑姑王季昭，也是当时著名的留学女性。父亲王季同（1875—1948）是著名数学家，早年在北京同文馆毕业后赴英留学，还曾入德国西门子电机厂实习。王季同养育子女 12 人，有 7 人是中国一流科学家，王家出了多位清华校友，4 个是物理学家，王淑贞的表妹何泽慧是著名的女物理学家。同批的杨保康，同样来自知识分子家庭，她是杨绛的堂姐，杨荫榆的侄女。[①] 杨保康的父亲名叫杨荫桓，杨保康 6 岁时父亲早逝，她与母、弟赖杨绛之父杨荫杭照顾。1921 批倪徵琮出生于苏州黎里，倪家是黎里镇的望族。父亲倪与三是位医生，1903 年自日本留学归来，即与姐姐倪桂芝和四哥倪迪民共同创立了今天吴江区"黎里小学"的前身"求吾蒙塾"。倪与三曾任校长。倪徵琮是长女，幼年曾在该校就读。[②] 同批的黄孝贞也出身于望族。[③]

当然，她们中也有一些世家大族在晚清时势中只能说勉力维持阶层，但总体而言，这些女生出身优越是不争的事实。

第二类是基督教世家，祖父辈尤其父辈有着教会传教经历，在家族经济和社会地位上相对高门大户会相对弱势一些，但是与其他女生相比，在家庭教育上毫不逊色。当然，完全用基督教家庭来概括她们的出身又有点以偏概全，只能取其相对突出的特征。如 1914 批的汤蔼林出生于江苏省一个基督教世家，她的父亲汤执中（1847—1903）是当时上海长老会清心堂首任华人牧师，母亲黄珊卿（1851—1922）是上海清心女塾（The Mary Farnham Girls' School）

---

① 1918 年，杨荫榆从北京女子师范学校学监任转而到美国哥伦比亚大学留学，学习的是教育学。

② 1920 年 11 月 20 日出版的校刊 *The Voice* 刊出了当时的女生监督万尚洁撰写的四名女生的英文小传，其中就包括倪徵琮。

③ 望族出身，见北平清华大学《清华同学录》，国立清华大学校长办公处，1937，第 137 页；《记事》，《教育杂志》1923 年第 13 卷第 9 期；寰球中国学生会：《寰球中国学生会民国十五年特刊》，1926，第 2、6 页。

的早期毕业生。汤蔼林是家中 6 个女子中年纪最小的。[①] 同批的周淑安也是出生于厦门鼓浪屿一个基督教传教士家庭。周家是书香门第，祖父是前清举人，父亲周之德是深受人们敬佩的基督教牧师，母亲是南洋归侨，勤俭贤惠，心地善良，夫妻二人育有二子四女。周淑安是幺女，她的大哥周森友是留美医学博士，二哥周辨明博士是著名的语言学家，留学美、英、德等国，曾任厦门大学文学院院长、教务长，也是中国现代语言学和文字改革运动的先驱者之一。1916 批的陈翠贞，1898 年 12 月 19 日出生在北京一个清贫的基督教家庭，父亲是一位虔诚的基督教牧师，母亲也来自老北京一个基督徒家庭。[②] 1918 批的丁素筠，是 20 世纪初颇负盛名的中国基督教领袖丁立美牧师的女儿，据说她出国留学，乃是出于父亲对她回国后相助他的事业的殷切期盼。同批的朱兰贞，是基督徒教育家朱友渔的胞妹，朱友渔是圣公会主教，他们的父亲朱余堂（译音）是圣公会传教士。[③]

　　还有两类家庭也值得关注。一类是父辈担任清华学校的教职，而且是学界中较为有名的知识分子，如 1921 批黄倩仪的父亲是受清华学堂委派出任"中国留美学生监督"的黄佐庭[④]，母亲是中西女塾第一届毕业生薛葩[⑤]，姑妈是圣玛利亚女校的首任华人校长黄素娥。前面说到的 1921 批张继英是清华校务管理者张凯臣之女。另一类是家境相对来说较为贫寒的，如 1923 批的顾静徽早年父母

---

① 罗元旭：《东成西就：七个华人基督教家族与中西交流百年》，生活·读书·新知三联书店，2014，第 158 页。
② 复旦大学附属儿科医院档案室：《儿科界一朵永不凋谢的百合——陈翠贞教授》，《临床儿科杂志》2005 年第 5 期。
③ 李静玲：《现代性的另一种诉求：近代中国留美生基督信仰研究》，硕士学位论文，浙江师范大学，2021，第 50 页。
④ 黄佐庭博士是弗吉尼亚大学招收的第一名华人学生。他自小在上海受英语教育，留学美国学成返国结婚并育有 7 个子女，后受重用，担任庚子赔款留美奖学金资助的 300 多名中国留学生的总督导。他的工作主要是对留美中国学生的生活、学习进行管理。
⑤ 薛葩是中西女塾薛正校长的无锡本家和长辈。

双亡，她在继母支持下，刻苦读书，始终抱着"科学救国"的愿望求学于上海大同大学；1927 批的曹简禹，也是出身于寒门，自幼丧父，靠母亲抚养，所以勉励自己苦学，最终得以留美。据不完全统计，通过考察这些女生的家世，我们对这些女生父亲的姓名和职业（见表 2-1）稍作了梳理。

表 2-1 部分留美女生父亲的姓名及职业

留美批次	姓名	父亲姓名	父亲职业
1914	陈衡哲	陈韬	晚清官吏
1914	周淑安	周之德	基督教牧师
1914	汤蔼林	汤执中	上海长老会清心堂首任华人牧师
1914	王瑞娴		煤铁和钢铁公司的经理
1916	袁世庄	袁希涛	民国教育部次长
1916	梁逸群	梁澜勋	中国驻澳大利亚总领事、粤海关监督
1916	陈翠贞		基督教牧师
1918	丁素筠	丁立美	中国基督教领袖
1918	章金宝	章文通	北京中法实业公司总理
1918	胡卓	胡雨人	近代著名教育家
1918	王淑贞	王季同	著名数学家
1918	朱兰贞	朱余堂（译音）	圣公会传教士
1918	杨保康	杨荫桓	学校教师
1921	张继英	张凯臣	清华校务管理者
1921	黄倩仪	黄佐庭	中国留美学生总督导
1921	林同曜	林斯璧	南京最高法院庭长、司法部参事
1921	倪徵琮	倪与三	医生/校长
1925	凌淑浩	凌福彭	清末一品官员
1925	张纬文	张增鉴	全国有名大盐商
1927	张锦	张鸣岐	清末两广总督

综上来看，这 53 名女生绝大部分都出生在无论是经济条件还是社会地位都颇为优越的家族。此外，她们父母的思想观念也会较中国一般的父母更为开通，在对她们的教育和培养上也会更加开明。

第一类家庭基本沿袭了中国士绅阶层的女子教育传统，特别是以知识为重的家庭会更为注重女子教育，当然其内部的分化也会导致各个家庭在女子教育观念上的差异；第二类家庭主张向西方学习，基督教家庭背景使得子女在西化的路上走得更加顺畅。还有一点值得指出的是，这些家庭同时也是中国社会声望较好的家庭，用陈衡哲的话来说，则是这些女孩子（的家庭）都属于中国传统的士大夫阶级，"士大夫阶级总自豪自己这个阶级提供了国家的所有智囊，而中国人对于知识界的领袖几乎有一种天生的尊敬"[①]。

二 较为良好的家庭教育

这批女生多生长于环境良好、氛围和谐民主的家庭中，与家人保持亲密的关系和良好的互动，家人的关爱、支持和理解使得年幼的她们自信、独立，为她们日后长成优秀的女性打下良好的基础。正因为出身良好、家教突出，再加上家族上下都重视对子女的教育，所以，这53名清华留美女生一般都受到了与同时代同性别的同龄人相比更加完备的家庭教育。

良好的家庭教育体现在以下几个方面。一是她们所表现出来的天分，能被迅速发现和培养。较为典型的如1914批的陈衡哲、周淑安等。考虑到我们后面将陈衡哲作为一个典型案例予以分析，在此不多赘述。据说，周淑安在孩童时代便显露了音乐天赋。当时，没有正规的音乐教育，她只能在教会里接触到一点音乐，她的二姐在教堂弹钢琴，她便跟姐姐学认五线谱，并学习弹琴和唱歌。1907年，周淑安考入鼓浪屿女子师范学校。据说1908年美国舰队访问厦门时，14岁的周淑安在招待会上领唱美国国歌，大受美国舰队司令额墨利的赞赏。[②] 1911年，周淑安中专毕业后，留校

---

① 陈衡哲：《一支扣针的故事》，北方文艺出版社，2015，第188—189页。
② 丁汝燕：《中国现代声乐艺术教育的开创者——周淑安、赵梅伯》，《中国音乐》2006年第3期。

任教。为了进一步求学，她于 1912 年前往特别重视音乐教育的中西女塾读书，此后便考取了清华留美女生。

二是父母对她们的爱都比较真切，给她们进行的是或严格的道德教育或宽松的仁爱教育，会让她们在人格上更为健全与完善。比如，1914 年留美的李凤麟 10 岁丧母，父亲担心继母薄待儿女故不再娶[1]，这在当时的男性群体里十分难得。陈翠贞的父亲对她及其 7 个弟妹教育甚严，要求他们的人生"以服务为目的"，并拥有"舍己为人"的品德。她家主要靠基督教会补贴，生活并不富裕，但父母在困境中给予她的爱和对她的期望，使她懂得体贴父母，也培养了她诚实、坚韧、朴实的性格。陈翠贞自幼聪慧、刻苦勤奋，自小学至医学院毕业，学习成绩始终名列前茅。[2]

1921 批的王国秀，家庭氛围也比较宽松。她的外祖父自幼在香港长大，精通英语，曾做过唐绍仪的秘书和驻檀香山（火奴鲁鲁）的领事。王国秀的母亲因此逃脱了当时束缚女性的缠足恶习。其祖父因太平天国运动与家人离散，机缘巧合被英国将军戈登选送到英国留学，直到 20 岁时候才回国。祖父思想的长期熏陶使得王国秀的父亲有机会接触高等教育。王国秀在这样的家庭中成长起来，较早地接受了近代思想的洗礼。这使得她从小就关注社会问题，尤其是妇女儿童问题。王国秀的舅舅就经常开玩笑取笑她，"这个小孩子又在讲男女平等了"。彼时，初中毕业的王国秀就已经追随先辈们参加轰轰烈烈的五四运动了。对于一个少年来说，这当真是罕见的事情。[3]

三是因为家族重视女子教育，她们中的一些人要比同时代女性获得更多优质的资源，接受更为开明的教育引导。如 1918 批留

① 李凤麟：《思母》，《直隶第一女师范校友会会报》1916 年第 2 期。
② 复旦大学附属儿科医院档案室：《儿科界一朵永不凋谢的百合——陈翠贞教授》，《临床儿科杂志》2005 年第 5 期。
③ 徐学海、陆以真：《妇女运动的领导者：孙王国秀女士访问记》，《妇女（上海1945）》1947 年第 11 期。

美的胡卓，是当时女权运动和女子教育较为明显的受益者。胡卓在此教育环境下，沐浴新风，感同身受。1903 年 8 月胡氏公学设男女两部，这是无锡设有女子学校之始。女学由胡卓之母周辉主持，增设刺绣等课程。胡氏办女学为无锡首创、开风气之先，继而无锡地区兴办女校呈风起云涌之势。1916 年 7 月大同学院（大同大学前身）开始招收女生，胡卓成为当时大同学院的第一个女学生。在这样浓厚教育氛围中长大的胡卓，很早就立志在国内外学成后要回校服务，也全力支持父兄的事业。① 所以，1918 批留美的胡卓，是这批女生中出国留学"肩负重任者"的代表。

1921 批的黄孝贞，她的父亲黄伯宝是清末留日学生。她幼年即随父母赴日，入日本初小四年肄业。1912 年全家迁往北京，她考入北京女子高等师范学校，1918 年毕业，1919 年进入上海大同学院一年。据说她曾受业于该校名师吴在渊、胡宪生。前者教数学，以简捷方法讲解代数与几何，解答难题，后者教英文，以多种例句反复讲解文法与词类，都使她获益匪浅。1920 年夏天，北京大学首度招收女生，她在上海投考，以高分考取该校预科，但因此后北京学潮闹得很凶，有三分之二时间停课，故而她改考清华，成为庚款留美女生。②

四是家庭对她们的托举要比同时代的女孩子更多。如 1914 批的王瑞娴，"父亲是汉阳一家煤铁和钢铁公司的经理"，据《波士顿环球报》1918 年 11 月 24 日的一篇报道，"出国前，她曾在美国老师的辅导下学习过英语"③。可见她家境优渥，请得起美国人来

---

① 胡氏兄弟姐妹 9 人以及堂兄弟姐妹，几乎都留学于日本、美国的著名大学，回国后又多从事教育，卓有建树。其中胡彬夏（女）1902 年随叔父胡雨人赴日留学，开一代新风。

② 潘秀玲：《访黄孝贞女士谈六十年前投考清华往事》，《传记文学》1981 年第39 卷第 6 期。

③ "Chop Suey Not Chinese", *The Boston Globe*（November 24, 1918），p. 53. 转引自宫宏宇《清华学校首批庚款留美女学人中的音乐人》，《音乐艺术（上海音乐学院学报）》2021 年第 1 期。

为她辅导学习。下文要详叙的 1925 批的凌淑浩，也曾说起过父亲出资请英语大辞典的编写者来教她英语的故事。据称，1921 年留美的张继英从小就聪慧过人，小学毕业后，就考入当时地处静安寺附近教会办的中西女塾就读。

1927 批的应谊（应蕙德），自小就被称为"神童"，1927 年清华留美女学生名单公布后，《大公报》等报刊均以"女神童考取留美"为题对她进行了报道，据说她"生而歧嶷，聪颖过人"，"四岁时即随父母赴欧游学，旅居德法及瑞士诸国，凡七年"，"嗜读德法著名文集，过目成诵，九岁即能学步为德法诗文，蒋百里、马君武诸氏见而奇之"，年十一归国，"始习国文，矻学不倦，甫及一载，斐然成章，且其辞旨宏邃，卓尔不群，不类寻常幼年所作。张君劢、胡适之以及徐志摩辈惊为异才，前年更习英文及数理等科，进步之速，恒冠诸生"[①]，"其母章肃夫人，出自杭县名门"[②]。应谊最为出名的童年趣事即是随同父母招待物理学家爱因斯坦。她考取清华后在国内的一举一动，都引人注目，如她随同父亲前往天津，准备次日早上启程前往上海，章士钊赋诗《送盟女应蕙德游学之美》为之送行，《大公报》都将其作为新闻刊登了出来。[③] 可见，她在出国前的知名程度。

1922 年 11 月，物理学家爱因斯坦来中国讲学、访问，途经上海，做客著名书画家王一亭的私宅"梓园"，王一亭委托浙江法政专门学校教务长应时和夫人章肃负责招待，他们的女儿即为应蕙德。爱因斯坦夫妇下车，应蕙德上前献了一束花。应蕙德说着一口流利的德语，爱因斯坦感到新奇而高兴。据说，爱因斯坦对应

---

① 《女神童考取留美》，《大公报（天津）》1927 年 7 月 27 日第 6 版。
② 《应蕙德女士》，《晨报星期画报》1927 年第 94 期。
③ 《女神童过津出洋赴美　章士钊赋诗送行》，《大公报（天津）》1927 年 8 月 6 日第 3 版。

蕙德喜爱至极，临上车时要她"重击其手而握之"，珍重道别而去。① 此事在爱因斯坦日记中有过记录。② 1922 年 11 月 14 日的《民国日报》以"十一龄女子诵诗"作为副标题的新闻，浓墨重彩地描绘了应蕙德，"年仅十一龄，能操德英法三国语言，均极流利。席间朗诵德国名人诗篇"③，可见当时是轰动一时之事。柔石④曾担任过应蕙德的家庭教师，他在 1923 年 11 月 16 日的日记中写到他与应蕙德的聊天，确实可以反映出 12 岁应蕙德的早慧程度。⑤

　　当然，需要指出的是，53 名清华留美女生中，有几名是留美前已经参加工作了的，如 1914 批的陈衡哲，为大家所熟悉，1925批的黄桂芳，留美前已经至少担任了一年的沪江大学年刊社编辑部的美术主任。⑥

　　总之，家庭的影响使这些女生比普通女子较早获得进入女学的机会，之后在家人的帮助下，年轻的女孩子们获得出国留学的机会。毋庸置疑，家庭因素在这些女生走进清华的成长道路上起着至关重要的作用。从另一个侧面，我们也可以发现，大凡能培养出这样一些女孩的家庭，其父母都相对比较开明，而宽松、开明的家庭氛围，也使得她们不仅个人接受了教育，她们的姐妹兄弟等也都求学于新式学堂，绝大部分女生的兄弟姐妹都有留学经历，从而整个家族呈现教育上的欣欣向荣之势。而正是这样的家

---

① 《一百年前，爱因斯坦走进上海"梓园"的那个良夜》，2022 年 11 月 16 日，搜狐网，https://roll.sohu.com/a/606365729_260616。

② 阿耳伯特·爱因斯坦：《爱因斯坦旅行日记——远东、巴勒斯坦和西班牙，1922—1923 年》，方在庆、雷煜、冯乐、文恒、何钧译，湖南科学技术出版社，2022，第 318—319 页。

③ 《恩斯坦博士过沪之招待》，《民国日报》1922 年 11 月 14 日第 10 版。

④ 柔石（1902—1931），男，本名赵平福，后改名赵平复，民国时期著名作家、翻译家、革命家，中国共产党党员，左联五烈士之一。与妻子吴素瑛婚后育有两子一女。

⑤ 赵帝江、姚锡佩编《柔石日记》，山西教育出版社，1998，第 72—73 页。

⑥ 《上海沪江大学乙丑年刊社编辑部：黄桂芳（美术主任）》，《沪江年刊》1925年第 10 卷，第 6 页。

族教育势头，又使这些女生对美国的留学生活充满了向往。

第二节　在教会女校的学习与生活

前述说到 53 名留美女生中有较多女生毕业于圣玛利亚女校与中西女塾[①]，因此，我们主要以这两所学校作为教会女校的代表，来回顾这批女生在赴美前的学习和校园生活。从其本意是培养女基督徒从而达到文化侵略中国的设置目的，而最终却客观上促成了中国女性解放之发端的结果来看，教会女校在近代中国，走的是一条吊诡之路。[②]

一　崇尚西化：教会女校的整体氛围

前述说到 53 名女生大多出生于富裕甚至地位显赫的家庭，到了教会女校上学后，她们又首先是浸润在教会刻意营造的浓重的"贵族气息"里，这为她们憧憬西方尤其是美国的生活奠定了环境基础，也使得女生们对留学的渴望越发强烈。

（一）生活环境西化，贵族气息浓厚

圣玛利亚女校与中西女塾都被时人称为贵族学校，大约可以意会为这样的贵族女校是专门培养和教育上层社会女子的近代教会女校。据说，中西女塾有专门的西方生活习惯训练和表情训练，比起圣玛利亚女校要更为西化和贵族化。这两所学校的贵族气息大约建基于两点：一是随着这些贵族女校的声名鹊起，学生要进去还得有点门路；二是学校的收费标准越来越高。由于学费昂贵，只有官宦或者巨商家庭才能将自己的女儿送入口碑较好的教会女

---

① 1952 年两校合并，改为上海市第三女子中学。
② 参见拙文《文化霸权、教育控制与女性解放——对近代中国教会女学的历史考察》，《华东师范大学学报》（教育科学版）2012 年第 1 期。

校学习。两者交叠，更增加了教会女校的神秘度。

　　教会女校利用了其处于中西文化交汇之间的独特性，在校园文化构建上，以带有现代感的建筑、设施等为实体，潜移默化地传播教会所刻意制造的教育制度文化等，故而成为一个传播西方科学文化的中转站和试验场，使得西方的思想观念如人权、女权等逐渐渗透到中国社会，也通过科学、文化、艺术等知识的传授使得西方世界以一个立体生动的形象展现在国人面前。在教会女校，无不渗透和体现了西方的文化要素。撇开其他不谈，教会女校与其他国立女子中学最不一样的地方，可能是相对西化的物质条件和风俗习惯，而这些更烘托出这几所教会女校的贵族气息。

（二）课程设置亦中亦西，基本用英文授课

　　新马克思主义社会批判理论的代表人物阿普尔（M. W. Apple）认为，课程知识的选择和分配是统治阶级依据某一选择或组织原理而作的意识形态上的抉择，是阶级、经济权力、文化霸权之间相互作用的产物，是显性或隐性的价值冲突的产物。① 教会女校的课程设置恰好印证了这一观点，其教育控制手段主要体现在显性宗教课程的设置以及隐性英美文化场域的建构上。

　　普通教会女校的主课程一般都是"基督教之伦理与教旨"，这是教会女校的灵魂。简单来说，教会女校最主要的中心科目是《圣经》，一切其他学科都是围绕这个中心来进行教学。中西女塾的章程中若干规定亦指出，"本塾中西并重，不可偏枯"，"惟圣教书不能不读"，所以，学生"每礼拜日，进堂听道，读圣经日课"。② 教会女校并不是从纯粹知识角度出发，亦没有从知识本身来对课程做"镜式"反映，它仍然取决于教会上层统治阶层的意旨。由此，宗教课程只是履行着建设基督化社会之文化政治职能，

---

① 转引自吴康宁《课程社会学研究》，江苏教育出版社，2004，第35页。
② 《上海中西女塾章程》，载李楚材编《帝国主义侵华教育史资料——教会教育》，教育科学出版社，1987，第83—85页。

体现的是教会及其代表国的权力意志与意识形态，并通过教学手段显性或隐性地影响着在校学生。在这中间，教会的权力控制对于教会女校的课程设置有着持续且长久的影响。

除显性的对宗教课程设置的控制外，另一种更为隐性的则是对英美文化课程的控制。中西女中（前身为中西女塾）校长薛正曾记录该校课程如下："（1929年）立案前所用的课本，除语文外，一律都是英文的，连中国的历史、地理课本也是美国人编写……"这样做的目的非常明显，"即一切都从美国的角度出发，灌输西方文明"①。可以看出，传教士们把对中国学生意识形态的灌输当作教学重点来进行，而另外的一些课程和知识则被有意忽略和排除。更为重要的是，这些意识形态经过重新组装、解释，用以支持基督教教义和资产阶级思想文化潜移默化之影响。

此外，教会女校的最大特色是几乎所有课程都是以英文授课，这对不少学生来说是很大挑战，当然，好处就是全英文的输入和输出，给学生创造了非常好的英语学习环境。比如，1923年留美的朱其廉在校就读期间，圣玛利亚女校负责英文教学的其实只有两人，即"学生称之为大郭和小郭"的美籍老师"Miss Graves"姐妹俩。② 但朱其廉的同学在回忆当时课程时却强调，"下午上课，不记得除英文外还有其他课程"③。为什么会有这样的记忆呢？大概是因为不少科目都是全英文教学，如另有同学回忆，"其他数理化和历史地理老师也都采用美国式的教学方法。教科书全是美国十二年级的原版课本，所以全校学生的英语基础都相当扎实。这就

---

①　薛正：《我所知道的中西女中》，载中国人民政治协商会议上海市委员会文史资料工作委员会编《解放前上海的学校》（《上海文史资料选辑》第59辑），上海人民出版社，1988，第304页。

②　唐赛云：《近百年前的回忆》，载徐永初、陈瑾瑜主编《追忆圣玛利亚女校》，同济大学出版社，2014，第19页。

③　唐赛云：《近百年前的回忆》，载徐永初、陈瑾瑜主编《追忆圣玛利亚女校》，同济大学出版社，2014，第19页。

是我们母校的教学特色"①。在这样的环境熏陶下，学生的英文水平都非常高。

除了圣玛利亚女校与中西女塾，苏州景海女塾也很出名，也是基本上用英文授课，因此，招考学生也需要通过严格的考试。1914批的杨毓英、1916批的蔡秀珠、1918批的丁素筠均毕业于该校。与圣玛利亚女校、中西女塾的课程设置相类似的是，苏州景海女塾也是在课程安排上中西并用，设置国文、英文、算学、理化等科目，并且有钢琴科、体操科等。上海启明女校②也是如此，该校于1904年10月10日由法国耶稣会教士划出上海徐家汇圣母院内崇德女校部分校舍创办，课程设置有国文、法文、英文、理科、算术、音乐、图画、手工、体操等，尤重音乐，约1906年，设立音乐专科，学制及教学方法均仿照德国。

丁素筠

图片来源：《环球》1918年第八次征求号，第26页。

---

① 孔宝定：《深深怀念我们黄色围墙中的母校》，载徐永初、陈瑾瑜主编《追忆圣玛利亚女校》，同济大学出版社，2014，第27页。

② 20世纪30年代，该校改名为启明女中，1946年停办，1953年改名为上海市第四女子中学，1968年改名为上海市第四中学。

总体而言，比起显性的宗教课程，这些英美文化场域的建构似乎更呈现一种隐匿的状态，它把宗教的意识形态由看不见摸不着的"信仰"转变为实实在在的存在，使其更加潜隐且无处不在。由此，身在其中的女生们，行之而不著，习矣而不察。

（三）特色课程：音乐教育与家政教育

音乐教育（尤其是琴科）与家政教育是圣玛利亚女校与中西女塾颇有特色的课程。前者的开设是因为礼乐教育本就属于传统中国的六艺教育，一直受到国人的重视与喜爱。但西人到来之后，西洋键盘乐尤其是钢琴曲在中国上层社会流行，被誉为聚会营造高雅格调之必备音乐，但此时，会弹钢琴的中国女孩屈指可数。因此，教会女校的琴科就这样开设起来了。口碑较好的教会女校在正常课业外，都设有钢琴、美术等艺术科目，供学生选修。学生也可以主修艺术科，毕业获得艺术科文凭。

圣玛利亚女校的琴科，为清华输送了不少音乐人才。比如1923 年留美的胡永馥和朱其廉，均是圣玛利亚女校琴科毕业生。能被选上去琴科学习的女生，需要一定的音乐天赋并且手指要修长灵活等。学校很可能会倾全校之力来培养这样的学生，故而胡、朱二人的弹琴水平享誉全校。再加上当时西洋乐师奇缺，所以该校早期琴科毕业的学生有一些就直接留校任教了。1922 年《凤藻》记录当年的中文教员时，曾提到"胡永馥朱其廉二女士授琴学"[1]，故此推断，胡永馥 1920 年毕业后，应是留校任教。朱其廉本于1921 年中英文科毕业，但之后为在琴学上有所成就，则既在琴科继续修习，也在琴科任教。有学妹记载了 1922 年朱其廉琴科毕业时音乐汇演的场景："朱女士音乐毕业：朱其廉女士性娴雅，善钢琴，去岁已毕中英文业，兹届音乐毕业之期，校中于十一月念八日特开音乐会，嘉宾莅止，一聆高奏，咸赞美不置。"[2] 1952 届的

---

① 《校闻——良师迭至》，《凤藻》1922 年第 4 期。

② 林敏筹：《校闻——朱女士音乐毕业》，《凤藻》1922 年第 4 期。

刁蓓华回忆："琴科最初只有一架钢琴，两架风琴，教管风琴和钢琴的课程，……最早的好学生还有王福娟、朱其廉、何义法等人。"① 可见朱其廉在圣玛利亚女校就读时，弹琴水平高是出了名的。

教会女校另一个颇有特色的课程是家政教育，据说中西女塾就以家政课最为著名。从某种程度上来说，家政教育是教会从传教实用目的出发而设置的一类课程。在早期，它有两个深层目的，其一是培养男教徒的妻子，训练她们既成为基督教信徒，又成为丈夫的好帮手。从 1859 年由女传教士娲标利（Beulah Woolston）和娲西利（Sallie H. Woolston）开办的毓英女中就可以看出来："从一开始，创办女子寄宿学校的最重要原因就是为中国助手们提供信仰基督教的妻子。中国传道助手们必须和基督徒结婚而不是异教徒……因为美以美会圣经学校的男生急着要迎娶毓英女生，女孩子们大都难以完成学业。"② 甚至到了 1895 年，圣玛利亚女校校长史塔尔（Starr）在其报告中还曾明确地阐明该校目的在于培养"有用的女基督徒"，并规定该校女生"只准嫁给基督徒"。③ 其二是迎合当时中国舆论界比较流行的女学要培养"贤妻良母"之教育目的，尤其是彼时不少家长都把教会女校的学历获取视为一个换取好婆家的资本。因为那时在教会女校读书毕业，"就像拥有一份上好的嫁妆，可嫁个好人家，或者出洋到美国留学"④。实际上，与培养西式"贤媛淑女"教育目标相同的是，中国几千年来传统女子教育的培养目标正是"贤妻良母"，如此，就使得教会女校的培养目标渐趋与中国传统女子教育目标有着一致的一面。

---

① 刁蓓华：《母亲刁杨调芳和圣玛利亚琴科》，载徐永初、陈瑾瑜主编《追忆圣玛利亚女校》，同济大学出版社，2014，第 248 页。

② Ellsworth C. Carlson, *The Foochow Missionaries, 1847–1880*, Boston: The East Asian Research Center at Harvard University, 1974, pp. 86-87. 转引自朱峰《基督教与近代中国女子高等教育——金陵女大与华南女大比较研究》，福建教育出版社，2002，第 49 页。

③ 陈景磐：《中国近代教育史》（第三版），人民教育出版社，2004，第 64—65 页。

④ 张珑编《回忆中西女中（1900~1948）》，同济大学出版社，2016，第 111 页。

（四）教会试图传教，发展女性教徒

教会办学的目的在于传教。因为"基督教教育对于在中国教堂全体事业贡献之最著者，乃在其以教育之方法，实现基督教教会之目的。教会之目的非他，盖即欲使各个人委身于耶稣基督"[①]，所以，如同一般教会学校那样，教会女校"始终贯彻为宗教服务的目的，所有教会女子学校的教学都以传播宗教精神、培养基督信徒为中心，弥漫着浓烈的宗教气氛"[②]。教会女校为了传教而开展的不少活动是女孩子都很乐意参加的，一些女生也由此而信仰了基督教。尽管最后调查显示，还是有不少女孩子并没有接受基督教信仰，但是在潜移默化中，她们对于西方的敌意和误解会因为屡次参加这样的活动而大大减少，而这些活动所传递出来的西方价值观也在影响着学生们的思想。

确实，教会所营造的传教、信教氛围以及因此而开展的系列活动，就成为教会女校里面的一个封闭式的系统型霸权，是"一个意义和实践的有组织的集合体，一个中心的、有效的、起支配作用的生活意义、价值和行为系统"[③]。"文化霸权（cultural hegemony）"理论，为意大利理论家葛兰西（Antonio Gramsci）所提出，主要是指一个阶级对另一个阶级的支配和主宰，是通过控制其文化内容和建立重要习俗以统一意见达到支配目的，而这种非暴力的思想文化意识形态控制手段为被统治者所消极同意。在这里，霸权就通过这些隐形的宗教活动体现出来。所以，有中西女塾的毕业生这样回忆："学生们进学校时可能不是基督徒，但因为受了浓厚的基督教气氛的熏陶，离开中西时大部分都已成为基督徒。学校从

---

① 费正清、刘广京：《剑桥中国晚清史 1800—1911 年》（上卷），中国社会科学院历史研究所编译室译，中国社会科学出版社，1985，第 566 页。

② 乔素玲：《教育与女性近代中国女子教育与知识女性觉醒（1840—1921）》，天津古籍出版社，2005，第 23 页。

③ 迈克尔·W. 阿普尔：《意识形态与课程》，黄忠敬译，华东师范大学出版社，2003，第 6 页。

来不把宗教强加于我们，也并不一定要求参加祈祷会。我们学习各种不同的宗教，甚至学习比较宗教。老师们只是过基督徒的生活，但她们的为人，成了我们的榜样，给了我们很深的影响。"[1]

二　固守传统：校园"家风"与严格管理

就像与旧上海繁华景象相对应的，与表面上显性的"现代性"暗地里相冲突的，其实还有烙印在国人骨髓里的"传统性"，同时，还有教会女校教师们身上自带的传统烙印。传统性特别体现在教会女校里的女传教士们身上，尤其是她们的古板、因循守旧管理特色以及女传教士们自身的独身主义色彩。如同圣玛利亚女校的毕业生自己所说，"在全盘西化的洋学堂里，还真带有封建色彩"[2]。

此外，教会女校的管理非常严格，我们以圣玛利亚女校的管理为例，可以看出，她们的校规很严格，做什么事情都有一定的规矩。根据朱其廉在圣玛利亚女校的好朋友唐赛云对校园生活的回忆，可以略微知道一些当时的学校规矩和作息时间，以及当时的课程安排。比如，"学校规定的日常活动时间表十分准时和严格。"[3]"学生不能每个周末回家，只能学期末才回家。学生进了学校，就像关禁闭似的，不能离校了。"[4] 周一到周五的学习日，整个一天的学习生活，大约可以总结归纳如下：

早晨6点起床，洗漱。

8点前饭堂吃早饭。

---

① 舒丽安：《母校给我爱、欢乐和知识》，载张珑编《回忆中西女中（1900～1948）》，同济大学出版社，2016，第145页。

② 凌励立：《一所贵族化、西化、封建色彩交织的教会学校》，载徐永初、陈瑾瑜主编《追忆圣玛利亚女校》，同济大学出版社，2014，第46页。

③ 唐赛云：《近百年前的回忆》，载徐永初、陈瑾瑜主编《追忆圣玛利亚女校》，同济大学出版社，2014，第18—19页。

④ 唐赛云：《近百年前的回忆》，载徐永初、陈瑾瑜主编《追忆圣玛利亚女校》，同济大学出版社，2014，第18页。

8 点准时上课。

中午 12 点吃午餐。

下午 4 点下课。

4 点到 5 点玩耍。

6 点吃晚餐。

7 点晚自习①。

另外一个相对传统的就是，在教会女校，仍然有不少中国传统的世家大族带过去的家风规范。也即是，在崇尚个体主义的美国式民主自由风气中，却倡导"家世"，使得教会女校甚至成为家族聚合求学之地。一旦一个大户人家有某个女儿在某一教会女校就读，就很容易带动家族中其他女孩就读此学校。根据《追忆圣玛利亚女校》一书的记载，我们以 1921 批的桂质良、1923 批的朱其廉为例，稍作分析。以 1921 年留美的桂质良为例，她是圣玛利亚女校 1920 届毕业生，是圣玛利亚女校 1904 届学生桂月华（我国著名学者王元化的母亲）的妹妹，她的姐妹桂质玉和桂德华，分别是圣玛利亚女校 1911 届、1916 届的毕业生，后者后来亦成为圣玛利亚女校教师，而桂质良自己的两个女儿闻玉平和闻玉梅则分别是圣玛利亚女校 1949 届和 1951 届的毕业生，闻玉平表姐傅美利是 1947 届毕业生，表妹傅美夏于 1952 年读高一，表妹傅美春、刘莺都在 1952 年读初二。两代女孩，一共 10 人。可见这所女校的魅力所在。桂质良的父亲是牧师，当时在武汉也有女校，可是在其父亲眼里，却以上海的圣玛利亚女校为最好。

1923 年留美的朱其廉家族也是如此。朱其廉 1921 年在圣玛利亚女校中英文科毕业后，一边留校任教一边又在琴科学习了一年，1922 年毕业后考取清华庚款女生，于次年赴美留学。以她为核心，

---

① 唐赛云：《近百年前的回忆》，载徐永初、陈瑾瑜主编《追忆圣玛利亚女校》，同济大学出版社，2014，第 19 页。

我们可以看出她们这一家族两代 15 人在圣玛利亚女校的求学经历。朱其廉的姐姐朱丽娣是 1915 届毕业生，妹妹朱蕊莲和朱倚笛分别为 1927 届和 1929 届。第二代有李梅（1941 届）、李蘋（1943 届）、李葵（1952 届）、李蔷（1952 年高二）、王丽天（1952 届）和王慧天（1952 年初二）。李梅表姐丁宝理是 1931 届，1949—1952 年任圣玛利亚女校教师，丁宝理的女儿夏甘霖 1952 年读初三，丁宝理的弟媳郭秀梅是 1935 届，1951—1952 年任圣玛利亚女校教师。李蔷婆母章德馨是 1925 届，1946—1952 年任圣玛利亚女校教师，章德馨女儿蔡德民 1952 年读高二。

与圣玛利亚女校类似的是，中西女塾也有这样的情况，比如 1921 年留美的黄倩仪与她的姐妹均毕业于中西女塾，黄倩英（1921 届）、黄倩鸿（1923 届）、黄倩君（1926 届），她们的母亲是中西女塾第一届毕业生薛葩，也是后来的中西女中校长薛正的无锡本家和长辈。[①] 黄倩仪的侄女黄佩沁 1949 年也进入中西女中就读。1921 年留美的颜雅清，早年她的姑母曹芳云[②]即任教于中西女塾，颜雅清的女儿陈国凤（Doreen Chen）1950 年毕业于中西女中。

可以判断，应该是教会学校的课程与氛围使这些学生受益颇丰，不然她们也不会不遗余力地鼓舞家族内其他孩子努力就读教会女校。倪徵𣊾曾在回忆录《淡泊从容莅海牙》中提及他转学到美国教会在上海杨树浦所设的沪江大学附中就读时，就是多亏了堂姐倪徵琼的推荐，并说倪徵琼是沪江大学第一批女大学生。据说此时"父亲对我转至教会学校，最初很不赞同，后经堂姊以自己经验和体会说服了父亲，最后决定让我去参加转学考试，结果如愿以偿"[③]。

可见，女生们在教会女校度过她们成长过程中的重要阶段，

---

① 张珑编《回忆中西女中（1900~1948）》，同济大学出版社，2016，第 102 页。
② 曹芳云，中西女塾最早就读的 5 名女学生之一。
③ 倪徵𣊾：《淡泊从容莅海牙》，北京大学出版社，2015，第 13 页。

而这些求学生活给她们的未来专业发展和兴趣培育打下重要的基础，在女校的经历帮助她们确立了人生的志向。客观来说，是圣玛利亚女校、中西女塾、景海女塾等一批教会女校的培养，使得这批女性得以走出国门，开始真正系统学习和接受西方近现代的自然科学知识和人文社会科学知识，也开始使得她们真正思考自己的人生之路，最终得以自强自立。这样的教育也为女生们赢取清华庚款留美女生名额创造了条件，为她们日后在美国的顺利学习和生活奠定了坚实基础。

第三节　教会女校女生的群体特征

从各教会女校的教学特色中我们可以看出，这些女生在国内女校的学习生活中，一是掌握了系统而全面的文化知识；二是锻炼了体魄；三是培养了胆识；四是增长了见识。这些都为她们接下来投考清华并顺利出国留美奠定了非常好的基础。此外还有几个群体特征，也许是当时就读其他本土女校所不能具备的。

一　共享一套教育宗旨，人格培养健全

圣玛利亚女校的英文校训在 20 世纪最初二十年是"Justice and Wisdom"。在 1920 年的《凤藻》上，1920 届的张继英在一首古英文《致凤凰》的诗歌中提到了圣玛利亚女校的校训"正义与智慧"以及"施爱于人"。[①] 可以看出，这一校训更多的是看重对女学生人格的塑造，挑战了中国封建社会传统的"女子无才便是德"观念。当时的中文校训应是"施较受更为有福"以及"以人之所欲者与之"，强调"给予人帮助比接受别人的给予更为幸福"的观

---

① 徐永初、陈瑾瑜主编《圣玛利亚女校（1881～1952）》，同济大学出版社，2014，第 65 页。

念，以及"给予人的东西应当是别人所想要的"，正和中国古语"己所不欲，勿施于人"相映衬。[①] 圣玛利亚女校后来的中文校训是"公诚勤敏"，即学生要有公德心，做人诚实，做事勤勉，反应敏捷，而中西女塾的英文校训是"Live，Love，Grow"，中文校训是"积中发外"，可以理解为《大学》中所言"诚于中，形于外"的意思，即一个人所受到的良好教育必然积聚在其内心，并在其外在的举止行为中表露出来。

可以看出，这些校训对圣玛利亚女校和中西女塾的学生人格的养成起了重要作用，甚至可以说是始终镌刻在她们心头。圣玛利亚女校校友张清芬用非常精辟的语句概括了该校的教育目标，也是这些女生们日后所奋力追求的人生目标，即"为家庭端其本，为社会植其计，目光远大，固不仅仅于一才一艺而已"[②]。因此，无论是做人还是学业方面，教会女校都为女孩子们打下了坚实的人生基础。她们的后人都不约而同地强调："圣玛利亚女校的教育较大地影响和培育了这些年轻女士的思维。"[③]

教会女校除了通过校训对女生们进行思想规训之外，还要求其参加学生活动，培养其组织能力，这在她们之后留美的专业学习生涯中反映了出来。与国内一般的女校相比，教会女校更加注重培养女孩子们在音乐和运动方面的才能，这更加符合美国人培养女孩子的教育价值观。比如，与当时清华相似的是，下午四点放学后，有一个小时的自由活动时间，此时全校教室和宿舍以及图书馆等都关上了门，谁也不准入内，让所有学生在外边活动。[④]

[①] 徐永初、陈瑾瑜主编《圣玛利亚女校（1881~1952）》，同济大学出版社，2014，第66页。

[②] 徐永初、陈瑾瑜主编《圣玛利亚女校（1881~1952）》，同济大学出版社，2014，第66页。

[③] 张志敏：《圣玛利亚女校的陈家四姐妹》，载徐永初、陈瑾瑜主编《追忆圣玛利亚女校》，同济大学出版社，2014，第21页。

[④] 孔宝定：《深深怀念我们黄色围墙中的母校》，载徐永初、陈瑾瑜主编《追忆圣玛利亚女校》，同济大学出版社，2014，第28页。

学生们有时候会去健身房锻炼，有时候去后操场上打篮球、排球或者垒球，有时候在大草坪戏耍。也有一些怕体育的女生，只好在走廊里一伙一群地"跑路"，也就是来回闲荡。[1] 教会女校还会培养学生的戏剧表演能力，如方连珍 1916 年在参加了清华留美女生考试后，还积极参加母校中西女塾的脱影戏表演，当时该校因"建屋需资"筹款，特地在 6 月 29 日排演西剧《公主》，以提倡女学，剧中艺员为该校全体女生，"发行入场券，厢位五元，椅位三元"[2]，方连珍在第三幕"女生方习体操，太子及二友投书入校，公主即率新生参观讲堂，女生体操之际姿势极佳……"中饰演"教员白夫人"，只见她"态度从容，风神娴雅，自是不凡"[3]。1927 年留美的龚兰珍，1924 年就曾代表杭州女青年会去参加中华基督教女青年会第一次全国大会[4]，1926 年入燕京大学化学系学习，次年赴美。

此外，课余课后她们也可以阅读课外读物，"学校订有中英文报纸和杂志，报纸放在名叫 Sun Parlour 大教室的桌上，供全校学生阅读，杂志放满图书馆一角，谁都可以去浏览。外文书籍布满整个图书馆架子，学生住在校内，均可自由借阅"[5]。可以得知，这样的浸润式英语阅读体验，会让沉浸其中的女生们知识更加丰富，视野也更广阔。因为英语好，女学生都常常学着用所学英语做一些实际工作，比如翻译工作。以《女铎》为例，林荀、邝翠娥等人就尝试在上面发表过翻译作品。[6] 另外，学生闲暇经常有歌咏练习，体育馆舞台上经常有文娱晚会、歌咏、跳交谊舞、朗诵

---

① 凌励立：《一所贵族化、西化、封建色彩交织的教会学校》，载徐永初、陈瑾瑜主编《追忆圣玛利亚女校》，同济大学出版社，2014，第 46 页。

② 詹詹：《女校游艺》，《神州日报》1916 年 7 月 3 日第 12 版。

③ 詹詹：《女校游艺（续）》，《神州日报》1916 年 7 月 4 日第 12 版。

④ 《中华基督教女青年会第一次全国大会纪录》，中华基督教女青年会全国协会书报部，1924，第 6 页。

⑤ 孔宝定：《深深怀念我们黄色围墙中的母校》，载徐永初、陈瑾瑜主编《追忆圣玛利亚女校》，同济大学出版社，2014，第 27 页。

⑥ 郭建鹏、姜绍泽：《二十世纪前二十年女性翻译活动论略》，《通化师范学院学报》（人文社会科学版）2018 年第 6 期。

英文小诗等活动。教会女校使得这些女生在美国读大学期间，可以靠着扎实的英语基础，迅速查找参考书，用英文写作论文。可见，教会女校不仅向中国女学生系统传播西方文化知识，还通过体育锻炼甚至是强迫式的体育锻炼来改善她们的体质。

二　遵照中国传统，重视国文学习

前文提到圣玛利亚女校对国文大力倡导，正因如此，这批女生们尤其是圣玛利亚女校毕业的女生们，才能在后来的中文学习中，有着深厚的国文功底。学校对学生国文水平的看重，也影响了学生对国文的热爱程度。一些女生尝试撰写中文文章，以保持自身对国文的热情。1916 批出国的蔡秀珠，在留美前还曾以"苏州景海女塾正科毕业生"的身份在《妇女杂志》的"国文范作"栏目上接连发文三篇，如《书籍为吾人之良朋说》，指出"朋友者五伦之一，人生所不能缺也……书籍是吾人之唯一良朋"，被赞"发挥亲切"[1]；如《沃土之民不材瘠土之民向义论》借土地的沃瘠与民众的善恶，通过各种举例指出，"人心劳则善，心逸则恶，不在地质而在人心"，被编辑部誉为"清辩滔滔洞中肯綮"[2]；如《春日种树说》将种树与中国的"国势之盛、物产之富"联系起来，被编辑部点评为"大有见地"[3]。

1918 年冬，倪徽琮（1921 批）、杨瑞卿联合诸位同学向圣玛利亚女校职员会提出书面申请，请求校方以"融感情、导希望、促进步，昭成绩诸师长"[4] 为目的，每年刊行学生杂志两期。在会议初步应允后不到一个月的时间里，便筹集到由在校学生提供的

---

[1]　蔡秀珠：《国文范作：书籍为吾人之良朋说》，《妇女杂志（上海）》1916 年第 2 卷第 9 期。

[2]　蔡秀珠：《国文范作：沃土之民不材瘠土之民向义论》，《妇女杂志（上海）》1916 年第 2 卷第 11 期。

[3]　蔡秀珠：《国文范作：春日种树说》，《妇女杂志（上海）》1916 年第 2 卷第 10 期。

[4]　倪徽琮：《序》，《凤藻》1919 年第 1 期。

大量稿件。得益于倪徵琮等人的这一举措，1919 年，圣玛利亚女校设立《凤藻》年刊委员会，面向校内每年刊行一次，校中学生开始有著作发表。在圣玛利亚女校就读的两年半的时间内，倪徵琮曾获中文作文竞赛奖，同时担任校刊《凤藻》杂志的业务经理和助理中文编辑。因此，我们得以在《凤藻》中找到不少清华留美女生的著作，其中有不少数量可观的旧体诗词创作，其创作价值和成就均不容小觑。比如 1919 年的《凤藻》上就刊登了 1921 年留美的倪徵琮、张继英、桂质良的若干篇中文习作。倪徵琮的《西施浣纱》《新从军行》《长相思寄怀同学美国》等，都是很好的旧体诗。在此撷取一首《长相思寄怀同学美国》："品也优，性也柔，蓦地乘风汗漫游，鹏飞到美洲；吴山愁，浦水愁，冷落当年，咏絮楼，孤鸿海外秋。"① 以供品读。这些旧体诗词作品不仅是圣玛利亚女校教育方针的体现和教育成果的展示，更应该注意的是，她们发表的这些传统诗词作品也为我们分析出国前留学欧美女性的知识结构提供了宝贵的材料。

正是较早启蒙的教育，使得她们国文功底较好。这些女孩在较早的时候，就开始崭露头角了，比如 1923 年留美的顾静徽在1915 年到 1922 年《江苏省立第二女子师范学校校友会汇刊》上发表了近 20 篇文章，主要是一些平日习作，以及对当时教育的感悟。1916 年留美的方连珍从中西女塾毕业之后，还专门以中西女塾毕业生的身份发表了一篇文章，谈到如何致良知以达到知行合一，可见其国文功底亦非常好。②

三 自视女国民，培养"爱国"心

与崇尚国文写作相伴而行的，则是这些女生们在国难当头时，并未放弃自身作为中国国民的职责。1926 年的《凤藻》上，有学

---

① 倪徵琮：《长相思寄怀同学美国》，《凤藻》1919 年第 1 期。
② 方连珍：《知行合一论》，《兴华》1916 年第 13 卷第 36 期。

生总结了"十个不可"对圣玛利亚女校学生的行为准则做了概括，如："不可轻视中文而注重他国文字，须知中文乃国粹，国势盛衰与此有关系焉"；"不可于言谈时恒用英语致成忘本之习惯"；"不可以国货不及洋货之精美而任意购取，使金钱外溢"；"不可不阅报，为国人而置国事于不闻不知"；① 等等。此时国难当头，女国民思想也一直蔓延，舆论界一直强调，"教育好一个女孩，就是教育好一个家庭、一个民族、一个国家"。因此，不少女孩也在暗自努力。

尤其是 1919 年五四运动以后，日益严重的民族危机，逐渐走向崩溃的民族经济，使得整个学生界对社会弊病深恶痛绝，开始形成一种新的是非标准和价值观，孕育着强烈的革命热情和献身精神。身处其中的这些女生也不例外。1919 年，当"五四"怒潮席卷上海时，圣玛利亚女校积极响应，有同学生动地记录了当时情形：

> 那天（5 月 7 日）下午，我们决定在学校成立一个组织，来维护和发展学生中的爱国情感。我们在学校组织成功一个团体之后，将它称作圣玛利亚学生会。俞庆棠被选为主席，孙熙治为秘书（倪徵琮担任书记，后待俞庆棠离校留美，被推举为临时代理主席）。除了三个人之外，几乎所有学生都参加了学生会。
>
> 我们集中所有的精力建设我们的学生会，但是我们被批评不参加市里的学生团体。于是我们立即选派了倪徵琮和王绯霞作为学校代表到市学联，校长对我们选出的两位代表很满意，派车送她们进城去……
>
> 当代表们返回学校时，天已经黑了，她们带回来一大捆

---

① 徐永初、陈瑾瑜主编《圣玛利亚女校（1881～1952）》，同济大学出版社，2014，第 94 页。

白布，因为学生联合会决定做在夏天流行带（戴）的白色网球帽，让学生们买这些帽子来抵制日本草帽。我们承诺完成五百顶帽子，他们要求我们在一天半内完成。……

……

第二天早上，虽然我们没有课，可以睡得晚一点起来，但每一个人都比平时早起。吃完早饭后，每个人都把针带到了科学楼。……我们工作到晚上很晚，到星期六早上，所有的帽子都做好了，总共五百顶。两百顶供给我们自己学校的女孩子们。[1]

与学生会的爱国举动同步的，还有清心会，这是基督教徒和赞成基督教的圣玛利亚女校师生组成的社团，其成立宗旨在于联合教徒，增进友谊，传播教义和组织会员做一些慈善工作。1919年之前清心会均由外籍教师管理，1919年开始由中国人接手管理，1919—1920年的会长为黄福。1920年的《凤藻》上英文文章记载，当年清心会的秘书为1920届的桂质良[2]，她记录到清心会通过了一个决议，通过向学生售卖吃食的方式每年筹款180美元作为给山西基督教传教妇女的薪水；每年清心会和圣孩会（虹霓团，学生舞蹈团队）从学生中募集100美元用来帮助"小圣玛利亚"办学。[3] 此后，学生会在俞庆棠、倪徵琼等人的带领下，上街边宣传边募捐，将捐款支援"五四"爱国青年。

四 同情弱势群体，关注女子教育

这批女生同样也对女权与男女平等进行了深入思考。在潜移

---

[1] 徐永初、陈瑾瑜主编《圣玛利亚女校（1881~1952）》，同济大学出版社，2014，第116页。

[2] 桂质良是圣玛利亚女校1920届毕业生，1921年出国留美，与表1-10等表格统计信息有不符之处，因是校友回忆材料，可能记忆有偏差。

[3] 徐永初、陈瑾瑜主编《圣玛利亚女校（1881~1952）》，同济大学出版社，2014，第130页。

默化地跟读英文教科书时，在模仿女传教士们的课堂练习中，这些女生们逐渐形成了女性尊严，开始感觉到自己有权利受到尊重，也逐渐用全新的观点去看待性别与男女关系，这也可以解释，为何她们一直表现出对女子教育、女子弱势群体的强烈关注。

1920 年 11 月 20 日发行的沪江大学校刊 *The Voice* 曾刊载了倪徵琮的一篇英文演讲词，题目是 First "Coed's" Speech in College Chapel，讲述了她对男女同校和女子教育的感想。因为当年沪江大学几经酝酿，突破传统观念的束缚，开风气之先，招收女生，实行男女同校。这在当时 14 所教会大学中是首创，自然引起轰动，首届女生共 4 名，其中就包括倪徵琮。1927 年 3 月，《妇女杂志》上刊登了曹静媛一篇文章，题目为《贫妇的生活难：啼饥号寒》，文章以白描写实的手法描述了一个贫穷的妇人，在寒冷的冬天带着三个孩子蜷缩在冰冷的家里，等着丈夫拉车赚钱回来的故事，结果却是丈夫被一个公门中人征调了车子，当天唯一的收入四吊钱却要交车子的份子钱，最后感叹"在这个不讲理的年头里"，"劳动界苦同胞"过的都是悲惨的生活。[1]

圣玛利亚女校和中西女塾都是女校，在女子的社会地位尚处于弱势的时代，这两所女校教给女孩子们的是自尊、自重、自爱和自强不息，只有做到这些才能得到社会和他人的尊重和爱戴。因此，要求女生们对待学习和工作，都要认真负责，待人处事都要高标准，不能马虎懈怠。这种严格的教育理念养成了她们认真负责、一丝不苟的生活和工作作风，受用终身。

20 世纪初，女子留学渐渐在社会上形成一股潮流。与此同时，教会资助女子留学的数字也在逐年增长，公派出国学习的机会也越来越多。尽管高昂的出国费用将许多人拒之欧美大门之外，但对于家境优越的这批教会学校女学生而言，她们是拥有强有力的

---

① 曹静媛：《贫妇的生活难：啼饥号寒》，《妇女杂志（上海）》1927 年第 13 卷第 3 期。

家庭支持的。正在此时，清华招收留美女生的政策开始推行，显然非常契合此时女学生们渴求留美的心理。

而且，教会女校的一切，也引发了女学生们对国外生活的向往。也许，这些姑娘们可能要终其一生才会明白，不管她们是主动还是被动，一旦她们选择报考清华，留学美国，她们就将成为这个时代女性们的先锋，"不断离开"，就会成为此后她们的生活方式。所以，这批女生虽然能在中国地域上找到出生地来作为自己的根脉，但我们可以用凌淑浩外孙女魏淑凌的话来形容她们的一生："她们的生活却始终漂浮于传统与现代之间的边缘水域。她们出生在恪守旧时代礼俗的家庭，却追求一种与母亲（们）截然不同的生活。"① 她们出身于官宦之家、知识分子之家或传教士之家，在国难当头之际主动或被动卷入民族主义运动，却又在西方人创办的教会女校念书。从 1914 年第一批到 1927 年最后一批，时间跨度达 14 年，这中间充满了中国传统儒家价值观与西方科学、民主的价值观的冲突，以及她们的传统家庭与新式学校之间的教育理念的冲突。"五四"时期思想界把妇女解放作为中国走向现代国家的一个重要标志，而这一批女性无疑则是 20 世纪最初 20 年现代女性的代表。

第四节　聚于清华：四个女生个案

本节将选取四名清华留美女生聚于清华前的生命历程作为分析个案，来描述她们聚于清华的机缘巧合。这四名女生属于在 53 名女生中较有代表性的人物，我们以出国时间为先后顺序，具体看她们为何会选择出国留学：一个是勇于"造命"，试图脱离家庭

---

① 魏淑凌：《家国梦影：凌叔华与凌淑浩》，张林杰译，百花文艺出版社，2008，第 3 页。

的 1914 年留美的陈衡哲，她的留学，缘于对自身命运的探索与思考；一个是 1921 年留美的颜雅清，她是跟随父亲出国留学，顺道考试获得了清华庚款留美资格；一个是传统士大夫家庭出身、1925 年留美的凌淑浩，她的留学，更多的是为了向父亲证明自己并不比男孩差；最后一个是中下层家庭出身、试图改变自身命运、1927 年留美的曹简禹，她的留学，是为了追随居里夫人的科学梦。

一 陈衡哲：给自己"造命"的大龄女青年

陈衡哲在其自传中这样写道："我的早年生活可以被看作一个标本，它揭示了危流之争中一个生命的痛楚和喜悦。"陈衡哲在 53 名留美女生中很有代表性，她是少数没有接受过教会女学教育的女生之一，出国留学时已经年满 24 岁，也是一个较有觉悟的青年女子。她在考取清华庚款留美女生之前，是这 53 名女生中求学经历较为曲折的一个人。

陈衡哲家弟兄姊妹众多，她排行第二。① 论及童年，陈衡哲认为，"我的童年一点都不值得羡慕；但在智育方面，能拥有我那样的早期环境是非常幸运的"②。幼年时，陈衡哲热爱自然，喜爱冒险，对自由有着无限的渴望。她的性格像个男孩子，六七岁时就喜欢在花园里冒险。1904 年冬，陈衡哲带着舅父庄思缄给好友蔡元培的介绍信前往上海爱国女校。然而，阴差阳错之下她被举荐

---

① 陈衡哲父母育有六女二子，多事业有成。二女陈衡哲被称为中国第一个女教授，向来只载男不载女的陈氏家谱，破例将陈衡哲收列其中；四女陈衡粹毕业于北京女子师范大学（北京师范大学前身），其夫是著名戏剧家余上沅，留学英国专攻戏剧，回国后创办国立戏剧专科学校（今天中央戏剧学院、北京电影学院、上海戏剧学院的前身）；五女陈鹏毕业于国立北平大学艺术学院西画系，人民美术出版社编辑；六女陈受为南开大学数学系资深教授，其夫吴大任曾任南开大学副校长。见李火秀《过渡时代的"造桥"者》，中国社会科学出版社，2019，第 4 页。

② 陈衡哲：《陈衡哲早年自传》，冯进译，安徽教育出版社，2006，第 29 页。

进入表哥朋友新创办的中英女子医学院①就读。从 1905 年春到 1907 年冬，陈衡哲在中英女子医学院度过了第一次孤身在外的求学时光。但她在此过的生活并不如意，她在早年自传里，颇费笔墨地描述了当年的情形。陈衡哲遇到了一位她认为好恶极端的 Z 老师②，"她高兴的时候，我是神童，她生气的时候，我是班上的害群之马"③。Z 老师除了上课，还开业行医，服务社会，以妇女为主，出诊的原因常常是难产。每当她出诊时，要求所有学生跟她一起参加医疗实践。产妇的声嘶力竭、全身血污，以及极端的生育状况，使得当时才 15 岁的陈衡哲极其恶心，备受煎熬。由此她痛下决心，以后不管学什么、做什么，一定要跟医学无关。1912 年 8 月，陈衡哲在《东方杂志》第 9 卷第 2 号发表译文《改历法议》，这是陈衡哲首次在报刊发表文字。1914 年春天，陈衡哲来到她的姑母朋友家，开始了她人生的第一份家庭教师的工作，月薪 20 元，教授国文、算术和基础英语。这份工作，尽管暂时缓解了她的经济窘况，但对于热爱文学艺术的陈衡哲而言，并没有真正为她解忧。而家庭外，是一个山雨欲来的时代，也在不断考验陈衡哲的选择，激发起她对社会、对人生的新的思考。

1914 年 5 月，她在报纸上看到了清华学校面向全国女孩举办招生考试的消息，招考的要求当中，特别说明不计较她们先前的在校记录。正是这样的不受限条件，打动了陈衡哲那颗多年来一直漂泊不定的心灵。陈衡哲一直苦苦寻求自我发展的机会却一无所获，不就是因为中国还没有一所正儿八经招收女子的大学吗？她的内心，对清华留美女生名额充满了痛楚的渴望。于是，后来我们都知道了，

---

① 该校又被称为上海女子中西医学院，1905 年由当时上海的水师副总统创办，旨在综合中西医学的长处，通过女医来缓解妇女的痛苦。

② Z 老师其实是当时名噪一时的张竹君女医生。可能张竹君在医学上尽管颇为热心，但由于当时医药学设备、教材缺乏，她在学生年龄尚小、没有心理准备的情况下带领学生去实习行医，这种教学方式使得少女陈衡哲的恐惧心理加剧。

③ 陈衡哲：《陈衡哲早年自传》，冯进译，安徽教育出版社，2006，第 107—108 页。

陈衡哲考取了清华留美学生，于同年 8 月 15 日前往美国留学。

二　颜雅清：踏着父亲留学之路前行的未来"女飞行家"

　　颜雅清在一个中西合璧的家庭环境中长大。作为家中长女，她从小就活泼机灵，个性很强，遇事喜欢自己拿主意。"冒险精神超足，大有天马行空，我行我素，天下为己任的男子气概。"① 7 岁时，父母就将她送进了中西女塾小学部，当时她的姑母曹芳云在此任教。在这所学校里，颜雅清接受的是西方教育，她学会了打网球、骑马、射箭，这些学习内容在后来学习飞行的时候，全部使用上了，尤其是培养了她勇敢大胆的精神。1914 年由于父亲颜福庆要去美国的哈佛大学攻读公共卫生学，颜雅清也中断了在中西女塾的学习，跟随父亲第一次前往美国。到达美国后，父母把她送进了纽约州东南部城市拉伊（Rye）的拉伊神学校（Rye Seminary）。② 未及一年，颜福庆就取得了公共卫生学证书举家回国。颜雅清也中断了在这所学校的学习，随父母亲回到上海。父母又送她到中西女塾就读。

　　颜雅清回上海不久，1917 年 2 月 22 日的下午，19 岁的美国飞行家史天孙女士到上海举办飞行知识讲座。③ 讲座的台上放着一架飞机，吸引了在场观众的眼球，也吸引着颜雅清。大家都是第一次听说飞机这种新东西，连名称还没有完全确定，有人把它叫做"飞行机"，很多人不相信这种东西居然可以飞到天上。史天孙女士针对公众质疑的眼神，详细介绍了这种刚刚诞生不久（莱特兄弟飞机上天是 1903 年）的飞行器。颜雅清听后大受启发，大开眼界，暗中下定了想学习飞机驾驶的志向。④

　　1921 年，17 岁的颜雅清从中西女塾毕业，以优异的成绩考取

　　①　宋路霞：《上海滩名门闺秀》（伍），上海科学技术文献出版社，2018，第 66 页。
　　②　蔡德贵：《世界公民颜雅清传》，花城出版社，2013，第 54 页。
　　③　蔡德贵：《世界公民颜雅清传》，花城出版社，2013，第 54 页。
　　④　蔡德贵：《世界公民颜雅清传》，花城出版社，2013，第 55 页。

清华庚款留美女生，是当时录取的十个女生之一。恰巧颜福庆也要去美国考察医学，于是，颜雅清便随父出行了。

三 凌淑浩：大家族中执着于医学的孤独求学者

凌淑浩，英文名 Amy，凌家兄弟姐妹十二个，她是家中最小的孩子，民国时期著名女作家凌叔华是她的亲姐姐。在魏淑凌的笔下，她的外婆凌淑浩成了幼时利用叛逆形象来寻求关怀的一个孤独女孩。据说，凌淑浩"整天都在玩儿。我不去缠着父母，我和兄弟姐妹在一起玩儿，和邻居家的男孩打网球"[①]。很多时候，她一个人玩，跳绳、踢毽子，自得其乐。大约是因为母亲没有生出来男孩，凌淑浩也敏感地知悉了这一点，所以很多时候，她会"穿着男孩衣服，为所欲为"，也许内心深处是对母亲这一点遗憾的反馈。在这样的自我意识中，她很小就学会了骑自行车，并可以骑着车到处闯荡。"男孩"的角色扮演贯穿了凌淑浩的一生，她反复强调，"我父亲是把我当成儿子来养的"。有意无意间，这样的男孩子打扮使得她的独立精神得到了发展。在凌淑浩的晚年回忆中，她把自己描述成了一个果断和充满好奇心的孩子，以显示自己有别于那些传统的大家闺秀，如此，便可以解释晚年的凌淑浩对她的外孙女这样说道："我生来就是战斗的，你不会明白，我是战斗中成长起来的。"[②]

1912年，凌淑浩的大姐淑芝奉父母之命出嫁了，男方在遍布全国的铁路中持有一笔利润可观的股份。两位父亲都认为这对新人是天生一对，然而凌淑浩却觉得，"我姐姐是嫁给了铁路"[③]。婚礼

---

① 魏淑凌：《家国梦影：凌叔华与凌淑浩》，张林杰译，百花文艺出版社，2008，第51页。

② 魏淑凌：《家国梦影：凌叔华与凌淑浩》，张林杰译，百花文艺出版社，2008，第63页。

③ 魏淑凌：《家国梦影：凌叔华与凌淑浩》，张林杰译，百花文艺出版社，2008，第75页。

前一天，她对母亲说："你生了这么多女儿，却不知道该怎样保护她们，我再也不想做你的女儿了。"[①] 此时，她才 8 岁。第二天婚礼后，她又威胁父亲说："你不会把我许配给我没有见过的男人吧？我会跑掉的，你会再也找不到我的。"她告诉父亲，"我想当医生。"他问："那得花多少钱？"凌淑浩回答道："我不会用你一分钱。"[②] 也许，就是在这样的刺激中，凌淑浩的医生梦，真正开始了。

从 1915 年秋季开始，凌淑浩和姐姐一起在天津第一女子师范学校寄宿，叔华依旧擅长文学和艺术，而淑浩则对科学更有兴趣。1917 年，凌淑浩中学毕业，她已经打定主意要学医。1919 年五四运动兴起，两姐妹都加入了这一洪流。天津第一女子师范学校与当地其他五个女子学校联合，组成了天津女界爱国同志会。叔华是学校新成立的学生会秘书之一，她们还出版了《醒世周刊》，编辑之一则是后来成为鲁迅夫人的许广平。当年邓颖超是联合会演讲队的负责人。

凌淑浩也参与了这样一个事件。她站在街心一把椅子上，用扩音器呼喊抗议口号。她回忆这次抗议活动时，强调的是女孩子们高超的口才："那些南开中学的男生不知道该怎么说，于是我们女生成了抗议活动的带头人，我们的方法很管用，我们去按门铃，告诉各家各户'别买日本人的东西。'"[③] 就像凌淑浩的外孙女魏淑凌感叹的，与凌氏姐妹同时代的青年女性都在寻求一条跨越传统与现代前景之间鸿沟的道路。五四运动中的豪言壮语唤起了她们的报国热情，但让她们实现雄心壮志的机会却十分有限。

在"五四"时代场景中，凌淑浩对前途的安排与叔华不同。

---

① 魏淑凌：《家国梦影：凌叔华与凌淑浩》，张林杰译，百花文艺出版社，2008，第 77 页。

② 魏淑凌：《家国梦影：凌叔华与凌淑浩》，张林杰译，百花文艺出版社，2008，第 77 页。

③ 魏淑凌：《家国梦影：凌叔华与凌淑浩》，张林杰译，百花文艺出版社，2008，第 102 页。

她很务实，想学医。这是一个值得爱国者建功立业的领域，但更重要的原因是她渴望成为独立的职业女性。当她的外孙女魏淑凌问晚年的她为什么要学医时，她没有说什么救国一类的话，而是反问道："你知道女人是怎么生孩子的吗？"一阵戏剧性的停顿之后，她自己回答说："得有两个人来帮忙，一个抓住这只手，一个抓住那只。她会尖声狂叫，喊着'我要死了！这娃娃要我的命啊'。我想帮她们，必须有个办法来帮她们。"凌淑浩很仰慕一位叫丁大夫（疑为 1914 年替代唐玉瑞留美出国的丁懋英）的女性，把她作为自己的榜样，像康爱德和石美玉一样。丁大夫也在密歇根大学上学，回国后开了一家私人医院。她把自己的理想告诉姐姐，叔华嘲笑丁大夫是个满脸麻子的丑女人，说没人会娶她。凌淑浩回答说："我不在乎，她的病人也不在乎这个。"[①]

1921 年，随着父亲工作的调动，凌淑浩一家人回到了北京，秋天，她和姐姐都进了新建的燕京大学女子学院。她专心学英语，为了一年以后能申请读医学院，她学得很用功。因得知一年后成立的北京协和医学院均为英文授课，凌淑浩对学英语最为看重。她常与舍友李德全[②]在王府井大街一边闲逛一边练习新学的英语[③]，她也想看看洛克菲勒基金项目资助的新北京协和医学院盖得怎么样了，她对李德全说："我学好英语以后，就上那儿念书去，我就喜欢那座房子。"[④]

到了年底，她开始参加北京协和医学院的招生考试。[⑤] 她参加

---

① 魏淑凌：《家国梦影：凌叔华与凌淑浩》，张林杰译，百花文艺出版社，2008，第 106—107 页。

② 李德全（1896—1972），家庭三代都是基督教徒，父亲是河北省的高官。她后来成为冯玉祥夫人，新中国成立后担任第一任卫生部部长。

③ 魏淑凌：《家国梦影：凌叔华与凌淑浩》，张林杰译，百花文艺出版社，2008，第 112 页。

④ 魏淑凌：《家国梦影：凌叔华与凌淑浩》，张林杰译，百花文艺出版社，2008，第 113 页。

⑤ 北京协和医学院于 1908 年开始招收女学生学医。

了四天考试，考完生物、化学、物理和数学和英语口语，最终以高分通过。1922 年秋天，18 岁的凌淑浩住进了北京协和医学院一幢三层楼的宿舍。她在课表上的生物学、化学、数学、物理学、中英文等课程之间奔忙，第二和第三学年，还要上解剖学、生物化学、生理学和药理学等课程。她常常和同学们一起，在奥利弗·琼斯大厅的书桌上埋头苦学到深夜。凌淑浩那时候还担任了学校年鉴的编辑，她写了一篇短文描述 1924 年的学生生活，题为《赶早车》：

> 某日王女士来访，谈论甚畅，忽有同学进来问予道："你现在谈的这样高兴，我问你明天打算赶什么车呀？"我答道："赶 5 点半的早车"，王女士听完，立刻要走，她说，"你快收拾东西吧，我走了，若不，明儿早上赶不上呢"。我听了，忍不住笑道："好姐姐，我并不赶火车，你坐下我告诉你吧，我们所谓'赶车'乃是早 5 点钟起来念书……不是早 5 点起，或晚 12 点睡，是赶不及预备功课的。"①

从这段对话中可以想见，当时凌淑浩的学业繁重程度和勤奋用功程度。魏淑凌回忆，凌淑浩有两本记录她在北京协和医学院生活的书，这段对话就发表在其中一本书上。她的同学还在文章中提到凌淑浩，主张课外活动不会影响学习："正相反，在医学院第一年里，尽管课业沉重，但全班同学在学习上都力争上游。这方面，凌淑浩小姐、泰光煜、程玉翎等先生都是出类拔萃的，为我们作出了表率。"② 后来成为凌淑浩丈夫的陈克恢当时是该校药学系一名高级助手，同时负责教学工作。1925 年 3 月，陈克恢告

---

① 凌淑浩：《赶早车》，见 The Union 1924 年第 1 卷，182—183 页，转引自魏淑凌《家国梦影：凌叔华与凌淑浩》，张林杰译，百花文艺出版社，2008，第 130 页。
② 魏淑凌：《家国梦影：凌叔华与凌淑浩》，张林杰译，百花文艺出版社，2008，第 130 页。

诉凌淑浩，清华学校将举行一次全国选拔考试的消息，将有5名女生有机会获得奖学金。他鼓励凌淑浩去申请奖学金，而他亦决定回美国威斯康星大学麦迪逊分校去继续他的中药研究。就这样，凌淑浩的留美学医之路就开始了。

四　曹简禹：克服层层阻碍辗转求学

1927年留美的曹简禹，在53名留美女生中也很具代表性。前3名女生都属于家境较好者，尽管她们出于各种目的和情境而选择投考清华，但总体而言，尤其是颜雅清和凌淑浩，生活对于她们来说，并非无路可走。但接下来要说的这位日后成为江阴著名知识女性的曹简禹，却自幼丧父，母亲独自抚养家中5个孩子。可以想见，她的自我觉醒与自我意识形成之路，要比其他几位，显得更为艰辛。

曹简禹，学名曹玉书，书香门第出身，其父亲曹申甫行医于江阴，母亲范氏乃范仲淹之后裔，督教甚严，加之居住在著名学府南菁中学对门，学风所熏，益发勤学。1921年入苏州师范学校，4年后毕业时，适逢居里夫人访问上海，甚为感奋，认为女子也有从事科学研究的天分和职责，于是到上海求学，在其叔父曹梁厦先生任校长的大同大学就读。其间认识吴稚晖、张溥泉等长辈。当时亲戚邻里女儿多早早嫁人，侍候翁姑，很少能入学深造，而有机会进入女校学习的曹简禹则在不断的反思中走上了另一条道路：

> （我）一向以为天生我也，必有我用，我必如大丈夫般，做一番事业。……又读过《居里夫人传》，不胜羡慕之至，追随居里夫人之成就亦常入梦中，至少我必习科学。……
>
> 大同大学为早期少数收女生之大学之一，我适在苏州师范毕业，一心向学，即去沪访叔父，叔父即告办事先生出纸笔命题考试，那时可随到随考。……大同女生不多，大家所

最向往者为投考清华，即投考清华女生专科班，直接放洋深造。故投考清华是我少女时代最大的梦，而追随居里夫人之梦，亦即以投考清华大学为捷径。[①]

1927 年夏，曹简禹考取清华庚款留美女生，年方二十。临行前，叔父率所有子女亲自到码头送行，谆谆寄语侄女要以"中国之居里夫人"自勉。毫无疑问，女校成就了曹简禹，使她从家门走到校门，从校门走出国门。在女校的培养中，少女时代的她开始反思自己的人生道路。在《青年修养录》《居里夫人传》及修身课程等的引导下，她树立了追随居里夫人的人生理想，走出了一条与传统女性居家相夫教子截然不同的道路。就这样，她成了清华留美女生最后一批奖学金的受惠者。

在追溯这些女性的童年与女校求学生涯时，我们发现不管是教会女校还是本土女校，都通过知识传输、理想树立、道德宣传和礼仪规范等手段塑造和规训她们理想中的新女性。有些女性成为女校所着意培养的模范生，但是有些女性却在接受学校教育和社会引导的同时也逐渐形成了自己的独立意识。清华留美女生中不少都算是个人觉悟较高者，她们不仅开始试图挣脱女校不合理的束缚，而且更加不满于在男权社会的被控制状态。她们开始积极争取女性应有的权利，在与男权作斗争的过程中追寻着自我。正是在这样的抗争之中，她们走出了国门。

① 曹简禹：《八十自述》，载沈俊鸿编《江阴名人自述》（上），上海古籍出版社，2008，第 277 页。

第 三 章

清华考选：53 名留美女生的考录选派

1914 年到 1927 年这 14 年间，清华学校一共输送了 53 名女生留美深造。清华作为她们的"娘家"和"中转站"，在这些女生的整个现代化教育历程中起着举足轻重的作用。那么，清华是怎么招录、培训与管理这些留美女生的？

第一节　清华招录政策变迁

众所周知，清华学校是由美国退还的庚子赔款所拨经费设立的留美预备学校。美国为加强其在中国的影响，基于其文化扩张主义，急欲通过教育在中国培养一批通晓美国政治、文化、科学、教育和工业技术的"领袖人才"①，意图将来从知识与精神上控制和支配中国发展。1909 年美国退还庚款，开始有清华公费留美学生的派遣。最初留美学生人数不多，因此每年开支颇为宽裕，所以，北洋女子师范学堂、北洋高等女学堂、北洋女子公学各学堂教员以及学生许端珪等，曾联名禀请在美国退还庚款选派学生留美的名额中，酌拨经费十分之一以选派女生。但学部认为"赴美游学等，每年由游美学务处分两格考选，设有定额，所受学生均

---

① 唐纪明：《美国退还庚子赔款与清华学校》，《清华大学教育研究》1989 年第 2 期。

须在馆肄业学习 1 年或数月"，遂以"疑难照准"拒绝所请。①

相较于游美学务处时期，清华学校时期培养、资助的留学生类型更趋多元，留学生数量也大大增加。1912 年，在北京的美国驻中国公使质疑"为什么前三年没有任何女生获得庚子赔款奖学金？"②并提议"请兼选有中学毕业程度女生来美就学，名额不妨稍多，以后每年选派"③。但当时女子留学风气未开，而且女子中学也设立不多，尚无法将大批女生派赴美国留学。因此，到清政府被推翻时，庚款留美的名额中仍无女生。1913 年，美国驻华公使嘉乐恒④与美国 30 多个地方的青年会致函北洋政府外交部，呼吁选派女学生赴美留学。⑤ 美国方面再三要求中国政府派送女生留美，大约是此时世界女权主义运动浪潮影响下，美国的女子教育迅速发展而产生的外溢效应。果然，由于受到其时蓬勃发展的女子教育的刺激，"在美国的中国学生也要求有女生参加考试，因为他们把这点看成是有活力的、有改革的共和国的象征"⑥。这次呼吁对北洋政府外交部产生了一定影响。

1914 年，经过前期准备，清华学校决定从当年开始，每隔一年选派 10 名女生赴美留学⑦，每次不超过 10 名，留学年限为 4 年⑧，

---

① 《学部官报》第 137 期，1910 年农历十月一日，文牍。

② 史黛西·比勒：《中国留美学生史》，张艳译，生活·读书·新知三联书店，2010，第 73 页。

③ 《民立报》1912 年 7 月 12 日，专电，转引自乔素玲《教育与女性——近代中国女子教育与知识女性觉醒（1840—1921）》，天津古籍出版社，2005，第 52 页。

④ 嘉乐恒（William James Calhoun，1848—1916），美国外交官，芝加哥律师出身。1910 年至 1913 年任驻华公使。见章开沅《辛亥革命辞典》，武汉大学出版社，2011，第 421 页。

⑤ 《请核定本年招考与派美学生川装各费》，台湾"中研院"近代史研究所所藏档案，转引自金富军《清华大学留学管理研究：1909—1949》，清华大学出版社，2022，第 27 页。

⑥ 史黛西·比勒：《中国留美学生史》，张艳译，生活·读书·新知三联书店，2010，第 73—74 页。

⑦ 清华大学校史研究室编《清华大学一百年》，清华大学出版社，2011，第 14 页。

⑧ 清华大学校史研究室编《清华大学史料选编》（第一卷），清华大学出版社，1991，第 226—228 页。

此即"派送女生留美"政策实施之开端。截止到 1927 年这一政策结束，校方一共向美国派送了 53 名庚款女生。这批庚款女生，后来又被称为"专科女生"，特指招考于清华校外且"被录取后须于规定的学科中任选一科作为进美研究之专科"① 的直接出洋女生。这既是近代中国第一次以庚款官费的形式大规模派遣留美女生，也是清华庚款女生留美政策的开端。

按照招录流程，大体上是每隔一年的 4 月左右由清华学校发布女学生招考章程，6 月底或 7 月初进行考试，7 月下旬登报发榜，8 月中下旬乘船出洋。考试场所分为北京和上海两地，北京的就在清华园内，上海的一般在霞浦路，由上海女青年会负责当年清华在上海的庚款留美女生招考工作②，而寰球中国学生会则负责清华留洋（女）学生出国前的代办事宜，尤其是登船前在上海的落脚和招待工作③，时间则是每年的 8 月，如 1918 年"清华一切出发事宜均由寰球中国学生会朱少屏君代为办理，故该会近来甚形忙碌，清华学校亦假该会为办事处"④。

至于留美女生的招录政策，则可先从招生规程开始看起。14 年来，清华一共向社会各界公布了 7 份招生简章，1914 年的庚款女生招录要求似与当年清华整个招生简章一起混合发布，故而从 1916 年起才开始有完整的《女学生试验章程》。虽然目前暂未找到 1914 年首批女生的原始招考条件，但是根据已有史料进行判断，大约可以推断与复原其最开始的简章轮廓。

首先，在招生资格上对招考女生的年龄、受教育程度和考试科目等均有所强调。陈衡哲回忆道，1914 年招考留美女生规定的年龄要求是："18 到 21 岁之间"；"不计较此前学生的在校考试成绩如何"；"留学期限为五年（包括一年预科）"；"考试科目与男

---

① 舒新城：《近代中国留学史》，上海书店出版社，2011，第 53 页。
② 《女青年会近况概观》，《时事新报（上海）》1920 年 10 月 5 日第 6 版。
③ 《寰球学生会近况》，《时事新报（上海）》1920 年 6 月 21 日第 10 版。
④ 《大批学生出洋消息》，《民国日报》1918 年 7 月 31 日第 10 版。

生均同"；"考试前要报名体检，体检合格后才能去上海考场进行考试"；① 等等。从中我们大致可以判断出：第一，清华明确说了不计较学生原来的在校考试成绩，这样看来，对首届女生的学业要求看上去不是太高，大约对此时的女生学习程度并不抱太大信心；第二，校方对女生的考选流程尤其是考试科目与男生完全相同，有可能因为政策拟定较为仓促，并未及时针对当时国内女生受教育程度设计特定的试卷，因为这些科目对男生来说亦属苛刻，对于其时女生来说则更富挑战性。

不过，值得一提的是，当时对女生年龄的考核可能并没有简章上写的那么严格，或者在当时户籍制度下是可以蒙混过关的。这一点与考选前三批男生的标准截然不同。清华考选第一批留美生时特别严格，"在本处报名填册，所有年籍三代及所习科学，均须本人亲笔填写，并于册内粘贴相片。其非咨送者，取具图片印结，以杜弊端"②。而且，即使如此严格，但也"存在部分学生年龄瞒报"③。但在考选第一批留美女生时，可能考虑到国内女生具体情形，故而有所松弛，尤其是在年龄上。如首批女生中，陈衡哲都已 24 岁，如果严格按照年龄要求，显然是无法通过考核的，也有可能是陈衡哲将自己年龄填小了几岁，但审核时却也通过了，因为当时为增大入学录取概率，将自己年龄改大或改小几岁的情形较为常见，如 1921 批的颜雅清、1925 批的凌淑浩都可能曾改过年龄。

1916 年 3 月，清华招考学生处发布消息，将于当年 7 月 3 日在上海女青年会招考庚款留美女生，并发布《女学生赴美留学试

① 陈衡哲：《陈衡哲早年自传》，冯进译，安徽教育出版社，2006，第 167、169 页。
② 《游美学务处为报第一次留美学生报名及考试情形事致外务部呈文（宣统元年七月十八日）》，转引自金富军《清华大学留学管理研究：1909—1949》，清华大学出版社，2022，第 19 页。
③ 金富军：《清华大学留学管理研究：1909—1949》，清华大学出版社，2022，第 79 页。

验规程》，与 1914 年报纸刊登的招生信息相比，有一些不同，特摘录如下：

女学生赴美留学试验规程（中华民国五年一月订）

一、本校每两年试验赴美留学女学生，一次计取十名，试验及格者即于八九月间资送美国留学（下届试验在民国七年）。

二、年龄须在十八岁以上二十五岁以下，并须体态健全，品行端淑，天足且未订婚者。

三、国学程度至少须有中学毕业，英文程度须能直接进美国大学校肄业。

四、报考地点试验日期……报考地点在北京清华园本校招考处；试验时期约在每年七月初旬。

……

八、考取各生由本校派员，送到美国应入本校所指定之大学，应于教育、幼稚园专科、文科、音乐、图画、女子体育、家政、医科、看护法等科内择习一科。

……①

这一份招考简章应为当时清华对外公布的消息来源，具体简化为"须年在十八岁至二十五岁，天足体健，未订婚，能直接入美国女子大学"②，对比首批女生的招考要求，1916 年对女生的年龄限制可谓放宽了不少，这可能是校方发现投考的女生年龄均略为偏大，或是年纪略小者的文化程度达不到可以直接入美国女子大学的语言和学识要求。其他如体质检查的要求等均与当年招考的各类男生等同，而且要求特别严格，"必须经由欧美著名医士或

---

① 《女学生赴美留学试验规程摘要（中华民国五年一月订）》，载清华学校《清华学校一览》，1917，第 90—92 页。

② 《记载：清华学校招考》，《学生》1916 年第 3 期。

曾在欧美著名医科大学毕业之医生，将另纸附去之体质证明书用英文详细填注，寄回本校查核（如有学生考取后，由本校医生复验不符，或考取入校之前染有危险病症，及有伤行检等事者，虽经考取亦不得入校）"①。可见学生的身体因素乃是清华校方考虑的重点问题。不过，对女学生的身体要求还特地表明了要"天足"，意味着这些女生不能有过缠足经历，某种程度上是对女生所出生的家庭有所要求，背后反映的是父母的观念是否开通；而且对女生的婚姻状况也是有要求的，进而言之，校方认为未婚女性更能全身心投入到美国大学学习生活之中。此外，明确了报考费是十元，以及具体的资助经费。1916年的留学时限，与专科男生一致，意味着只有三年，"在美留学年限定为三年，如欲展长年期，必须有特殊成绩，与其他充分理由，报陈监督处转商本校校长核办"②。

其次，对于身体素质亦有要求。目前可以查阅到的1916年的体质检测表是当年清华招生简章中所有类别学生通用的，可见这一身体检查的具体细目也适合于女生，可以具体来看需要检查哪些：身高、体重、皮肤、嗅觉、耳鼻喉等、肺部、心脏、生殖泌尿器官、各类腺体以及身体的一般情况等。

随着清华留美女生政策推行到第三次，社会舆论也对此赞誉颇多时，清华考选女生的条件就开始提高了。1918年，清华学校公布《女学生赴美留学试验规则》，对女生的考选则更为严苛。1918年的招生简章因为保存完好，我们可以完整显示出来：

女学生赴美留学试验规则

（一）本校此次招考女学生十人资送美国留学。

---

① 《记载：清华学校招考》，《学生》1916年第3卷第3期。
② 《女学生赴美留学试验规程摘要（中华民国五年一月订）》，载清华学校《清华学校一览》，1917，第90—91页。

（二）年龄须在十八岁以上，二十五岁以下。

（三）资格须体态健全、品行端淑、天足、且未订婚者。

（四）程度：国学至少须有中学毕业，英文及其他学科，须能直进美国大学校肄业。

……

（丙）须请欧美著名医科大学毕业之医生，将本校所寄之体质证书用英文详细填注，并由医生亲自签名证实；如于试验后染有危险病症等事，虽然录取亦不得放洋。

（六）应行试验各学科于此规程后页业已开列明白，所有单开各学科，除国文科内作文、历史、地理三科用国文试验外，余均用英文试验。

……

（十三）投考生录取后，须确照定期于本年八月间，随同本校护送员由沪放洋，除给与规定之整装费外，按月由驻美监督处发给膳宿等费美金六十元，其学费、科学实验费、体育费、毕业文凭费、及医院费等，均由监督处直接交付各该生所入之校或就诊之医院，悉照本校派美留学章程办理。

……

（十五）录取各生须于下列学科中任择一科，为将来进美校研究之专科，择定后不得更改：一、教育，二、幼稚园专科，三、体育，四、家政学，五、医科。

……①

如前所述，目前所见史料中，1914年与1916年清华招考留美女生的布告是与清华其他类别考生一起颁布的，并没非常完整的版本。1918年的女学生招生简章最为完整，而且，在这一章程中，

---

① 清华大学校史研究室编《清华大学史料选编》（第一卷），清华大学出版社，1991，第226—228页。

明确指出女生在美国所选专业即为"专科"，可以视为此后为何这批女生也被称为"专科女生"的原因。经过比较，我们发现，在资格上须"体态健全、品行端淑、天足、且未订婚者"，这一点倒是都在一以贯之。不过，对于"未订婚者"，则可能因为不好核查，未必就严格执行了，如1914批的周淑安就是与其未来夫婿胡宣明订婚以后再投考清华出国留学的。至于身体检查，"须请欧美著名医科大学毕业之医生，将本校所寄之体质证书用英文详细填注，并由医生亲自签名证实"这一点，与1916年的基本相同。在入学程度上，明确规定"国学至少须有中学毕业，英文及其他学科，须能直进美国大学校肄业"，这一点，比起之前1914年对成绩不做太大要求要严格得多，可以猜测这几年来符合条件者越来越多，水涨船高，由此清华的考选要求开始提高。在考试要求上，则明确"所有单开各学科，除国文科内作文、历史、地理三科用国文试验外，余均用英文试验"，根据陈衡哲、周淑安等人的回忆，用英文作答的考试细节，基本可以确认，这也是对男生考试的要求，可见清华对庚款女生考试的要求在严格程度上与招录男生一直无异。

与1916年所提供的学科选择之宽相比，自1918年起，清华开始对女生有明确的美国大学学科要求，校方仅提供了五个学科（教育、幼稚园专科、体育、家政学、医科）作为"将来进美校研究之专科"以供选择，且"择定后不得更改"，并将在美留学年限定为四年，同时须签志愿书和保证书。在学科选择方面，尽管称其为"专科女生"，但对1914批和1916批女生们的学科选择可能并未严格要求，因为从1916年报纸刊登新闻可以看出，留美女生的专业选择，有可能是到了美国以后再行确定，国内的专业填写可能只是意向。比如，1916年9月21日的《民国日报》和《时事新报》罗列清华学生在美国的学校专业时，男生的专业较为齐全，但对当年的庚款女生，却仅仅摘录了女生名字，并在末尾注明这样一句话，"以上女生之学校须俟抵纽约后再行选定"①，这一点在当年的《中国留美学生月报》上关于 1916 年留美的十名清华留美女生尚未分配新学校这条信息里也得到了确证，不过这条信息里说了女生们对医学和教育很感兴趣②，据说都以此作为志愿专业，但此举可能造成了女生在美国选择专业的茫然和留美学生监督处的管理混乱。可以佐证的是，确实前两批女生的留美专业在国内各类统计中相对比较混乱，有些可能是意向专业，有些可能是实际就读专业，中途还有各种转专业，此点我们后文会详述。故而，1918 年的招生简章明确说明了"择定后不得更改"，并签了保证书。

至于留学年限，实际上，1916 年清华开始考选留美专科男生，招生简章里明确规定男生留学时间为三年，但可申请延期，而女生在美留学年限为四年，并没有延期规定，说明当年已经开始明确了女生留学时间仅为四年，四年后不能再申请延期。③ 不过，最后的事实表明，女生留美年限还是有可操作空间的，因为很快，这些要求就体现在了 1921 年的招生简章上。

按照"每隔一年"的政策规定，清华本应于 1920 年派遣女生留美，但因当年校方一些原因，遂延期至 1921 年。1921 年 5 月，清华学校公布考选女学生的规程，其他与 1918 年的基本相同，不同之处在于年龄要求与专业要求：

（一）资格与年龄　本校此次招考女学生十人咨送美国留学，以体质健全，品行端淑，天足且未订婚，年在二十三岁以内，国学至少有中学毕业程度，英文及科学能直入美国大

---

① 《赴美学生新调查》，《时事新报（上海）》1916 年 9 月 21 日第 10 版，以及《最近赴美留学生详表》，《民国日报》1916 年 9 月 21 日第 10 版。

② "The New Students", *The Chinese Students' Monthly*, Vol. 12, No. 1（Nov., 1916）：55.

③ 金富军：《清华大学留学管理研究：1909—1949》，清华大学出版社，2022，第 114 页。

学校肄业者为合格。

（二）留学须知　（1）录取各生，须于下列学科中任择一科为进美研究之专科。择定后，不得擅改。（应选学科为一、教育，二、幼稚园专科，三、体育，四、家政，五、医科，六、博物，七、物理，八、化学）（2）留学生限定为四年，如欲展长，必须有特殊成绩或他种充分理由，方得呈请监督处转函本校校长核办。[①]

从1921年的招生简章里面，我们发现，校方又将女生年龄缩小为"年在二十三岁以内"，仍然限定"中学毕业程度，英文及科学能直入美国大学校肄业者为合格"，可以透露出两点：第一，此时中国女子教育发展迅猛，符合招生条件的女生年纪越来越小；第二，1916年和1918年要求女生年龄不超过25岁，但在当时的婚育条件下，女生25岁但又未订婚者较为少见，故而对年龄再做调整。1921年招生简章值得重视的变化有两点：第一，在1918年基础上扩充了"博物、物理、化学"三个学科作为专科选项，可见此时随着女生留学教育的深入，原来只限定女生在相对"女性化"的专业里做选择的指导思想发生了改变，其实也就意味着一方面此时的女子教育目标发生了变化，不再是培养贤妻良母，而是朝着女国民、女公民、女建设者的目标而设置专业选择，另一方面还可能与美国当时的大学专业设置和人才培养制度以及女性逐渐能跻身于所谓"男性化"的专业有很大关系；第二，在留学年限的设置上仍为四年，但加了这么一句话："如欲展长，须有特殊成绩或他种充分理由，方得呈请监督处转函本校校长核办。"这相当于是对1918年留学年限要求的一个修正。可能从1914年到1921年有不少留美女生申请转专业、转学以及继续攻读硕士、博

① 《清华一览》，载舒新城编《近代中国留学史》，上海书店出版社，2011，第53页。

士，无法在规定的时间回国，因此，清华校方出台了这样一个政策。

　　1922 年末清华拟停送专科女生，引发舆论争论，最后校方让步，于 1923 年 3 月发布通告，同意恢复考选。① 当年情况特殊，故而在招生简章上并无太大调整。1923 年初商务印书馆出版了《全国专门以上学校指南》（1922 年 10 月编写），附录中《女学生赴美留学试验规则》即是 1918 年招生简章，可见当时社会通认的还是 1918 年招生简章，或可以视为 1923 年的留美女生招生简章。1923 年 3 月和 4 月间，各报刊刊登的清华招生消息中，纷纷指出该校当年招录女生五名，在招考资格上，提出要求女生"考试程度为直接入大学程度者"即可，只要"于阳历五月十日以前，函致北京该校，索取章程及各报名程式等"②，当年的招生条件并未大改，而且，为了不失公允，1923 年招考时清华特意还备选了五名女生③，以告大众。

　　1924 年 12 月 26 日刊发的《清华周刊》上，清华游美官费委员会已对此前女生留美招生章程有所修订，因与专科男生章程列在一起，具体摘录涉及女生条目如下：

　　　　三、女生应试以习教育，自然科学，应用科学及家事者为合格。游美官费女生，不得习美术及音乐。

　　　　……

　　　　五、女生报名应试者之资格，至少须在国内中学毕业。如在国内大学或高等学校毕业或曾有教授及服务之经验者（则）更好。

　　　　六、报名应试之专科生女生，年龄上无限制。

---

①　这一事件可参见拙文《1922 年清华停送专科女生留美始末》，《现代大学教育》2017 年第 3 期。
②　《清华考试女生章程》，《益世报（天津）》1923 年 4 月 3 日第 11 版。
③　具体备选名单可见《清华招考留美学生之揭晓》，《新闻报》1923 年 7 月 28 日第 15 版。

七、报名应试者之证明书成绩单等，宜于春假前寄到本校以便分别审查。凡资格不足，及无取录希望者，得早通知其不必应试，以免徒劳往返。

八、考试时应特别注重中文及有关之科目，如中国历史、中国地理、中国社会及经济情形等。

九、专科生口试可请专家及有经验者考问，以便甄别其英文程度及品格。女生得设一茶会，请中外女士招待，以考察其英文程度及品格。

十、专门科目出题及阅卷，最好请清华以外之专家担任之，问题范围，不宜太窄。例如工程科考试，并无机械工程及电机工程及其他工程之分。普通科目如德文，生理等功课，凡从招考经验，证其虽考无益者，得取消之。

十一、已取录之专科生女生，游美后，不得变更科目。①

可以发现，清华在留美女生招录政策制定上的指导思想又发生了变化，当然这个草案与后来发布的 1925 年《留美女生试验规程》还是有区别。不过，此时招生简章已经非常完备了，我们仍然可以再次看到清华学校这一时期的政策。招生简章于当年 4 月发布，学生须于 5 月 15 日之前报名，考试日期为 6 月 29 日起，考试地点为北京、上海两处。②

留美女生试验规程

（甲）学额及资格

（一）本校本年招考女学生五名资送美国留学；

（二）投考者须品行端淑、身心健全、天足、年在三十岁

---

① 游美官费委员会：《清华大学筹备委员会报告草案：一九二五年资送专科生女生游美办法草章》，《清华周刊》1924 年第 332 期。

② 《学界消息：清华学校招考规程》，《学生杂志》1925 年第 12 卷第 4 期。

以内，至少有高级中学毕业程度能直入美国大学肄业者为合格；

（乙）考试科目

（三）应考门类载于另单；

……①

1925 年发布的招生简章有两个最大的特点。一是年龄上放宽到了 30 岁以内，并取消了之前的"未婚"条件限制，可见随着社会风气的开放，可能有不少已婚女性也想报考，随着女子教育的推广，报考者的受教育程度也越来越高，加上 1923 年后名额减少，故而对女生的要求越来越高了。二是将之前一直要求的"中学毕业程度"特别限定为"高级中学毕业程度"。1924 年草案中对女生学历有诸如"如在国内大学或高等学校毕业或曾有教授及服务之经验者（则）更好"的字样，金富军引用清华大学学生汪鸾翔档案中则明确指出"专科生报名应试者之资格至少须在国内大学或高等专门学校毕业，且至少须有一年以上教授或服务之经验"②，可见此时中国大学招收女生的教育成效显著，符合清华招考的女大学生越来越多，因为 1923 年及以前大体要求"须有直接入大学程度"，属于中学毕业程度，比专科男生程度要求低，然而 1924 年清华校方制定的草案显然期待女生达到大学程度，对女生的学历要求已经与对专科男生要求明显一致了。当然，这条要求最后并未出现于清华向外公布的招生简章之中，有可能对外公布的招生简章只是对女生文化程度的最低要求，因为从 1925 年和 1927 年录取的十名女生学历来看，除了两名女生的材料不太清楚，其余八名女生全部毕业或肄业于当时国内知名大学。

不过，招生草案中有几条对女生的要求颇为有趣，一是要求

---

① 清华学校：《清华一览》，1926，第 57—59 页。

② 转引自金富军《清华大学留学管理研究：1909—1949》，清华大学出版社，2022，第 108 页。

留美女生"应试以习教育，自然科学，应用科学及家事者为合格。游美官费女生，不得习美术及音乐"，与 1914 年和 1916 年提倡女生学习音乐、美术等专业等形成极大反差，尤其此时提倡学习自然科学和应用科学，说明 1919 年五四运动以后的现代科学学科建制已深入国人心中。二是"考试时应特别注重中文及有关之科目，如中国历史、中国地理、中国社会及经济情形等"，这一点应是对所有庚款生而言，可见对中国传统文化的重视并未因为要派遣留美而减弱。三是专门针对招考女生"得设一茶会，请中外女士招待，以考察其英文程度及品格"。这一点在以往的招生简章中未能体现，但由此说明，清华已经善于在日常生活中对学生予以考察，而对女生的品行考察之严格程度，更甚于男生。1925 年的茶话会痕迹目前无迹可寻，但 1927 年对女生考察的茶话会，则是由"程其保夫人蓝如涓硕士代为主持"[①]。

实际上，到 1925 年，清华学校改为清华大学的计划已经成形，清华校方在如何选送学生留美一事上却略有考虑。而且，伴随着清华学校改办大学的进程不断加快，1929 年将有可能是旧制学生最后一批毕业留美，那么，庚款女生留美政策该如何修订？当时清华学校评定通过了两年后专科（男）生考试办法以及四年后留美考试办法，但对女生的留美政策却稍显踌躇，或是因为当时日益高涨的国内女子教育形势。

1925 年 7 月 25 日，张彭春在其日记中记载了他所考虑的清华招收留美生办法的主要内容：

> 一、二年后，男、女生各五名，都须大学毕业并一年以上作事经验。
>
> 二、四年后，共送二、三十人，公开考试，本校毕业与他校毕业同，并二年以上作事经验。男女合考，女生至少占

---

① 《清华在沪招考留学生》，《时事新报（上海）》1927 年 6 月 24 日第 12 版。

全数三分之一。①

张彭春对女生招录的考虑，在1927年与1929年均有所体现。1927年，适逢清华庚款女生留美政策实施的最后一年，清华依照惯例仍然通过公开考试录取了五名女生留美，不过，仍采取的是男女生分开考试的办法。从张彭春的日记中我们可以看出，清华在此时已经有意对男女生放开招考，而张彭春对此前的招录政策也略有微词，"按政策，留美考试必须于大学之外。选择方法很待研究。将来在美应入何科何校，也不应如现在这样没系统。选择标准与全国高教育有莫大关系。派送种类也不应只限一样。……"② 也即是说，面向全国公开留美机会，这是清华长期以来的做法。之后，清华成立大学部，大学部定位于"纯以在国内造就今日需用之人材为目的，不为出洋游学之预备"，"俟旧制学生毕业后，留美学额之给与以公开考试定之。全国各大学之毕业生（不分男女）均得投考。"③ 这预示着清华即将对女生放开本部招生名额，如此，选拔留美女生这一政策的施行，即将接近尾声了。

1929年，清华倒是确实通过"男女合考"的方式，公开招考了留美学生三十名，女生的名额仍为五名④，虽与张彭春的考虑略有出入，但至少保全了此前的名额。从女生报考人数来看，尽管此时由筹备委员杨杏佛、凌冰、罗家伦、朱胡彬夏等五人筹备详细办法⑤，但报名已经不复此前盛况。此后，清华随着罗家伦掌校

① 《张彭春清华日记（1925）》，开源书局出版有限公司，2020，第140—141页。转引自金富军《清华大学留学管理研究：1909—1949》，清华大学出版社，2022，第37—38页。

② 《张彭春清华日记（1925）》，开源书局出版有限公司，2020，第141页。转引自金富军《清华大学留学管理研究：1909—1949》，清华大学出版社，2022，第38页。

③ 《大学部组织及课程》，载清华大学校史研究室编《清华大学史料选编》（第一卷），清华大学出版社，1991，第293页。

④ 因此后这些女生的信息查阅不到，故而不列入本书研究范畴。

⑤ 《清华问题之焦点》，《大公报（天津）》1929年4月21日第5版。

而招收女生，清华庚款女生留美政策基本式微。1934 年，已经更名为国立清华大学的清华仍"考选留美公费生二十五名，分在北平、南京举行考试"，但到报名截止日期，"北平招考处总计报名者八十四人，（仅）有女生一人"[1]。1935 年，清华决定公布留美公费生录取三十名，内并特设女生名额两名（教育、历史）[2]，到考试日，教育门共收试卷十三份，历史门共收试卷四份，最后教育门录取了俞秀文，历史门录取了北大一名女生[3]。这是笔者所能查阅到的清华招收庚款留美女生的最后消息。

第二节　留美女生招录的考选特点

1914 年 5 月，清华学校通过上海女青年会招考第一批留美女生，此时中国女学尚处于初步发展之中，敢于应考者并不多见。清华明白此种情形，故为吸引女生报名，特地说明是"面向中国所有的女孩举办招生考试，而且不计（她们）此前的在校记录如何"[4]。这一句话给了类似陈衡哲这样的女生极大的自信，因为她在中英女子医学院就读时，曾因对医学特别不感兴趣而痛苦万分，最终肄业于该校。然而，虽然看上去清华招收女生并无特别要求，但在仔细考较之后我们仍可看出，清华对这一批女生的选派态度非常谨慎严格。而这种谨慎严格，一直坚持到了最后一批女生的招录。综合这 14 年来的招录政策情况，我们发现清华在招录女生上有以下几个特点。

---

① 《清华留美生考试定二十一日举行》，《益世报（北京）》1934 年 8 月 18 日第 7 版。
② 《清华留美公费生》，《益世报（北京）》1935 年 3 月 6 日第 9 版。
③ 《清华留美公费生考试》，《大公报（天津）》1935 年 10 月 15 日第 4 版。
④ 陈衡哲：《陈衡哲早年自传》，冯进译，安徽教育出版社，2006，第 167 页。

一　虽招考严格，但应者云集

14 年来，清华遴选留美女生的要求非常严格，并且名额稀缺，然而，应考者却云集。大约是因为清华留美女生的待遇较其他公费留学生更为优厚，又或许是因为此时正是各类女校毕业生相继增多的一个井喷时期，而国内大学却又并未完全对女生开放，所以她们更希望通过留美而为自己多争取一条求学之路，又或许是因为清华招考条件如此苛刻，如若考上则更可光耀门楣。故此，尽管此时国人对女子留学抱持观望态度，但清华的留美生身份对当时女生的吸引力却非常大。

金富军根据《清华周刊》里的招考处消息计算了留美女生招考的考录比（表 3-1），与笔者的归纳基本一致。

表 3-1　留美女生招考的考录比

单位：人，%

	1914 年	1916 年	1918 年	1921 年	1923 年	1925 年	1927 年
考试人数	39[1]	40[2]	30[3]	40[4]	35[5]		
录取人数	10	10	8	10	5	5	5
录取率	25.6	25	26.7	25	14.3		

注：①《招考处》，《清华周刊》1925 年第 342 期。
②《招考处收发函件总数》，《清华周刊》1925 年第 3 期。
③陈衡哲：《陈衡哲早年自传》，安徽教育出版社，2006，第 169 页。
④《招考志略》，《清华周刊》1916 年第 79 期。
⑤《投考合格人数》，《清华周刊》1916 年第 4 次临时增刊。
资料来源：金富军《档案里的清华》，上海三联书店，2023，第 47 页。

首批 "一共有四十一个人报名，有的是教会学校的学生，有的是中国学校的学生，其中三十九人通过了体检"[1]。而到 1916 年三四月间，清华招考处刚公布招考简章就 "索阅者众"，至于 "索

---

① 陈衡哲：《陈衡哲早年自传》，冯进译，安徽教育出版社，2006，第 168 页。

取女子章程者亦百余份"，可惜"惟得允许投考者甚少"①。同年 6 月，清华招考处放出消息，仔细审查报考女生的资格后，允许参与考试者"（游美）女学生约四十人"②。1918 年，允许参加考试者"女学生三十人"③。这一踊跃报名的盛况一直持续到 1921 年夏天，当年报考人数为 77 人④，允许参考的女生就约有 40 人⑤。有趣的是，根据《清华周刊》1923 年 3 月 30 日刊载的当期内容可知，因索取者众多，此时外界若索要招生简章，需要自己出钱购买了，如《留美女生招考章程及考试科目单》，每份铜元八枚（校外函索寄邮票五分），连履历书等全份共大洋贰角（或邮票二十分）。⑥ 而且，水涨船高，到 1927 年女生投考清华，还需要缴纳报名费，如曹简禹回忆道，"因当时投考清华，报名费需银元贰拾圆，外加体格检查、照相、购书等，花费不少"⑦。

1925 年，清华开始委派专员招生，效果显著，学校"自招考章程发出后，校外来函索取及询问者每日不下数百起，招考处办事员四五人犹应接不暇，主任张凯臣先生，尤忙碌异常"⑧。从 2 月 15 日至 9 月 15 日，清华共收到大学部新生及留美女生等函件 9986 件，发函 10571 件。⑨ 1927 年 6 月，清华发布通告招收最后一批留美女生，学额 5 名，"探闻报名者计北京上海两处共有二百余名，故考试极为严格"⑩。需要指出的是，1925 年和 1927 年的数据是大学部、国学研究院、专科男生、专科女生四类招考的总统计，女生报名人数当

① 《校闻——虽多亦少》，《清华周刊》1916 年第 73 期。
② 《招考志略》，《清华周刊》1916 年第 79 期。
③ 《招考合格人数》，《清华周刊》1918 年第 4 次临时增刊。
④ 《清华学校招考新生》，《时报》1921 年 7 月 1 日第 9 版。
⑤ 《招考处纪事》，《清华周刊》1921 年第 7 次增刊。
⑥ 《招考处各种印刷品售价》，《清华周刊》1923 年第 275 期。
⑦ 曹简禹：《八十自述》，载沈俊鸿编《江阴名人自述》（上），上海古籍出版社，2008，第 280 页。
⑧ 《招考处》，《清华周刊》1925 年第 342 期。
⑨ 《招考处收发函件总数》，《清华周刊》1925 年第 24 卷第 3 期。
⑩ 《清华在沪招考留学生》，《时事新报（上海）》1927 年 6 月 24 日第 12 版。

不在少数，因此无法得出详细报名人数。基本上，校方在仔细审查报考女生的资格后，一般允许参与考试者为 30~40 人，如 1916 年约 40 人，1918 年为 30 人，1921 年约有 40 人，考录比约为 4∶1。

二　虽人数较少，但社会重视

历年清华女生赴美留学均为当时社会一大盛况，不仅清华校长周诒春数次亲自前往送行，而且女生投考前所在的学校以及社会各界均纷纷对女生表示庆贺并召开欢送会。中国社会各界对这一批留美女生颇为看重与特殊照顾，并寄予很大期望。清华并未为这一批女生单独辟以航船，而是让她们与所有清华留美学生以及当年其他赴美留学生一起行动。

1914 年 8 月首批女生跟随其他留美生一到上海候船时，清华同学会就在"青年会大大的开个欢迎会"，专门迎送女生，校长周诒春先生亲自前往送行①，可见当时清华对她们的重视程度。

1916 年的清华留洋生 70 余人原计划于 8 月 28 日离沪启行，但到 9 月 8 日才启程，学校专门安排李松涛为游学领袖，薛葩②为女生护送员。③ 在沪候船时，不仅校长周诒春先生依然前往送行④，寰球中国学生会、上海青年会、中西女塾、商务印书馆等都曾专门为她们饯行。9 月 1 日下午 4 时，寰球中国学生会举办留美学生迎送会，先是归国留学生与即将出国留学生一起"外面合摄一影，然后入堂开会"，接着，一些社会名流相继发表演说，希望留学生们所学为所用。女学生里推举了袁世庄作为代表致辞，谓"此次

---

① 《清华同学会》，《清华周刊》1921 年纪念号，第 48 页。
② 黄佐庭夫人，1921 年专科女生黄倩仪之母。1916 年，薛葩负责带第二批 10 名女生赴美，于当年 9 月乘船从上海启程，于 30 日到达旧金山港。在乘客信息登记表上，薛葩填报的名字为"Huang Ai Fang"，年龄 44 岁，职业为"中国学生监督的妻子"。见 https://m.thepaper.cn/baijiahao_6402267。
③ 《记载：清华学校招考》，《学生》1916 年第 3 卷第 3 期。
④ 《留美学生迎送会》，《学生杂志》1916 年第 3 卷第 9 期。

留美无非专心学业，为吾国任事起见，不至贻女学之虚"①。可见欢送会名为欢送，但实际上是要勉励留美学生，旨在强调留学生出国后在学业上不能松懈，在待人处事上要时刻以中国人自居。

1918 年 8 月 14 日，清华学校留美女生 9 人与清华当年留美生一起约 80 人②，搭"南京号"前往美国，同船出行的还有教育部所派送的教员 6 人，为朱家华、梁引年、邓萃英、杨荫榆、沈葆德、卢颂恩等③，另有自费生徐志摩等。赴美前，不仅中国社会各界予以欢送，这次美方也委派代表予以送行。首先是 8 月 5 日下午，中国修改关税委员会美国代表、美国驻华商务参赞瞿连亚·诺尔在霞飞路自家宅子款待此次由美归国之学生，并饯别即将留美学生约百人。美国大学俱乐部、中国商会等均派人参加。美国代领事博金式即席演说。④ 再就是 8 月 7 日下午，寰球中国学生会、江苏省教育会、中国青年会、女子青年会、美国大学同学会、留美中国学生联合会六大团体联合在美国使馆商务参赞安立德先生住宅举办欢送会，专门对所有留美生致欢送词。蒋梦麟、郭秉文、朱友渔等作为来宾出席。（中美）交涉使陈贻范尤其强调"女生与男生不能无交际，但宜避嫌"⑤。修改关税委员会主任蔡廷干则特别希望"他日女生学成返国，灌输于女界而改革我国之家政也"⑥。

1921 年 8 月 12 日午后，在清华学校英文文案何林一、清华教授林绍棠以及清华留美学生监督处会计张凯臣的带领和护送下，清华当年留美生约 70 人乘"中国号"出洋。女生护送员为清华副校长赵国材的夫人。出国前，沪江大学专门召开欢送会，沪江大

---

① 《迎送留美学生大会纪》，《时事新报（上海）》1916 年 9 月 2 日第 10 版。
② 同船的清华男生里，有日后成为 1925 批女生凌淑浩丈夫的陈克恢、1914 批女生王瑞娴的丈夫董时（董任坚）、1918 批杨保康的丈夫沈履，还有日后成为著名历史学家的汤用彤、物理学家叶企孙等。
③ 《大批学生出洋消息》，《民国日报》1918 年 7 月 31 日第 10 版。
④ 《赴美学生之祖饯》，《时事新报（上海）》1918 年 7 月 14 日第 10 版。
⑤ 《欢送留美女生之盛况》，《时事新报（上海）》1918 年 8 月 8 日第 10 版。
⑥ 《蔡廷干先生送别留美学生演说词》，《环球》1918 年第 8 次征求号，第 32 页。

学召开同学会来迎接和欢送留美学生似已形成惯例。

1923 年 8 月 17 日，清华留美学生近百人乘美国轮船"约克逊号"启程赴美。清华学校护送员为工程师庄俊，职员顾人杰、胡鲁声、余上沅。启程前，照例是开欢送会，"女生代表王志宜、胡汉纳等分别致答谢词"①。

1927 年 8 月 19 日，清华学生乘美国"杰克逊总统号"赴美，清华同学会上海支部设宴欢送，王国秀女士（女生代表）等畅谈各级代表在美时经过情形及趣事始尽欢而散。② 当天的送别会，唐英、张继英、蓝如涓、曹简禹、章肃、应蕙德女士等"共计四百余人"参加，花园门首，高悬国旗党旗。园中设一台，台上中悬中山先生遗像，左右悬国旗党旗。摇铃开会后，全体排列台前，向中山先生遗像及国旗党旗敬礼。主席朱少屏君，读遗嘱，旋至草地摄影。摄影毕，先由主席朱少屏君致会词，次请胡适之博士演说，主题为"求学有如金字塔，既欲广大又欲高"③。

从当时的欢送词和讲话报告可以看出，尽管社会对留美女生们寄予很大期望，但对其教育目的却仍服膺于当时流行的女子教育宗旨。以 1921 年为界限，对前面三批留美女生的教育期待更多的是为未来中国培养"贤妻良母"，但对 1921 年以后的这四批女生的教育要求，则更多强调要培养"女国民"。这一点，特别可以从清华学校的招生简章中就可以看出来，尤其是在待选专业的设置上最为明显。

三　虽男女有别，但考取后男女一视同仁

对男女生的一视同仁体现在两个方面。一是考取后，清华对

①　《各团体欢送留美生纪》，《时事新报（上海）》1923 年 8 月 13 日第 1 版；《二团体欢送留美生纪盛》，《时事新报（上海）》1923 年 8 月 14 日第 6 版。

②　《上海清华同学会欢送赴美同学》，《时事新报（上海）》1927 年 6 月 7 日第 7 版。

③　《欢送出洋学生》，《民国日报》1927 年 8 月 16 日第 8 版。

这批女生的监督、管理培训与男生完全相同。比如，首批留美女生在乘船离开上海外滩前的几个星期，都被召集到上海受训，一方面是进行爱国教育，另一方面是认真了解美国的生活方式和美国人的思维方式，学习有关外国习俗礼节的必要知识以及美国人的种种礼节。这些女生，有的住在上海基督教女青年会，有的住亲戚家，有的住自己家，"有时候被带去听课有时候被带去娱乐，空闲时就准备自己的服装"①。

一视同仁的第二点体现是，清华规定庚款留美女生的留学费用和津贴补助如出国川资、每月用费、学费、学位论文印费、医药费、回国川资等"所享官费与清华男生同"。根据舒新城的记载，1914年教育部公布的《经理美洲留学生事务暂行规程》中规定，留学美洲学生"每月学费美金八十元。出国川资本国银五百元。回国川资美金二百五十元。治装费本国银二百元"②。清华因庚款充足，甚至因为"庚款学生领取的公费较多"③，"一般每人每年都可省一笔钱，用作旅游或寄回国资助家计"④。目前，1914年留美女生的留美经费具体细目已难以考证，但据《清华大学校史稿》记录，"留美学生赴美时发给整装费二百五十元，除由京赴沪和旅沪等费由学生自理外，所有自护赴美的旅费、手续费等，都由学校直接支付"⑤。1916年女学生招生简章中明确指出经费与专科男生一致，浦薛凤也谈及，"此次赴美留学，除吾辛酉级友外，尚有清华学校在上海公开招考而录取之男女庚款生各十名，其在美留学期间大致相同，每月所得维持费完全一律"⑥。可见清华在

① 陈衡哲：《陈衡哲早年自传》，冯进译，安徽教育出版社，2006，第173页。
② 陈学恂、田正平：《中国近代教育史资料汇编——留学教育》，上海教育出版社，1991，第203页。
③ 舒新城：《近代中国留学史》，上海书店出版社，2011，第114页。
④ 孙石月：《中国近代女子留学史》，中国和平出版社，1995，第142页。
⑤ 清华大学校史编写组编著《清华大学校史稿》，中华书局，1981，第100页。
⑥ 浦薛凤：《万里家山一梦中》，《浦薛凤回忆录》（上），黄山书社，2009，第81—82页。

招收留美女生时，与男生并无二致。也许，这也是女生纷纷投考于清华的重要原因。

第三节　艰难的历程：投考与考试

如前所述，历年来的留美女生招生简章中已经明确了女生们投考清华的资格审查与考试程度与男生基本一致，然而在实际考试过程中，因为女生们所接受的教育本来就弱于男生，故而同等程度的考试明显对女生挑战更大。本节笔者试图以 1914 批陈衡哲、周淑安，1921 批黄孝贞，1925 批凌淑浩，1927 批曹简禹等人对当时参加考试的回忆作为例证，还原当时这些女生的投考历程及其考试经历。

清华招收留美女生于每年的 6 月底或 7 月初举行，考试一般在北京和上海两地举行，考期为一个星期，考试过程组织严密，注重能力考察。[①] 上海的考试地点一般在上海女青年会，北京的则在清华园内。为表清晰，我们可以先来回顾一下几批女生的考试情形。

一　陈衡哲、周淑安在上海的考试经历

1914 年清华庚款留美女生的招考于当年 6 月在上海女青年会举行。如果年龄、未婚等条件不符，限于当时条件，在报考时可以略微想想办法，但是，招录最为苛刻的是，清华学校在考试科目的设置上，并没有特殊对待女生。这意味着她们亦需参加与男生同等科目的十项考试，并且，考试科目多要求采用英文作答。这些考试对男生来说亦属艰难，更何况对受教育深度和广度更低更窄的中国女子而言呢？

可以来看看陈衡哲对当年考试的回忆：

①　金富军：《档案里的清华》，上海三联书店，2023，第 47 页。

五月的一天，我在报上看到清华学校要面向中国所有的女孩举办招生考试的消息，而且不计她们此前的在校记录如何。……看到这个公告时，我的内心充满了痛楚的渴望。要是我能获得笔试的机会，谁说奇迹不会发生呢？[①]

陈衡哲为什么会痛楚却又渴望呢？她还是有自知之明的，"我资格不够。首先，我的英语不好，我怕和那些在所有课程都用英语教授的教会学校读过书的女孩竞争。其次，我发现考试的科目中有一半是我从来没学过的，比如英国历史，美国历史，几何，大代数，等等。"[②]

1914 年考试的科目应该与此前招考男生的科目比较类似，至少"除国文、地理、本国历史外，余均用英文考试"一条已写入了此后留美女生的招生简章。归纳一下，考试类目粗略分为国文、英文、德文或法文、代数、几何、三角、物理、化学、历史、地理。这些类目里面，还有细分的具体科目，比如历史又分为本国历史、外国历史，上古、中古、近世通史。陈衡哲回忆，"笔试持续了一周，每天上午考三门课，下午考两门"[③]，如果按照 5 天的时间安排，每天 5 门，得考 25 门。所以，要么陈衡哲回忆略有偏差，要么考试内容按照十门大类再细分为若干小类了。

对所有女生而言，可能最大的困难是语言关，教会女校毕业的女生尽管有了英语上的优势，但同样的语言困难实际上也存在。比如周淑安自述，因为当时的考试中有一门法语，她经过两个月的突击学习才去应试[④]，最终才顺利过关。熟练使用英语作答的考试要

① 陈衡哲：《陈衡哲早年自传》，冯进译，安徽教育出版社，2006，第 167—168 页。
② 陈衡哲：《陈衡哲早年自传》，冯进译，安徽教育出版社，2006，第 168 页。
③ 陈衡哲：《陈衡哲早年自传》，冯进译，安徽教育出版社，2006，第 169—170 页。
④ 丁汝燕：《中国现代声乐艺术教育的开创者——周淑安、赵梅伯》，《中国音乐》2006 年第 3 期。

求，会筛选掉一批英语不行的女生，这也可通过录取名单予以证明，首批招录的这 10 名女生，除了"唯一一个没在教会学校读过书的"陈衡哲，剩下 9 人均毕业于著名教会女校。

而且，考试的时间安排和天气也会影响女生们的考试成绩，首先是每天早上 6 点左右就得赶去考场，然后是"上海那时候天气已经转热，我们因为体力的消耗和脑力的紧张都大量出汗"①。每天晚上考试结束后，女生们的考卷被飞速送到北京清华学校，由那儿一个特别的考官小组审批。除了考试，体检也是一个关卡，如前所述，先靠体检就刷掉两个女生，可见体检之严格。

当然，事后证明，尽管陈衡哲自述"美国历史（成绩）不及格"②，但仍然成为首批留美女生，并且"名字在十个录取者中名列第二"③。

当时这场考试的难度可谓世人皆知，可以佐证的一是远在美国的留美男生，其实一直都关注着这场考试以及录取结果。录取名单确立之后，《中国留美学生月报》上就刊登出了欢迎信息，特别说到这批清华女生"were selected from a large field by a competitive examination and are ready for college"（这些女生经历了一场激烈的大竞争，并具备了上大学的资格）④，事实也是如此。二是国内舆论界对这一考试也高度关注，尤其是其试题之难。考试刚一结束，1914 年 7 月 1 日的《时事新报》上就刊登了一则"为来日有心人谋一投考之能力耳"的"征求试验题"之通知，署名为"TSUN-LOH KAO"者提出，希望参加了留美女生考试的女生，能将试题以及答案回忆出来并寄给该报刊登，并强调"女生留学题目各科全份"都要，而且，"完全抄示第一人寄到者，为甲等一名，赠二号金表一只，商务书馆书券三十圆，余限九人，酌赠有

---

① 陈衡哲：《陈衡哲早年自传》，冯进译，安徽教育出版社，2006，第 170 页。
② 陈衡哲：《陈衡哲早年自传》，冯进译，安徽教育出版社，2006，第 170 页。
③ 陈衡哲：《陈衡哲早年自传》，冯进译，安徽教育出版社，2006，第 171 页。
④ "Welcome", *The Chinese Students' Monthly*, Vol. 10, No. 1, (Oct., 1914): 6.

用书籍，额外无赠不完者同"，要是"能附以答案，除依题之先后谨赠，外加赠伊文思书馆欧美书籍券念元①……"② 首批投考女生们是否揭榜而得奖励，无从知晓，不过奖赏之丰厚，倒是可见时人对这一考试的好奇与重视程度。

二 黄孝贞、凌淑浩在北京的考试经历

1921 年赴美留学的黄孝贞因家住北京，所以就近选择了在清华园参加考试，她的回忆如下：

> 考试分在北京、上海两地举行，考生约有七八十人，多数在上海投考，我们在北京的投考生，住进了水木清华的清华园，人数大约有三十人，分住在两间相连一大一小的房间内。我住的是小房间，大约可容十人，我记得同住的有桂质良。质良是当时大家认为最有希望考取的女生，她英文说得流利，其他学科也都好。……
>
> 考期十足一个星期，我始终没有觉得过分紧张，因为始终没有存必取之心。国文、历史、地理用中文考，女师毕业生较占便宜；考到英文是我的弱点，但初生猫儿不怕虎，我看见题目就做。其中最重要的一道题，是写三本英文小说的概略，我可巧就读过三本书，一本是 *Pride and Prejudice*（傲慢与偏见），一本是 *Treasure Island*（金银岛），一本是 *Ivanhoe*（艾凡赫）。我不管英文写得对不对，尽量照自己的记忆，将这三本书的大概写了下来，总算是交了卷。考物理的时候，有一道要说明电话装置的题目，我在考卷上画了一个简略的电话机装置图，可巧梅先生（就是后来的梅校长，也就是出

---

① 念元是民国时期一种货币单位，具体货币价值因不同银元种类而有所不同。
② 《征求试验题：女生留学竞争试验题》，《时事新报（上海）》1914 年 7 月 1 日第 14 版。

物理题的先生）走过桌旁，似乎看见了这个图，并且点点头。后来在美国碰见梅校长，还问我是不是攻读理科。

考得最糟的是德文，也是最后的考试，拿起考题一看，好像一个字都不认识，心想糟了，这非交白卷不可了。可是头一个交白卷，一定要受到监考先生的注目，等有人交了卷子再交上去才比较好些，所以定心把考题又细细看了一下，发觉有几个字是认识的，并且发现有两道题无非是要填写 die、das、dem、den 之类，当时考试并没有填错要倒扣分的规定，想填对与填错，机会均等，何不碰碰运气，将这两道题都填了。看见有人交卷，马上拿起卷子交了上去，头也不敢抬，就出了课堂。

考试完毕，还有英文会话的口试，由王昆山先生主考，幸亏是一个一个单独考试，他问了几句话以后，就问"你读了几年英文"。我一算从高小起就上英文课，怕不是已经读了十年，就不假思索地说"读了十年"。昆山先生瞪了我一大眼，但他是很仁慈的，随便再问了几句，就放我出来了。

过了大约十天，接到清华通知，我的名字居然列在考取女生榜上，并且名次还不太低……①

与 1914 年相比，考试科目并没减少，依然有中、英、法、德四种语言，以及国文、历史、地理、数学、物理、化学和英语会话等；不过与陈衡哲的回忆略微不同，黄孝贞回忆道："每天只考2 科，共考 1 周。依各科成绩的平均分数，决定录取与否。"②

考试那一个星期的日程安排究竟有多紧张呢？我们可看 1923年清华考试的具体科目以及时间安排（见表 3-2）。

---

① 李黄孝贞：《投考清华的追忆》，《清华校友通讯》1971 年新 36 期。
② 潘秀玲：《访黄孝贞女士谈六十年前投考清华往事》，《传记文学》1981 年第39 卷第 6 期。

表 3-2　1923 年招考日程

时间	科目
七月二日	国文、作文
	中国历史
	中国地理
七月三日	English（英语）
	Physics（物理）
	Chemistry（化学）
七月四日	Physiology（生理）
	General Geography（地理）
	Algebra（代数）
七月五日	国文、问答
	Biology（生物）
	Music，Art（音乐、艺术）
七月六日	French or German（法语或德语）
	American History（美国历史）
	Ancient and Mediaeval History（古代和中世纪历史）
七月七日	Plane Geometry（平面几何）
	Modern History（近现代史）
	Solid Geometry or Trigonometry（立体几何或三角学）
七月八日	English Economics History（英国经济史）
	Sociology（社会学）
	Political Science Psychology（政治心理学）

资料来源：清华大学档案，汪鸾翔档案。转引自金富军《清华大学留学管理研究：1909—1949》，清华大学出版社，2022，第 109 页。考试科目中文翻译为笔者所加。

不同于后来先定专业、只考几门专业课程的选拔方式，留美女生选拔是先选拔再定专业，即先让考生参加多门考试，根据成绩被录取后，再选定留学学校和科目。[①] 所以，考试科目分得比较

---

① 潘秀玲：《春日话旧——访黄孝贞女 21（专）琐谈清华专科女生考试与清华人》，《清华校友通讯》1981 年第 75 期。

细致，也在情理之中。而且，1923 年清华因停招女生风波而陷入舆论旋涡，从清华学校聘请的考试评委可以看出清华对当年女生指标的谨慎程度。1923 年，留美女生的各项试卷及证书在"分别合阅"后，清华学校又聘请颜惠庆（骏人）、顾维钧（少川）和王正廷（儒堂）三人共同评定，"此次取录标准除考试分数、在校成绩、任事经验外，并视考生之科目、省籍校籍平均分配，已（以）昭公允"，此外，"考生之体质态度亦经加以考量"①，可见学校的谨慎。

　　1925 批的凌淑浩也曾谈起过这次考试，不过她的回忆就略微戏剧化了一点。有趣的是，与陈衡哲类似，凌淑浩也没告诉自己的母亲要去投考清华，她找了个借口，"家里的房间太热，她要到协和医学院宿舍去学习。她带上一个装着衣物和书籍的包，在外面雇了一辆人力车"②。招考对女生年龄作了限制，凌淑浩的记忆中清华对女生的年龄是限制在 21 岁，为此她还特地改大了两岁③，但实际上如果按照当年的招生简章，年龄已经基本没有限制了。

　　此外就是人数上的夸张：

　　　　1925 年我参加了清华的考试。这是一场全国范围的考试。有五百人参加，大伙儿都想去美国，我听过很多美国的事情，也想去看看。清华不在北京城里……为了参加考试，得在（清华）那儿待整整一个星期，我们住在男生宿舍。考试的场地是两间很大的大厅。④

---

① 《清华招考留美学生之揭晓》，《新闻报》1923 年 7 月 28 日第 15 版；《清华考取留美生》，《时报》1923 年 7 月 28 日第 6 版。

② 魏淑凌：《家国梦影：凌叔华与凌淑浩》，张林杰译，百花文艺出版社，2008，第 138 页。

③ 胡适问她为什么谎报年龄，她解释了自己的情况后，胡适笑着说，"不会因为年龄小就把你刷下来的"。她请表兄冯耿光做经济担保人，还求胡适别把这事告诉她家里。引自魏淑凌《家国梦影：凌叔华与凌淑浩》，张林杰译，百花文艺出版社，2008，第 139 页。

④ 魏淑凌：《家国梦影：凌叔华与凌淑浩》，张林杰译，百花文艺出版社，2008，第 138 页。

考试的那几天，凌淑浩连着五个早晨都到餐厅吃蛋炒饭。在凌淑浩的记忆中，上海中西女塾的学生也来了一大群，她们甚至花了一年时间专门来准备这次考试。不过，无论准备得多么充分，对于这群女生来说，持续一周的笔试却并不轻松。在考试大厅，监考人员发下试卷，她开始奋笔疾书，列代数方程式，描述分子反应，回答有关中国历史和世界史的问题。经过一周的考试，她累得筋疲力尽。一周后，一封电报送到凌家，说她已被选为五位获得奖学金的学生之一。①

三 1927 批曹简禹的考试经历

1927 年清华校方为表重视，委派该校招考委员会委员朱君毅、何培元特地在上海南洋大学设置招考处，留美女生报到日期为 6 月 25—26 日、考试日期为 6 月 27 日—7 月 2 日。② 庚款女生留美政策实施至此，已经真正成为众多女生"痛楚的渴望"，如曹简禹回忆，"那时大同高年级或已毕业曾经数次应试未中者甚多，谈到考清华，无不悚然而惧，甚至某外文系同学，数次失败，抑郁而终。全体女生不敢轻言应试，气氛甚劣"③。然而，曹简禹竟考上了，兹将其对当时的考试回忆摘录如下：

投考清华留美之经过

考试需时一周，不论大学是否毕业，需考各种基本科目，如国文、英文（皆有作文）、中外史地、德法日文（任选一门），各种数学，如代数、几何、三角、解析几何、微积分等，外加生物、化学、物理、伦理学等十余科。除国文及中

① 魏淑凌：《家国梦影：凌叔华与凌淑浩》，张林杰译，百花文艺出版社，2008，第 138—139 页。
② 《清华招考留美男女生及大学生》，《申报》1927 年 6 月 21 日第 7 版。
③ 曹简禹：《八十自述》，载沈俊鸿编《江阴名人自述》（上），上海古籍出版社，2008，第 279 页。

国史地外，均以英文命题，英文作答。如生物学，我虽在师范读过，获得满分，但英文名词，则茫然无知，乃自己阅读英文原著，获知一切。凡需考试之科目，皆一一准备，但平日按时上课，实无时间细读，自问对推理思考演算诸科，均觉容易，独对需记忆之欧洲历史两厚册，则颇以为苦。主要因教授上课读书，铃响即止，故乏兴趣。

民国十六年春，决定投考清华……那年仅高我数年、业已毕业、在校服务之某同学及我，则跃跃欲试。于是有人放言："如曹某人者去试，看她失败后尚有何面目回校再读。"我闻之胆寒……该时东南各大学考生应试者皆齐一处，济济一堂，皆各方饱学之士，神态愉悦，我则尚未毕业，自惭形秽，不敢昂首见人。……考试不能回头，但觉座后郁郁一片，尽是才智过人之辈。我无心相比，只就所知直书速答，但感北来命题奇突，非所素知，只可听之而已。考试最后一天为英语口试，考问者为蓝如溎及程其保两先生，我在校英文成绩虽优，但从未讲话，有之，则自言自语，聊当准备，故颇为焦灼，真如热锅蚂蚁，彷徨不知所措。[①]

可以看出，这些留美女生确实是经过了最为苛刻的考试与磨砺，但通关之后，清华留美女生的名额，就此向她们招手致意了。

第四节 录取后：管理与经费

1914年8月，教育部颁布《经理美洲留学生事务暂行规程》，特别设立美洲留学生经理员，负责管理教育部及各省遣派留学生

---

① 曹简禹：《八十自述》，载沈俊鸿编《江阴名人自述》（上），上海古籍出版社，2008，第279—280页。

学费事项。除学费外，经理员还要调查学生成绩、各处学校情形及学术情况等。[①] 1916 年，教育部将美洲留学生经理员改为留美学生监督，由教育总长派任。教育部明确要求将监督处设于美国首都。监督负责管理"教育部及各省所派之留美学生事务"[②]，1919年，清华学校在美国设置留美游学监督处，专门负责管理留美学生，"经理清华学校所派游美学生学费月费、川资及已经核准之自费生津贴，并考核课务、约束风纪及统计报告庶务一切事宜"[③]，这些管理规程对留美女生也一视同仁。

1914 年到 1927 年间留美学生监督信息见表 3-3：

表 3-3　1914 年到 1927 年间留美学生监督信息

职务	姓名	任期
监督	黄鼎	1911 年 9 月—1919 年 1 月
代理监督	赵国材	1915 年 10 月—1916 年 5 月
监督	施赞元	1919 年 2 月—1920 年 10 月
代理监督	容揆	1920 年 11 月—1921 年 1 月
代理监督	赵国材	1921 年 2 月—1922 年 7 月
监督	施赞元	1921 年 7 月—1921 年 8 月
代理监督	赵国材	1921 年 8 月—1922 年 1 月
代理监督	金邦正	1922 年 1 月—1922 年 4 月
监督	赵国材	1922 年 4 月—1929 年 12 月

资料来源：金富军《清华大学留学管理研究：1909—1949》，清华大学出版社，2022，第 217 页。

---

① 《教育部：经理美洲留学生事务暂行规程（中华民国三年八月十二日 1914 年 8 月 12 日）》，陈学恂、田正平编《中国近代教育史资料汇编：留学教育》，上海教育出版社，1991，第 203 页。

② 《教育部：管理留美学生事务规程（中华民国五年三月十二日 1916 年 3 月 12 日）》，陈学恂、田正平编《中国近代教育史资料汇编：留学教育》，上海教育出版社，1991，第 205 页。

③ 《清华学校派出驻美游学监督处办事章程》，载清华大学校史研究室编《清华大学史料选编 第 1 卷 清华学校时期 1911—1928》，清华大学出版社，1991，第 215 页。

黄鼎即为黄佐庭（Theodore Tso-tsing Wong，1876—1919），黄倩仪的父亲。1911 年被任命为留美学生监督。1916 年，因工作成绩优异，黄鼎与清华学校副校长赵国材及唐孟伦获得北洋政府颁发的"嘉禾勋章"。① 1919 年 1 月 29 日，黄鼎与秘书吴炳新（Bing Sen Wu）及监督处文案谢昌熙（C. H. Hie）在华盛顿遇害。② 金富军对此事③有过专门介绍。黄鼎在留学生中有很好的口碑，受到留学生的爱戴。1921 年，他的女儿黄倩仪考取了清华留美女生，与她同批出国的，还有黄家的世交以及姻亲颜惠庆家族中的另一名女生，即颜福庆的女儿颜雅清。

前述说到，清华留美女生所得的留学费用，与男生一致，尤其是 1922 年前，经费较为充裕，故而当时国内女生纷纷以投考清华并获得留美名额为荣。为表当时留学所得费用与监督管理史实，特摘录如下：

第五条　整装、川资、各项费用

（一）学生整装费定为国币二百五十元。

（二）除由京赴沪与旅沪等费，由学生自理外，所有自沪赴美之舟车川资以及护照验身费入境税等款，均由本校支付。

（三）学生到美入校后，每月月费定为美金六十元，按月由监督处发给，不得预支（发给手续另由监督处布告）。

（四）学生所需学费（Tuition fee）、科学试验费（Laboratory fee）、体育费（Cymnasium fee）、毕业证书费（Diploma fee）与医院费等，均由监督处径与各校各医院接洽支付，惟

---

① 罗元旭：《东成西就——七个华人基督教家族与中西交流百年》，生活·读书·新知三联书店，2014，第 39—41 页。

② 《前留美监督秘书长谢昌熙行安葬礼》，《申报》1927 年 12 月 31 日第 10 版；罗元旭：《东成西就——七个华人基督教家族与中西交流百年》，生活·读书·新知三联书店，2014，第 40—41 页。

③ 金富军对黄佐庭之遇害有过一些介绍，见金富军《清华大学留学管理研究：1909—1949》，清华大学出版社，2022，第 219 页。

医院内膳宿费由学生于月费中自理之，至博士论文与实地调查各费（参观第十、第十一条）由监督处临时酌办。

（五）学生如有自行发明之新物，欲呈请美政府注册专利者，其所需之陈请注册费（Application fee）、律师费（Lawyer's fee）、准予专利费（Patent Right fee）三项由监督处核准后直接发给，余费由学生自理。……

……

（九）学生回国川资定于美金三百元。[①]

留美女生所获得的经费，每年可能略有不同，但基本应与男生保持一致。比如在服装费上，1914批的陈衡哲回忆，"清华奖学金给我们每人两百块钱置办服装，但那根本不够"[②]。1921年留美的黄孝贞回忆："不久又接到办理行装的费用三百美元，数目不算小。"[③]

至于录取后乘船前的流程，大约可以通过史料判断出来，目前所知道的女生们被录取后的主要行程如下：7月下旬到8月初知道被录取后，所在家庭有短暂的庆祝与准备时间，随后在出洋前要被召集到上海参加出国培训，时间大约为半个月，在这期间，不定期参加社会各团体的欢送会和参观会等。前几批学生均是由校长履行教育职责，主要是教导美国习俗礼仪、用餐习惯，以及教导留学生养成爱国心。

1914批的留美女生住宿和受训地点是在中华基督教女青年会，1916批和1918批的是由寰球中国学生会负责，先由清华游学事务所书记员王维周到沪预备行装，游学领袖为李松涛以及黄佐庭夫人薛葩。校长亦莅临指示一切，已定期9月8日乘船放洋。[④]

---

① 清华大学校史研究室编《清华大学史料选编》（第一卷），清华大学出版社，1991，第219—221页。

② 陈衡哲：《陈衡哲早年自传》，冯进译，安徽教育出版社，2006，第173页。

③ 李黄孝贞：《投考清华的追忆》，《清华校友通讯》1971年新36期。

④ 《欢送留美学生大会》，《民国日报》1916年9月1日第10版。

　　到 1917 年，有 159 名女生通过自己家庭、省政府的资助，或者取得庚子赔款奖学金到美国求学，占在美所有中国学生数量的 14%。[①] 其中，清华选派的留美庚款女生有 20 名，占整个留美女生数量的 12.6%。在了解了清华学校招考留美女生的政策变迁与女孩子们经历了艰难考试之后，关于清华学校的这一派遣经历，笔者以为还有一个事件值得一提，也就是在 1914 年到 1927 年这 14 年中，清华学校向美国派遣女生过程中一共有过两次波折，最终均以清华学校的妥协而告终。

　　第一次是 1920 年，按照原计划，第四批留美女生本应在当年夏天派送赴美，但因当年清华本校毕业生特多（82 人），校方遂停送专科男女生。此事导致全国上下 500 多名女学生到政府门前请愿，她们认为，本来提供赴美奖学金可以部分抵消拒收女生上清华的不公[②]，清华只好于次年（1921 年）补送。[③] 但即使如此，此次停招风波还是引发了时人对清华招收女生政策的不满，比如张东荪就曾对清华隔两年才招考女生留美的做法连发三问，"可是公平么？可是对得起女子？可曾为中国教育前途着想？"[④]

　　第二次是 1922 年 11 月，清华校长曹云祥宣布该校将于次年暂停派送专科女生留美。[⑤] 这一决定使得舆论哗然，校内外各界对清华此举表示强烈反对，诸多文化名人亦纷纷发言批评。迫于舆论压力，外交部训令清华慎重考虑，最终清华只好取消先议并于 1923 年夏派送 5 名专科女生留美，舆论才作罢，此事终告一段落。

---

①　1918 年，海外有 1100 多名中国留学生。李喜所：《近代中国的留学生》，人民出版社，1987，第 221 页。

②　"Equal Opportunity for Girls", CSM（December 1920）：131；Editorial，" An Injustice to Young Chinese Women"，CSM（January 1923）：7. 转引自史黛西·比勒《中国留美学生史》，张艳译，生活·读书·新知三联书店，2010，第 74 页。

③　见常道直《留美学生状况与今后之留学政策》，《中华教育界》1926 年第 9 期；史黛西·比勒《中国留美学生史》，张艳译，生活·读书·新知三联书店，2010，第 74 页。

④　《清华学校之改造问题》，《时事新报（上海）》1921 年 1 月 9 日第 2 版。

⑤　《清华学校呈外交部文》，《新教育》1923 年第 6 卷第 1 期。

1923 年夏天，当王志宜、朱其廉、胡永馥、胡汉纳、顾静徽这 5 名女生乘船赴美时，可能她们内心异常激动，因为这是一次非常来之不易的求学机会。或许正是因为这次留学机会的异常难得，寰球中国学生会特地为这 5 名女生摄像，留下了宝贵的照片记录。①

　　正是在这样的论争中，中国近代女子高等教育在曲折中前进。尽管有着诸多反复，这一批留美女生的卓越成绩与社会反响，却正昭示着清华学校派送女生留美政策的成功。这种成功，不仅在于其用十来年时间严格选拔出众多优秀女性并为中国社会建设做出了重要贡献，还在于正是这一政策实施过程中的曲折波澜，让社会各界深刻认识到了女子高等教育的重要之处与女子解放应有的平等之义，从而更有助于促进中国女子高等教育的发展。

---

① 《民国十二年清华考取女生及专科生摄影》，《寰球中国学生会周刊》1923 年第 116 期。

第四章

域外求学：53名留美女生的现代化之路

53名女生在美国全方位全身心接受了4—5年的现代教育与性别观念熏陶，她们中的很多人都发生了质的变化。本章借助于《中国留美学生月报》等杂志，回顾她们在美国各大学的学习情况与闲暇生活。

第一节　游轮琐记

过去，受限于资料的缺乏与难以寻找，笔者对这些女生在美国的生活和学习了解不多，更不用说在游轮上长达一个月的生活。不过，通过一些回忆录，基本可以还原当时她们在轮船上的场景，因为资料较少，所以对这些历史片段的推断尤为有趣。

一　码头盛况

笔者统计了7批女生离开上海时所坐的船只名称和具体时间（见表4-1），她们一般要航行15—18天的时间才能到达美国。首批女生于1914年8月15日乘"中国号"离开上海外滩。登船的那天，按照当时同船的清华1914年留美预备部毕业生胡光麃的回忆，"恰是巴拿马运河首次通航的前星期，第一次世界大战爆发的一月"①。

---

① 胡光麃：《大世纪观变集》第五册《旅台从文三百则》，台湾联经出版事业公司，1992，第76页。

因此，当"中国号"轮船驶入太平洋时，欧洲已经是战火熊熊了。站在轮船上眺望逐渐远去的祖国，这些女生心里一定有着诸多感慨，也牢记着自己身为中国人的伟大使命。诚如陈衡哲所言："当整个世界将要被这场巨大的军事冲突改变时，中国的整个国民生活也将因为政府首次派遣女生留美而发生巨变。"①

表 4-1　53 名留美女生的放洋时间

留美批次	船只名称	启航时间
1914	中国号（S. S. China）	8 月 15 日
1916	中国号	8 月 28 日
1918	南京号（S. S. Nanking）	8 月 14 日
1921	中国号	8 月 12 日
1923	约克逊号	8 月 17 日
1925	杰克逊总统号	8 月 16 日
1927	杰克逊总统号	8 月 19 日

资料来源：本表根据 1914 年至 1927 年历年 7 月和 8 月份的《时事新报（上海）》《新闻报》《民国日报》《申报》等当时报纸新闻以及《清华周刊》上刊载的清华留美女生放洋信息等综合制成。

陈衡哲在其早年自传里也回忆了此次登船时她的心情。因为她早已与父母约定好，不用他们过来相送，以免经历离别的痛苦，所以她是当时"唯一一个没有哭泣的母亲或其他家庭成员送行的"②。1916 年 8 月 28 日，第二批女生也乘"中国号"离开上海外滩。③ 在船上，领队对女生颇为照顾，如当时护送学生赴美的李松涛④记录道，船上的住宿"最佳之舱以与女生，其余均抽签派定，男生们均无异议"⑤。爱护女生应是清华留美男生们的一贯传

① 陈衡哲：《陈衡哲早年自传》，冯进译，安徽教育出版社，2006，第 174—175 页。
② 陈衡哲：《陈衡哲早年自传》，冯进译，安徽教育出版社，2006，第 173 页。
③ 《记载：清华学校招考》，《学生》1916 年第 3 卷第 3 期。
④ 李松涛，1910 年清华官费留美生，后获得哥伦比亚大学教育管理学硕士，此时为清华学校教务员。见北京清华学校《游美同学录（民国六年）》，1917，第 35 页。
⑤ 李松涛先生原稿，时（译）：《送本校第五次毕业生赴美留学报告》，《清华周刊》1917 年第 97 期。

统，1925 年留美的凌淑浩回忆："六十四名男生睡舱铺，八个人一个船舱。五个女生则被安置在一间蜜月套房里，婚床四周挤满了她们的行李箱和添加的简易床位。"[①]

不过，与陈衡哲的满怀期待相比，恋恋不舍的却大有人在。如有报纸这样描写："当船起碇时，到码头送别者有各留学生家属，及环（寰）球中国学生会、青年会，省教育会、留美同学会、清华留美学会等甚众，欢呼扬巾，令人黯然。"[②] 1927 年 8 月第七批女生乘"杰克逊总统号"的情形较为清晰，因当年蒋介石夫人陈洁如同行，所以送行人群颇多，码头热闹非凡。《上海画报》的一名记者曾两度登轮船甲板访谈拍照。在他的记录中，当时所有乘客和行李必须"（先）至海关码头，乘大来小轮至杨树浦左近"，然后才能"登甲（杰）克逊总统轮"。轮船"尚称壮丽，有社交室、吸烟室、图书室、大菜室等，陈设至雅洁，地毯亦极富丽，旅客室中大抵设两榻，附以浴室，用具应有尽有，较之海上之旅馆，有过之无不及也"[③]。不知轮船的富丽堂皇是否可以勉强安慰即将要在海上漂泊数日的年轻人，但此行离别远去的事实却使得亲人万般不舍。

二　船上体验

这些女生初次踏出国门，坐船经过太平洋赴美，沿途遇到波浪起伏，体验大不同于陆地或内河。那么，她们在游轮上具体是如何的场景呢？

首先要解决的是晕船问题。对于他们中的某些人来说，这是一个大问题。1921 年与 10 名专科女生一同留美的浦薛风，非常生

---

① 魏淑凌：《家国梦影：凌叔华与凌淑浩》，张林杰译，百花文艺出版社，2008，第 160 页。

② 《大批留美学生昨日放洋乘约克逊船共五十余人》，《时事新报（上海）》1923年 8 月 18 日第 9 版。

③ 一记者：《游美学生去国时之琐闻》，《上海画报》1927 年第 265 期。

动地描述了晕船情形：

> 出海以后，风浪渐大，乘客之中感觉晕船者不乏其人。最剧烈时，只得终日卧舱铺上，吃些咸酸橄榄与梅子，以及苹果橘子。……大风浪两昼夜中，闻餐厅之中，午膳与晚膳，除林同曜小姐外，余无一人，又闻餐桌上杯碟，竟自不时移动。[1]

林同曜是福建闽侯人，可能靠海而居，故无此现象，但其他内陆地区的女生就不好过了。浦薛凤也对船上的生活以及抵美境之时的情形做了一些描述："船驶太平洋上，类多风平浪静，晨起迎旭日，夜坐望明月，逐渐欣赏航海之趣味。"[2]

1925年凌淑浩（艾米）的描述可以非常清晰地呈现了当时的女生们从上船开始一直到学校注册后的场景：

> 船上的学生最后与亲人挥手告别之后，离开围栏，下到船舱里，他们得在船上呆两周的时间。……一位和艾米同舱的女生得到的礼物是一大篮子罐头食品，还有一对蟋蟀，装在一只雕着山水画的干葫芦里。独生女要去美国留学，她父母爱女心切，巴不得她赶快把那堆罐头吃掉，却希望那两只容易死掉的蟋蟀能陪女儿漂洋过海，以慰思乡之情。……
>
> 结果，那位上海的张小姐[3]，也就是收到那只篮子的女孩因为晕船，大半时间都躺在床上呻吟，只能吃她们从饭厅里给她买来的稀饭。为了报答大家的照顾，她把篮子里的罐头送给她们吃。几个女孩挤在角落，把马口铁罐头的椭圆形盖

---

① 浦薛凤：《万里家山一梦中》，《浦薛凤回忆录》（上），黄山书社，2009，第80—81页。
② 浦薛凤：《万里家山一梦中》，《浦薛凤回忆录》（上），黄山书社，2009，第82页。
③ 对比各种信息，此处的张小姐应为张玉珍。

子一点点卷开。①

5 个女生中凌淑浩和王罗兰②都来自广东，两人形影不离。住
在蜜月套房的那段时间：

> 她们一起围着甲板跑步，一起玩儿推圆盘的游戏、相互
> 加油欢呼，一起手挽手在蓝天碧海之间漫步、喃喃地憧憬着
> 去美国后的生活。她们没有被包办婚姻绊住脚，而是踏上了
> 独立的旅程，可以自由讨论女性面对的问题。……女孩子们
> 有监护人陪着，只能相互讲些浪漫的故事。她们讨论着自由
> 恋爱的好处，反对包办婚姻，相互交流节育知识。
>
> 1925 年 9 月 2 日一早，旅客们看到了太平洋的海岸。轮
> 船接近西雅图的时候，清华学子们聚集到甲板上，照了一张
> 集体照。男生们穿着西装，有些人戴着运动帽，系着领结。
> 除了那位晕船的同学，女生们都站在紧凑的队伍中间。一排
> 学生蹲在队伍前面，拉着两面旗帜，一面写着"清华"，另一
> 面是中华民国的五色旗。国旗上的五道条纹代表了中国的五
> 个主要民族。在这个刚刚抵达异国的时刻，尽管被置诸身后
> 的生活已经和这面旗帜一样成为过去，但离别故土的记忆依
> 然留存在他们心中。③

船上的生活和女孩子们的一些经历，在魏淑凌的描述里，逐
渐变得生动和立体起来。从以上几位的描述中，可以清晰地看到

---

① 魏淑凌：《家国梦影：凌叔华与凌淑浩》，张林杰译，百花文艺出版社，2008，
第 160 页。

② 对于 1925 年的 5 名留美专科生，魏淑凌是在 1925 年到 1926 年《清华校友
年鉴》上摘录的名字，皆为音译，因此有不少误差，此处的王罗兰小姐，有
可能是广东的黄桂芳。

③ 魏淑凌：《家国梦影：凌叔华与凌淑浩》，张林杰译，百花文艺出版社，2008，
第 160—162 页。

这一群专科女生上游轮、在船上生活和下船到达学校的整体情形。凌淑浩在西雅图和同伴分手，独自一人登上了去往北面克利夫兰的列车。在那里，她是第一个在西储大学注册的清华学生。列车进入蒙大拿，她坐在疾雨冲刷的窗前，望着云遮雾绕的山峦从窗外掠过、消失。当凌淑浩回忆并自己用笔端记录这段往事时，大约是1996年，她已经是一个92岁的老人了。她对细节记得那么清楚，对当时的感受也记忆深刻，可见这一段经历在她的一生当中非常重要，可能穷尽一生，这些游轮经历，都一直在这些女生的脑海里盘旋，偶尔会被她们记忆起来，反复回味与咀嚼。

第二节　留美概况

　　1914年和1916年两批女生可能尚处于清华庚款女生留美政策的尝试阶段，考虑到女生们的知识程度问题，故而在美国的第一年是让她们先到各高中就读一年，如有清华学生所言："民国三年与五年派送之女生均在美国高等学校修业一年，借习彼国风土人情，俾至大学时，得无失措，盖中学学生较大学学生数少，而师长对生徒之接洽多，故在中美校学美人生活人情易。"[1] 关于这53名女生在美国上的具体大学与专业，以及所获学位情况，详见表4-2至表4-8。[2]

一　留美学校与专业

表4-2　1914年首批女生的留美概况

姓名	预科	本科	专业	取得学位[1]/时间	回国年份
汤蔼林	Bradford[2]	Wellesley Col.[3]	音乐	A. B. /1919	1919

---

① 逸：《清华女同学》，《清华周刊》1922年第261期。

② 需要说明的是，尽管经过数次对史料的考证与比较，但53名女生的留美概况，尤其是她们的回国年份，可能与实际略有出入，这些只能留待后续研究进一步考证与勘误。

续表

姓名	预科	本科	专业	取得学位/时间	回国年份
王瑞娴	Walnut Hall④	Wellesley Col.	音乐	Mus. B. /1919	1919
周淑安⑤	Bradford	Radcliffe Col. ⑥	音乐	A. B. /1919	1920
张端珍	Walnut Hall	Wellesley Col.	体育	B. A. /1919	1919
林荀⑦	Dana Hall⑧	Wellesley Col.	经济学	B. A. /1919	1919
李凤麟	Rye	Mount Holyoke	教育	B. A. /1919	1919
韩美英	Rye	Mount Holyoke	家政学	A. B. /1919	1919
陈衡哲	Putnum Hall	Vassar Col.	文学	M. A. /1920	1920
杨毓英	Dana Hall	Vassar Col.	音乐	A. B. /1919	1919
唐玉瑞⑨		Smith Col. ⑩	社会学	B. A. /1920	1923

注：回国信息以及具体英文名和毕业学校届次，详见“Personal News”，*The Chinese Students' Monthly*，Vol. 14，No. 8（Jun.，1919）：513。

①因所查阅到的原始资料对她们所学专业与所获学位在统计上有些紊乱，且其中有女生入学后转过专业，故将二者分开。本表中出现的学位说明：A. B. / B. A. （Bachelor of Arts）为文学学士；M. A. （Master of Arts）为文学硕士；Mus. B. 为音乐学士。

②全称为 Bradford Christian Academy，即布拉福德（基督）学院，后文简称布拉福德学院。

③翻译为卫斯理学院，下同。

④全称为 Walnut Hill School（胡桃山女塾）。

⑤周淑安 1919 年在 Redcliffe College（哈佛大学下设的女子学院，翻译为拉德克利夫学院）音乐专业毕业获文学学士后，再在纽约社会学院研究一载。故她于 1920 年归国。详见逸《清华女同学》，《清华周刊》1922 年第 261 期。不过，1920 年 3 月的《中国留美学生月报》显示，周淑安约于 1920 年 2 月被选为哥伦比亚大学合唱团的一员，可见周淑安 1919 年 6 月从拉德克利夫学院毕业后，9 月应就读于哥伦比亚大学。见“Personal News”，*The Chinese Students' Monthly*，Vol. 15，No. 5（Mar.，1920）：69。

⑥翻译为拉德克利夫学院，下同。

⑦清华文库为“（薛）林荀”，根据历次表格为林荀，又清华文库中林荀材料缺失，根据佚名《游美学生方面》（《清华周刊》1921 年纪念号）可知林荀 1914 年进入卫斯理学院就读，所学专业为经济学，并于 1919 年回国。

⑧卫斯理学院的预科学校，一说为 Bradford Academy，见“Personal Notes”，*The Chinese Students' Monthly*，Vol. 11，No. 2（Dec.，1915）：145。

⑨唐玉瑞与 1918 年清华女生同批赴美，当时英文名为 Tong Nyok Zoe，所入大学为 Smithsonian College，修习专业待定，写的是 Academic，见“Welcome to the Newcomers”，*The Chinese Students' Monthly*，Vol. 14，No. 1（Nov.，1918）：56。

⑩一说为 Bryn Maur 大学（布林莫尔大学），见《一千九百十年毕业者》，《墨梯》1921 年第 4 期，第 65 页。

表4-3　1916年第二批女生的留美概况

姓名	预科	入学年份/就读学校	专业	学位/时间	回国年份
袁世庄	Walnut Hill	Wellesley Col.[①]	历史	B. A./1920	1921
陈翠贞	Abbot[②]	Ohio Wesleyan[③]	医学	H. B./1925[④]	1926
蔡秀珠	Delawar[⑤]	1916/Vassar Col.[⑥] 1920/Columbia	化学	B. A./1920 M. A./1921	1922
李清廉	Abbot	1917/Mich. Univ.	医学	B. S./1920[⑦] M. D./1923	
黄桂葆[⑧]	Bradford	1917/Smith Col. Chicago（1919）	医学 家政学	M. D./1921	1921
梁逸群	Rye	1917/Chicago 1920/Columbia（1921）[⑨]	社会学	B. A./1920 M. A./1921	1922
方连珍[⑩]	Bradford	Mich. Univ.	牙医	D. D. S/1921	1921
刘华采	Hannah Moore	Cornell[⑪]	美术		1922
邝翠娥	Walnut Hill	Mount Holyoke Cornell	音乐/文学 心理学	B. A./1922 M. D./1926	1927
严惠卿	Rye	Oberlin[⑫]	医学	B. A./1927[⑬]	1927

注：本表女生的专业和学校来自《清华学校一览》（1917）。据当时的统计记载，1916批女生留美的专业选择分别为：方连珍、黄桂葆、蔡秀珠、严惠卿、梁逸群、刘华采（文科）；袁世庄、陈翠贞（教育）；邝翠娥、李清廉（医科）。见该书第152—153页。

①袁世庄于1920年在卫斯理学院毕业后，即入哥伦比亚大学教育学院攻读硕士学位。

②Abbot Academy在美国马萨诸塞州的安多弗（Andover）地区，陈翠贞和李清廉1916年秋季入美后先就读该学院，当时翻译为阿包学院。

③陈翠贞1916年9月至1917年6月就读于预备学校阿包学院，随后进入俄亥俄卫斯理大学（Ohio Wesleyan）就读（1917年9月至1920年6月），获得该校医学学士学位后，于1920年9月进入约翰·霍普金斯大学（Johns Hopkins University）的医学院攻读医学研究生。见P. C. Hsieh，"Club News：Baltimore"，*The Chinese Students' Monthly*，Vol. 16，No. 1（Nov.，1920）：61-62。

④清华文库显示学位为"医H. B."，未知为何等学位，但应该是写其毕业于约翰·霍普金斯大学的医学院，获得博士学位。陈翠贞于1925年获得约翰·霍普金斯大学医学博士学位，被授予"金钥匙奖"。根据王惠姬的考察，1920年她自俄亥俄卫斯理大学预科毕业；1924年考取约翰·霍普金斯大学医学院医学学士学位（M. D.），并获该校"金钥匙奖"，成为荣誉术团成员，1926年返国。见王惠姬《中国现代化的推手——以留美实科女生为主的研究（1881—1927）》（上），台湾花木兰文化出版社，2011，第177页。

⑤国内报纸刊登信息显示她就读于达娜豪（Dana Hall）女子中学，但实际上，蔡秀珠后来就读的是德拉瓦女校，见K. Li " Club News：George Washington"，*The Chinese Students' Monthly*，Vol. 12，No. 4（Feb.，1917）：220。

⑥根据王惠姬的考察，蔡秀珠于1916年首先就读的是德拉瓦女校，主修文科，

1920 年获得瓦萨女子学院化学学士学位，1921 年获得哥伦比亚大学硕士学位。王惠姬：《中国现代化的推手——以留美实科女生为主的研究（1881—1927）》（上），台湾花木兰文化出版社，2011，第 177 页。

⑦清华文库统计李清廉于 1917 年毕业，根据后来查阅的史料，此处统计应有误。据王惠姬考证，李清廉于 1917 年获得密歇根大学理学学士学位（B.S.），1923 年获得密歇根大学医学学士学位（M.D.）。王惠姬：《中国现代化的推手——以留美实科女生为主的研究（1881—1927）》（上），台湾花木兰文化出版社，2011，第 177 页。

⑧又名黄桂宝。黄桂葆于 1919 年从史密斯学院肄业，转入芝加哥大学，专攻饮食治疗，于 1921 年获得学士学位，旋即回国工作。清华文库统计其 1921 年获得芝加哥大学医学学士学位，1931 年在哥伦比亚大学获得医学硕士学位。而《清华女同学》一文则记录其 1917 年初入史密斯学院，1918 年改入芝加哥大学，1921 年在该校以家政学专业毕业，见逸《清华女同学》，《清华周刊》1922 年第 261 期。

⑨梁逸群曾表态自己的志愿专业是教育和文学，见 Miss Y. K. Liang， "Club News：Rye Seminary"，*The Chinese Students' Monthly*，Vol. 12，No. 6（Apr.，1917）：323。随后，她于 1917 年秋季顺利就读于曼荷莲学院，翌年改读芝加哥大学社会学，1920 年毕业。1921 年在哥伦比亚大学获得社会学硕士学位，再研究社会学以及哲学。1922 年因病归国。

⑩布拉福德（Bradford）学院文科肄业；1921 年获得密歇根大学牙医学学士学位（D.D.S.，即 Doctor of Dental Science），主修牙医。

⑪翻译为康奈尔大学。

⑫严惠卿 1916 年 9 月至 1917 年 6 月就读于预备学校拉伊神学院，随后进入欧柏林学院就读（1917 年 9 月至 1920 年 6 月），获得该校学士学位后，于 1920 年 9 月进入约翰·霍普金斯大学的医学院攻读医学研究生。见 P. C. Hsieh， "Club News：Baltimore"，*The Chinese Students' Monthly*，Vol. 16，No. 1（Nov.，1920）：61 - 62。恰好印证了梁逸群对她进行介绍时她的志向。"She will first take two years' general course in some college and then study medicine." Miss Y. K. Liang， "Club News：Rye Seminary"，*The Chinese Students' Monthly*，Vol. 12，No. 6（Apr.，1917）：323.

⑬1916 年先入雷氏学院，主修文科；后获得欧柏林学院文学学士学位，以及约翰·霍普金斯大学医学院医学学士学位。见王惠姬《中国现代化的推手——以留美实科女生为主的研究（1881—1927）》（上），台湾花木兰文化出版社，2011，第 177 页。

表 4-4　1918 年第三批女生留美概况

姓名	毕业学校	专业	取得学位/时间	回国年份
王淑贞[1]	Johns Hopkins	医学	B. S. /1921 M. D. /1925[2]	1926
丁素筠[3]	Mt. Holyoke Columbia	动物学 音乐	A. B. /1922 M. B. /1923	1923
顾岱毓	Oberlin	音乐	Mus. B. /1922	
杨保康	Wellesley Col. Columbia[4]	教育/植物 幼稚教育/教育	B. A. /1922 M. B. /1923	1923
胡卓	Wellesley Col.	文学	B. A. /1922	

续表

姓名	毕业学校	专业	取得学位/时间	回国年份
章金宝⑤	Mich. Univ.	医学	Ph. D/1921	
杨佩金	Mount Holyoke	算学	B. A./1922	1922
朱兰贞	Mich. Univ. Columbia⑥	医学 动物学	B. S./1922 M. A./1923	1923

注：①王淑贞首次出现于月报上时，显示她即将成为约翰·霍普金斯大学学生，见"Welcome to the Newcomers"，*The Chinese Students' Monthly*，Vol. 14，No. 1（Nov.，1918）：56。但是，1919 年 1 月，巴尔的摩俱乐部通讯员写道，新成员王淑贞就读于巴尔的摩高氏女子大学（Goucher College），见 Hsin-Hai Chang，"Club News：Baltimore"，*The Chinese Students' Monthly*，Vol. 14，No. 3（Jan.，1919）：194。可见，1918 年 9 月至 1919 年 6 月王淑贞就读于巴尔的摩高氏女子大学。

②据王惠姬考证，为 1926 年回国，见王惠姬《中国现代化的推手——以留美实科女生为主的研究（1881—1927）》（下），台湾花木兰文化出版社，2011，第 270 页。

③丁素筠是近代中国第一位专攻"动物学"的留美女生。

④杨保康 1922 年在卫斯理学院获得教育及植物学的学士学位后，又进入哥伦比亚大学并于 1923 年获得幼稚教育及教育硕士学位。1923 年回国。见陆阳《杨家旧事》，南京师范大学出版社，2017，第 180 页。

⑤"Welcome to the Newcomers"，*The Chinese Students' Monthly*，Vol. 14，No. 1（Nov.，1918）：56.

⑥详见寰球中国学生会编《寰球中国学生会民国十五年特刊》，1926，第 63 页。

表 4-5　1921 年第四批女生留美概况

姓名	毕业学校	专业	取得学位/时间	回国年份
王国秀	Wellesley Col. Columbia	文学/历史学	B. A./1925 M. A./1926	
林同曜	Illinois Radcliffe Col.	生物及教育	1921A. B./1925	1925
桂质良	Wellesley Johns Hopkins	文学/医学①	A. B./1925 M. D./1929	1929
倪徵琮	Smith Col.② Cornell	文学、医学	B. A./1924 M. D./1928	1931
张继英③	Missouri Columbia	新闻学	B. J./1924 M. J./1925	1925
陆慎仪	Wellesley Col. Cornell	数理（学） 文学	B. A./1924 M. A./1925	1925
黄孝贞	Radcliffe Col.	数理 经济	A. B./1925 M. A./1926	

续表

姓名	毕业学校	专业	取得学位/时间	回国年份
黄倩仪	Boston Conservatory[④] Chicago Columbia[⑥]	音乐 教育	Ph. B. /1924 M. A. /1926	1927[⑤]
倪逢吉	Smith Col. Chicago	社会学	B. A. /1924 M. A. /1925	1926
颜雅清	Smith Col. 长沙雅礼大学	历史 心理学	心理学学士 1922[⑦]	1924

注：①桂质良于卫斯理学院教育系肄业，1925 年获得同校文学学士学位，1929 年获得约翰·霍普金斯大学医学学士学位，见王惠姬《中国现代化的推手——以留美实科女生为主的研究（1881—1927）》（上），台湾花木兰文化出版社，2011，第 180 页。

②《海外消息一束》，《天籁》1926 年第 12 期称，"倪徵琼女士抵美后，入司密司大学肄业，于一九二四年获文学士衔，现入加拿尔大学医科，专心致力医学，希望将来在中国医学界上，有所贡献。闻返国之期，约在一九二八年云。"其实倪徵琼并没有于 1928 年回国，而是推迟了。1931 年 4 月 29 日《申报》一文《医药博士倪徵琼女士返国》有报道。

③张继英到美国后，首先进入俄亥俄州欧柏林学院，一年后转入密苏里大学新闻学院学习二年，取得学士学位后，又赴纽约哥伦比亚大学进修一年，获得新闻学硕士学位。见聂锦麟《弥深弥淳的情怀——世纪老人张继英写真》，《寻根》1995 年第 6 期。

④翻译为波士顿音乐学院。

⑤《学成归国后之黄倩仪女士开办黄氏女士学社》，《申报》1927 年 8 月 31 日第 10 版。

⑥1926 年 5 月的《中国留美学生月报》显示，黄倩仪为当时哥伦比亚大学中国学生俱乐部的活跃分子，结合此后她归国时国内报纸的报道，可得知此时她还在该校就读教育学专业，攻读博士学位。见"Student World：Columbia University"，*The Chinese Students' Monthly*，Vol. 21，No. 7（May.，1926）：80。

⑦1922 年秋天，史密斯学院破例接收她为文化交流学生，主修历史课程，当属 1926 届毕业生。但是 1924 年她中断学业跟随父亲回国，进入长沙雅礼大学学习，并于 1925 年毕业。详见蔡德贵《世界公民颜雅清传》，花城出版社，2013，第 65、75 页。

表 4-6 1923 年第五批女生留美概况

姓名	毕业学校	专业	取得学位/时间	回国年份
王志宜	Cornell Mich. Univ.	医学	B. A. /1927 M. D.[①] /1931	1931
朱其廉	Julliard[②]	音乐/教育	B. A. /1927	1928
胡永馥	Oberlin	音乐	B. A. /1926	1927
胡汉纳	Syracuse Univ.[③]	医学	1928[④]	
顾静徽[⑤]	Cornell/Yale/Mich. Univ.	数理文理/ 物理学	A. B. /1925 M. S. /1928 D. S. /1931[⑥]	1931

注：①一说为美国康奈尔大学医学学士，见《行将回国之留学生》，《民国日报》

1931 年 7 月 17 日第 9 版。韦季刚、薛一东整理的《美国国家档案馆藏 1923 年庚款留学生档案》显示，王志宜所去学校为 Mt Holyoke，目的地为 S. Hadley Mass，这是位于麻省 South Hadley（南哈德利）的 Mount Holyoke College，即曼荷莲学院。胡永馥所去学校记为 Oberlin，应该是 Oberlin College（欧柏林学院）。这与后续她们实际所入学校有出入。见韦季刚、薛一东《美国国家档案馆藏 1923 年庚款留学生档案》，清华大学校史馆，2024 年 4 月 3 日，https://xsg.tsinghua.edu.cn/info/1003/3451.htm。

②翻译为纽约朱莉亚音乐学院。圣玛利亚女中登记为此大学；清华文库显示其大学为西北大学；又有材料说其毕业于纽约音乐专门大学，西北大学文学学士，哥伦比亚大学文学硕士，见《钢琴家朱其廉女士留美毕业于纽约音乐专门大学并得西北大学文学秀（学）士哥伦比亚大学文学硕士》，《图画时报》1928 年第 487 期。

③据王惠姬考察，胡汉纳原拟入星星纳（辛辛那提）大学医科，后在西拉库斯（Syracuse）大学医科肄业，俄亥俄牙医学院（Ohio College of Dental Surgery）毕业，大约在 1928 年毕业。见王惠姬《中国现代化的推手——以留美实科女生为主的研究（1881—1927）》（上），台湾花木兰文化出版社，2011，第 176—177 页。

④王惠姬：《中国现代化的推手——以留美实科女生为主的研究（1881—1927）》（上），台湾花木兰文化出版社，2011，第 181 页。

⑤她是最早获得密歇根大学物理学学位的中国女生，也是第一位获得物理学博士的中国女生。见高魁祥、申建国《中华古今女杰谱》，中国社会出版社，1991，第 260—261 页。

⑥美国雅（耶）鲁大学理学硕士，见《行将回国之留学生》，《民国日报》1931 年7 月 17 日第 9 版。

表 4-7　1925 年第六批女生留美概况

姓名	毕业学校	专业	取得学位/时间	回国年份
唐绿蓁	Smith Col.	历史	B. A./1927	
张玉珍	Oberlin	音乐	B. A./1927	1930
张纬文	Cornell	化学/物理	肄业	
凌淑浩	Western Reserve	医学	M. D./1928	
黄桂芳	Chicago	文学		

表 4-8　1927 年第七批女生留美概况

姓名	毕业学校	专业	取得学位/时间	回国年份
张锦	Mich. Univ./Illinois①	理学/化学	B. A. /1930 Ph. D/1933	
曹简禹	Cornell/Illinois②	生物学及化学③	A. B. /1929 M. S. /1930 Ph. D /1933	1933
曹静媛	Chicago	经济学④		1932

续表

姓名	毕业学校	专业	取得学位/时间	回国年份
应谊	Wellesley Col.	法律[5]		
龚兰珍	Columbia[6]	家政/营养学	Ph. D/1932	1932

注：①张锦，先入密歇根大学，再于 1930 年入伊利诺伊大学，1933 年获得伊利诺伊大学哲学博士学位（Ph. D），1933—1934 年是伊利诺伊大学化学系博士后。但也有说法称其本科就读学校为卫斯理学院，志愿专业为经济学，见《清华专科学生调查录》，《时事新报（上海）》1927 年 8 月 14 日第 8 版。

②后入伊利诺伊大学攻读博士学位，1933 年获得博士学位。见《曹简禹由美返国》，《申报》1933 年 7 月 9 日第 20 版。

③一说为生物学，见《清华专科学生调查录》，《时事新报（上海）》1927 年 8 月 14 日第 8 版；《曹简禹由美返国》，《申报》1933 年 7 月 9 日第 20 版。

④张玮瑛、王百强、钱辛波主编《燕京大学史稿 1919—1952》，人民中国出版社，1999，第 1234 页。

⑤《清华专科学生调查录》，《时事新报（上海）》1927 年 8 月 14 日第 8 版。

⑥一说为奥里根大学，见《清华专科学生调查录》，《时事新报（上海）》1927 年 8 月 14 日第 8 版。

这 53 名女生主要分布在三类大学：第一类是美国著名的女子学院，如属于七姊妹学院的史密斯学院、曼荷莲学院、拉德克利夫学院、瓦萨学院和卫斯理学院等；第二类是综合类大学，如密歇根大学、芝加哥大学、康奈尔大学等；第三类是专业类学校，如新英格兰音乐学院等。为表清晰，我们仍然以表格形式展示她们所入学校（见表 4-9）。

表 4-9　53 名女生在美就读本科学校一览

学校名称	1914 批	1916 批	1918 批	1921 批	1923 批	1925 批	1927 批	总计
Wellesley Col.	汤蔼林 张端珍 林荀 王瑞娴	袁世庄	杨保康 胡卓	王国秀 桂质良 陆慎仪			应谊	11
Ohio Wesleyan		陈翠贞						1
Radcliffe Col.	周淑安			林同曜 黄孝贞				3
Mount Holyoke	李凤麟 韩美英	邝翠娥	丁素筠 杨佩金					5

续表

学校名称	1914批	1916批	1918批	1921批	1923批	1925批	1927批	总计
Vassar Col.	陈衡哲 杨毓英	蔡秀珠						3
Smith Col.	唐玉瑞	黄桂葆		倪徵琮 倪逢吉 颜雅清		唐绿萦		6
Mich. Univ.		李清廉 方连珍	章金宝 朱兰贞				张锦	5
Chicago		梁逸群		黄倩仪		黄桂芳	曹静媛	4
Cornell		刘华采			王志宜 顾静徽	张纬文	曹简禹	5
Oberlin		严惠卿	顾岱毓		胡永馥	张玉珍		4
Johns Hopkins			王淑贞					1
Missouri				张继英				1
Julliard					朱其廉			1
Syracuse Univ.					胡汉纳			1
Western Reserve						凌淑浩		1
Columbia							龚兰珍	1
总人数	10	10	8	10	5	5	5	53

二 留美特征

53名女生在留美教育过程中，呈现出以下几个比较明显的特点。

第一，抵美后，转学校与转专业者不在少数。有十来名女生选择了转学校或者转专业，或是在同一个学校里选修了至少两个专业，以至于国内对她们所在大学和专业的统计有些含混不清。通观女生们的专业选择，不外乎三大类：文科类、音乐类和实科类。文科类比如历史学、社会学、教育学、体育等；实科类，主要指理、工、医学等学科，攻读医科者人数最多，而这里面，又以妇产科和小儿科为代表，此外还有攻读化学、数学、营养、牙医的；音乐类也有不少女生选择。这些学生应该都是经清华学校与美国学校协商后予以派遣与接收的，但很可能一到美国甚至就在游轮上，她们就对留美学生监督处提出了改专业申请也不一定。美国大学也非常乐意接收这些女生，一是她们已经经过了考试，学业程度不会太差；二是她们有庚款公费，不需要大学再专为她们设立奖学金。

另外一个原因就是，女生们在进入美国选择就读学校和专业时，也会有一些戏剧性的预料不到的变故，这些可能是导致她们的信息在国内报纸刊登和国外实际情况不一致的一个决定性因素。比如 1916 批的蔡秀珠曾经专门在《中国留美学生月报》上解释为什么她会就读于德拉瓦女校，而不是一开始就定好了的丹娜豪女子中学。大概是因为当时留美的女生非常稀少，各美国女校也在抢生源。1916 年 9 月在抵达旧金山之前，她甚至都不知道德拉瓦女校，然而德拉瓦女校的前校长米勒博士（Dr. Miller）强烈要求当时的留美学生监督黄佐庭将其送往该校，让她做该校的第一个中国女学生先锋。[1] 10 月 8 日的那天晚上，当她抵达费城（Philadelphia）时，该院的院长罗宾逊先生（Dean Robinson）带着一群女生在纽瓦克车站（Newark station）迎接她，这让她惊讶得完全说不出话来，也让她感觉到了温暖舒适。

女生们是出于什么原因选择或者改变了她们所学的专业呢？很多时候，选择某一个专业有多方面的原因。陈衡哲也专门讲了她在瓦萨学院本来选修的是文学专业，但中途改选为历史专业，得益于她的历史学课教授鼓励和引导。陈衡哲刚进入瓦萨学院就读，就在瓦萨学院的校刊《瓦萨每月杂论》（*Vassar Miscellany Monthly*）上发表了一篇名为《中国诗歌一瞥》（"A glimpse of Chinese poetry"）的文章，一时间名声大噪，教她历史的教授也因此关注到陈衡哲，并希望她能用研究法国大革命的研究方法来进一步挖掘和研究中国革命的因素和现象等。[2] 这门历史课是瓦萨学院

---

① "Club News: Women's College of Delaware", *The Chinese Students' Monthly*, Vol. 12, No. 8 (Jun., 1917): 431-432.

② Miss S. H. Chen, "Club News: Vassar", *The Chinese Students' Monthly*, Vol. 12, No. 2 (Dec., 1916): 114.

提供的最精彩和最新的课程之一，或许教授的关注使得陈衡哲逐渐靠近了历史研究。

1921 年留美的桂质良在圣玛利亚女校就读时，最有兴趣的当为文学。彼时，她的母亲期望家中六个孩子能有一个学医，而四个长姐均各有所学，唯一的兄长桂质廷则攻读了物理。桂质良从医算是遵从了母亲的意愿。①

金富军对清华留美生在美期间转换学校与专业做了不少研究，有的是期待能在不同学校转益多师，有的是对学校课程不满意或升学因而转向他校，有的是根据社会发展需求或者是对专业的认识更加深入后，及时调整了自己的专业，如赵元任、胡适、竺可桢等。② 朱孔京对清华前几期留美庚款生在美国高校的专业转换历程也做了考察，强调了"留学生的专业处于不断地变动中"，"既有专业选择和变动的多样性和跨度性，既有学科内部的转移，但更多的是学科间的转移"③，这一史实基本与留美女生群体保持一致。

第二，这批女生在本科毕业以后继续深造者较多（见表 4-10）。根据目前的统计，共有 32 名女生选择了继续攻读硕士乃至博士学位，超过了留美女生的一半人数。在学历构成上，自 1914 年到 1927 年呈现出一个较为明显的现象，即获得学士—硕士—博士学位的人数越来越多。这一现象大体与清华整个留美生现象相同。④ 从整个留学历程可以看出，越到后面，她们的学习领域越多元化，选择实科的女生也越来越多，程度也更高，博士、硕士更多，大多仍为名校毕业。

---

① 张俐旸、叶佳乐：《情可倾心诚尽——记1920届桂质良及其一家两代八人与圣玛利亚女校的缘分》，载徐永初、陈瑾瑜主编《追寻圣玛利亚校友足迹》，同济大学出版社，2014，第 17 页。
② 金富军：《清华大学留学管理研究：1909—1949》，清华大学出版社，2022，第 157—164 页。
③ 朱孔京：《中国近代留学教育比较研究》，中国社会科学出版社，2022，第 159—162 页。
④ 汪一驹：《中国知识分子与西方》，梅寅生译，台湾枫城出版社，1978，第 132 页。

表 4-10 53 名女生攻读硕博士学位及专业情况

留美批次	姓名	学校（专业）		
		本科	硕士	博士
1914	陈衡哲	瓦萨学院 （Vassar Col.） 文学	芝加哥大学 （Chicago Univ.） 历史学	
1916	袁世庄	卫斯理学院 （Wellesley Col.） 历史学	哥伦比亚大学 （Columbia Univ.） 历史学	
	陈翠贞	俄亥俄卫斯理大学 （Ohio Wesleyan） 医学	约翰·霍普金斯大学 （Johns Hopkins） 医学	约翰·霍普金斯大学 （Johns Hopkins） 医学
	蔡秀珠	瓦萨学院 （Vassar Col.） 化学	哥伦比亚大学 （Columbia Univ.） 化学	
	李清廉	密歇根大学 （Michigan Univ.） 医学	密歇根大学 （Michigan Univ.） 医学	密歇根大学 （Michigan Univ.） 医学
	黄桂葆	史密斯学院 （Smith College） 医学	芝加哥大学 （Chicago Univ.） 家政学	芝加哥大学 （Chicago Univ.） 哲学
	梁逸群	芝加哥大学 （Chicago Univ.） 社会学	哥伦比亚大学 （Columbia Univ.） 社会学	
	邝翠娥	曼荷莲学院 （Mount Holyoke） 音乐/文学	康奈尔大学 （Cornell Univ.） 心理学	康奈尔大学 （Cornell Univ.） 医学
	严惠卿	欧柏林学院 （Oberlin Col.） 文学	欧柏林学院 （Oberlin Col.） 医学	欧柏林学院 （Oberlin Col.） 医学
1918	王淑贞	卫斯理学院 （Wellesley College）	芝加哥大学 （Chicago Univ.） 理学	约翰·霍普金斯大学 （Johns Hopkins） 医学
	丁素筠	曼荷莲学院 （Mount Holyoke） 动物学	哥伦比亚大学 （Columbia Univ.） 音乐学	
	杨保康	卫斯理学院 （Wellesley Col.） 教育及植物学	哥伦比亚大学 （Columbia Univ.） 幼稚教育及教育学	

续表

留美批次	姓名	学校（专业）		
		本科	硕士	博士
1918	章金宝	密歇根大学 （Michigan Univ.） 医学		
	朱兰贞	密歇根大学 （Michigan Univ.） 医学	哥伦比亚大学 （Columbia Univ.） 动物学	
1921	王国秀	卫斯理学院 （Wellesley College） 文学	哥伦比亚大学 （Columbia Univ.） 文学/历史学	
	林同曜	伊利诺伊大学 （Illinois Univ.） 生物学	拉德克利夫学院 （Radcliffe Col.） 生物及教育学	
	桂质良	卫斯理学院 （Wellesley Col.） 文学/医学		卫斯理学院 （Wellesley Col.） 医学
	倪徵琮	史密斯学院 （Smith Col.） 文学		康奈尔大学 （Cornell Univ.） 医学
	张继英	密苏里大学 （Missouri Univ.） 新闻学	哥伦比亚大学 （Columbia Univ.） 新闻学	
	陆慎仪	卫斯理学院 （Wellesley Col.） 数理学	康奈尔大学 （Cornell Univ.） 文学	
	黄孝贞	拉德克利夫学院 （Radcliffe Col.） 数理学	拉德克利夫学院 （Radcliffe Col.） 经济学	
	黄倩仪	波士顿音乐学院 （Boston Conservatory） 音乐		哥伦比亚大学 （Columbia Univ.） 教育学
	倪逢吉	史密斯学院 （Smith Col.） 社会学	芝加哥大学 （Chicago Univ.） 社会学	
	颜雅清	史密斯学院 （Smith Col.） 历史学 耶鲁大学 （Yale Univ.） 心理学		

续表

留美批次	姓名	学校（专业）		
		本科	硕士	博士
1923	王志宜	康奈尔大学 （Cornell Univ.） 医学		密歇根大学 （Michigan Univ.） 医学
	朱其廉	纽约朱莉亚音乐学院 （The Juilliard School） 音乐、教育学		
	顾静徽	康奈尔大学 （Cornell Univ.） 数理学	耶鲁大学 （Yale Univ.） 数学	密歇根大学 （Michigan Univ.） 物理学
1925	张纬文	康奈尔大学 （Cornell Univ.） 化学、物理学		
	凌淑浩	西储大学 （Western Reserve Univ.） 医学	西储大学 （Western Reserve Univ.） 医学	
1927	张锦	密歇根大学 （Michigan Univ.） 化学		伊利诺伊大学 （Illinois Univ.） 哲学、化学
	曹简禹	康奈尔大学 （Cornell Univ.） 化学		伊利诺伊大学 （Illinois Univ.） 化学
	龚兰珍	哥伦比亚大学 （Columbia Univ.） 营养学		哥伦比亚大学 （Columbia Univ.） 哲学

以 1921 年赴美的三名女生为例。黄孝贞先入科罗拉多大学就读一年，后经该校女生训导长（Dean of Women）建议，转到哈佛大学拉德克利夫学院。该校学生交际生活少，大多都用功念书。她先后主修数学、统计；1925 年以"特优"的学科成绩，获得学士学位，入选美国大学优等生协会荣誉会员。1926 年再获同校经

济学硕士学位，主修统计学。①

倪徽琮抵美后，先入史密斯学院，首先选择的是文学专业，于 1924 年获得文学学士学位，但 1925 年左右，加入康奈尔大学医科②，"专心致力医学，希望将来在中国医学界上，有所贡献。闻返国之期，约在一九二八年云"③。然而，倪徽琮并没有于 1928 年回国，而是推迟了。据说她获得医药博士学位后，复在纽约、费城等地各大医院实习，1929 年，她"考入美国全国医药学会，领得全美自由行医之证书，为吾国在美留学医界开一新纪元"。1930年，"渡大西洋，往奥京维也纳，专攻儿妇两科，曾在英法德比瑞士等国游历考察"，1931 年才"绕道西比（伯）利亚铁道，启程返国"④。张继英到美国后，先进入俄亥俄州欧柏林学院，一年后转入密苏里大学新闻学院学习二年，取得学士学位后，又赴纽约哥伦比亚大学进修一年，获得新闻学硕士学位。

清华女生对进入别的高等学府继续深造抱有很大期待，可能有一个原因是当时美国的一些女子学院确实做出了较大成就，比如，"瓦萨学院在天文学方面处于领先地位（尤其是在玛丽亚·米切尔（Maria Mitchell）长期担任教授职务期间，她是第一位发现彗星的美国女性），布林莫尔学院在数学和地质学上具有优势，曼荷莲学院则在化学和动物学上享有盛誉。"⑤

---

① 李干：《李黄孝贞夫人行述》；潘秀玲：《访黄孝贞女士谈六十年前投考清华往事》，《传记文学》1981 年第 39 卷第 6 期；北平清华大学：《清华同学录》，国立清华大学校长办公处，第 137 页；《教育杂志》1923 年第 13 卷第 9 号；王惠姬：《中国现代化的推手——以留美实科女生为主的研究（1881—1927）》（上），台湾花木兰文化出版社，2011，第 109 页。

② 有关她的转学信息纷繁复杂，又说她在史密斯学院肄业，于 1923 年夏毕业于康奈尔大学，获得医学博士学位（有可能中途有转学，但获得博士学位，推测不太可能）。见《医药博士倪徽琮女士返国》，《申报》1931 年 4 月 29 日第 16 版。

③ 《海外消息一束》，《天籁》1926 年第 15 卷第 12 期。

④ 《医药博士倪徽琮女士返国》，《申报》1931 年 4 月 29 日第 16 版。

⑤ Linda Eisenmann, "Creating a Framework for Interpreting US Women's Educational-History: Lessens from Historical Lexicography", *History of Education* 30 (2001): 460. 转引自约翰·塞林《美国高等教育史》（第二版），孙益、林伟、刘冬青译，北京大学出版社，2014，第 138—139 页。

另一个女生们去得比较多的是密歇根大学，这得益于 1917 年美国人巴伯在密歇根大学设立了专门针对亚洲女性的巴伯奖学金，对近代女性留学产生了重大的影响。密歇根大学"希望亚洲各国政府能够优先向密大推荐公共卫生、医学和其他职业教育学科的女留学生"①。倪逢吉、顾静徽等后来就读时都获得了巴伯奖学金。

值得一提的是，1914 批和 1916 批两批 20 名留美女生里，一共有 4 名女生在拉伊神学院就读过一年，分别是 1914 批的李凤麟和韩美英以及 1916 批的梁逸群和严惠卿，韩、李二人是进入该校就读的前两名中国女生，但实际上，第三位是此时正就读于该校小学部的颜雅清，她于 1921 年考取清华庚款留美女生。梁、严二人进入该校就读时，颜雅清已在此求学了，因她的父亲颜福庆当时正在波士顿求学。1917 年 4 月，梁逸群作为该校中国学生俱乐部的负责人，向留美中国学生联合会清楚地介绍了这一情况。②

三 适应美国

如果说清华招生将 53 名女生的生命轨迹暂时会聚在一起，使她们此后成为一个为世人所津津乐道的"清华留美专科女生群体"，那么留美生涯便是她们人生选择或更加紧密团结或更加渐行渐远的开始，每个人的人生轨迹自她们踏上美国国土那日起便开始走向不同的方向。

女生们面临的第一个问题是美国社会对华人的种族歧视与区别对待，因为美国并不像她们之前憧憬的那么美好。最大的原因是 20 世纪初的美国也并不安稳，对外战乱纷争颇多，国内又频出社会问题。尤其是 1914 年到 1918 年，正是第一次世界大战期间，1917 年美国参加对德作战，中国也随后加入战争。1921 年颜雅清

---

① 陈雁：《巴伯奖学金与近代中国女性留美：途径、专业与意义》，《妇女研究论丛》2007 年第 5 期。

② Miss Y. K. Liang, "Club News: Rye Seminary", *The Chinese Students' Monthly*, Vol. 12, No. 6 (Apr., 1917): 323.

出国时，美国政府正在筹备华盛顿会议，中国山东问题是会议的核心议题，这些外交问题使她的伯父颜惠庆焦头烂额；再到1925年凌淑浩出国时，美国经济貌似处于繁荣的高点，但很快就股市大跌，经济大萧条了。所以，时局的混乱、中国的弱势地位和美国经济的即将衰退，都给她们的留学造成了一定的影响。弱国无外交的局势显然导致她们到美国后面临的第一个问题即是美国社会对华人的种族歧视。种种迹象显示，或明或隐的种族歧视导致她们在适应美国生活上有着很大的障碍。

美国人对中国的刻板印象早就被陈衡哲以文字表达了出来，如果我们仔细翻阅并细致品读陈衡哲自1915年到1919年发表的作品，就可以看出其时留学生们的地位或许比华人劳工高、物质或许比劳工丰富，但出于知识分子的责任感，在精神上他们可能更为煎熬与矛盾。陈衡哲到达美国后两个月"愤懑"发声，她观察到美国人中仅仅知道中国"为一古国者亦不少"，而大多数人还是认为中国是"一半开化之国"，至于对中国人的印象，则是"一脑垂长尾，卑陋无识之旧金山工人而已"[①]。在她的纪实小说《一日》中，美国同学对中国人的好奇与无知被描述得一览无余，他们围着张姓女同学[②]问：

> "你们在中国也跳舞吗？"
>
> "你们在家吃些什么？有鸡蛋吗？"
>
> "中国人喜欢吃死老鼠，可是真的？"
>
> "中国的房子是怎样的，也有桌子么？中国人吃饭睡觉读书写字都在地上，的确吗？"[③]

---

① 陈衡哲：《致某女士书》，《留美学生季报》1915年第2卷第1期。
② 当时在瓦萨学院就读的女生只有两个，即陈衡哲和杨毓英，二人皆为清华首批留美女生。这位"张姓女同学"，有可能就是她俩的化身。
③ 陈衡哲：《记实小说：一日》，《留美学生季报》1917年第4卷第2期。

当陈衡哲携友人去卡兹奇山脉旅游时，亦曾要不断回应村民们对她为何来美国的质询，并认为她是"教会所遣送者"，因为美国民间普遍认为中国留学生是传教士们"做好事之间接成绩品也"，这让陈衡哲慨叹"此耻吾国人将何以雪之？"[①] 在异国他乡受到他人的歧视与刺激，陈衡哲内心有没有过对自己赴美国求学选择的追问？或许，她也曾借美国同学之口探寻过自己的内心，"你没有看见此地的中国学生吗？他们离家去国来到此地，却是为着什么呢？"[②]

11 年后，前往美国西储大学留学的凌淑浩，最开始的遭遇与陈衡哲非常类似：

> 第一天上课时，她觉察到同学们都在偷偷地打量她。他们取笑她，总是管她叫"小姑娘"，这些她都忍了。但好几个星期以来，她不明白他们为什么总是盯着她的脚看。最后，她才弄清楚，原来他们以为她缠过足，想象在她平常的黑皮鞋下是一双有着异国情调的畸形的小脚。……一天下课后，她坐到实验室前面的桌子上，在同学们好奇的注视下，踢掉鞋子，脱下袜子，把脚露出来，宣布说："看吧，我的脚好好的，脚尖没有变形。我可不是小脚女人。"[③]

在凌淑浩的叙述语境中，她自动将自己与中国的"小脚女人"区分开来，就像她小时候将自己的形象塑造与传统女性形象割裂开来一样，或许也和陈衡哲不断对美国友人们重申她是考来"读书"的而不是被传教士带过来的一样，此时，她们在有形无形的文化歧视中，学会了暂时性地接受与妥协，并试图让美国人改变

---

① 陈衡哲：《记新大陆之村中生活》，《妇女杂志（上海）》1918 年第 4 卷第 3 期。

② 陈衡哲：《记实小说：一日》，《留美学生季报》1917 年第 4 卷第 2 期。

③ 魏淑凌：《家国梦影：凌叔华与凌淑浩》，张林杰译，百花文艺出版社，2008，第 172 页。

看法。然而，或许她们可以短暂地选择视而不见，但美国人对中国人的种族歧视一直如影相随，这条交织着种族、阶级与性别的鄙视链一直存在于她们的留美求学生活里。当然，颜雅清的情况应该相对好点，毕竟她有显赫家族庇护，伯父颜惠庆在中国政坛担任高官，其父颜福庆当时又与她一同在美国深造，早前他们留美深造时也早结关系网，而且颜福庆还算是当时比较著名的中西医学文化传播者。

在对美国当地华工的态度上，叶维丽认为陈衡哲把自己看作"上等人"，并且毫不掩饰对当地华人的鄙视。[①] 无独有偶，魏淑凌也对凌淑浩有过类似的评价。但笔者以为有三点也许能解释二人当时的矛盾心理：第一，多年来美国精神对她们的熏陶不会是一下就可以消弭的，她们仍然对美国社会抱有基本的信任；第二，中国几千年的等级观念塑造了她们"万般皆下品，惟有读书高"的阶层认知，到了美国后这一观念促使她们与普通华工理所当然地区分开来；第三，与当地华工同为中国人的种族认知又让她们有着"物伤其类"的感怀，既愤怒于美国人对中国人的歧视又不满于劳工阶层的安于现状。

女生们面临的第二个问题，则是美国女性的真实社会地位和女生们内心尊崇的美国女性伟岸形象与高贵地位让她们有了强烈的心理落差。20世纪初，中国舆论界大多以独立自主的美国女性形象作为榜样来刺激中国女性奋发向上，但实际上当时大部分美国女性的生活仍取决于她们所从属男性（父或夫）的社会地位。这一事实使得女生们有了想象与现实之间的巨大落差。陈衡哲因此特别敏感于对中美女性的地位等进行对比，尤其致力于挖掘美国女性教育发展的历史原因，并试图破除国人对美国女性解放的迷思，如1915年她翻译丁懋英所写的《来因女士小传》时，感叹

---

① 见叶维丽《为中国寻找现代之路：中国留学生在美国（1900—1927）》（第二版），周子平译，北京大学出版社，2017，第103—104页。

国人"以美国女子为天之骄子，而以吾国女子之失学无术为男子之罪，又孰知百年前美国女学之情状有如彼乎"[①]。

伴随着"美国梦"一定程度上的破碎，她们还有着环境上的不适、学业上的高压以及生活中的孤寂。不过，事实证明，在国外，姑娘们找到了有效缓解不适的途径。而且，她们除了用心读书，学习当时的各类科学新知以外，也把握机会体验美国文化与生活，参与课外活动，包括校园内外的学习，如校园内的社团、学生会、中国同学会、基督教诸多事务，还利用假期访友、郊游旅行，以及打工、谈恋爱等，生活多姿多彩。笔者将在后文从以下几个方面分别描述她们的专业学习情况，以及她们是如何度过闲暇时光的。

第三节　专业学习

目前的史料中，这一部分留存下来的并不多见。前文说到，尽管在出国留美前，清华与每位女生都签订了协议，女生们都纷纷承诺为守"专科"之名，在美国大学就读时，将不再调整专业与学科。然而，事实上，因为此前对美国大学所设置专业的了解受限，再加上其他一些客观或者个体原因，不少女生在进入大学就读后，有的就申请了转专业或者转学校，因此，这也给笔者收集她们的域外资料带来了一定的困难。从目前得到的史料中，可以推断她们的大学生活有如下几个特征。

一　课业任务繁重，专业知识丰富

在美国大学里跟随本土学生一起学习，明显需要付出双倍努力。当时美国大学的学时分配一般是"三学期制"（Trimester），

---

① 陈衡哲：《来因女士小传》，《留美学生季报》1915 年第 2 卷第 3 期。

一个学年分为秋季、冬季和春季三个学期，每个学期平均为10—12周的时间。第一个学期为秋季学期，是从秋天到圣诞节前（9月中旬到12月中上旬），第二个学期是从圣诞节后到复活节（一般元旦过后到4月中下旬），第三个学期是从复活节后到毕业典礼时（4月下旬到6月中下旬），7—8月是暑假，这比在国内大学的学习挑战性要更大。再加上美国大学活动多、竞赛多，而且男女同校的综合性大学又是不论性别与知识程度而平等竞争的，女生们的压力显然更大。比如康奈尔俱乐部通讯员就曾写信向留美中国学生联合会汇报，谓期末为准备考试与竞赛，不能按照常规约定每月向学生会汇报情况。[①]

在整理中发现，音乐专业是这批女生中坚持得比较久的专业，几乎每一批女生中都有人为此奉献了一生，甚至还有女生学成归国后，仍然觉得自己需要再次赴美学习，则再度赴美潜心学习。比如，1914年第一批出国的王瑞娴，1914—1916年在卫斯理学院就读，是当时4名中国学生（包括宋美龄）之一。1916年夏天，她学成归国后仅回中国做了短暂停留，便再次赴美留学。王瑞娴肄业于新英格兰音乐学院（NEC）（时间：1916年秋季至1919年春季，1921年秋季至1923年2月）并获"钢琴演奏家文凭"。因此，下文拟以王瑞娴在美国就读时所学习的专业课程为例进行分析，并以其在新英格兰音乐学院陆续近8年留学所研习过的课程为例（见表4-11），管中窥豹，大致了解这些专科女生中选修音乐专业的女孩们在国外的修学历程。[②]

---

① "Club News：Cornell"，*The Chinese Students' Monthly*，Vol. 13，No. 4（Feb.，1918）：237.

② 这一部分的课程信息所有原始资料由马思琚（王瑞娴的女婿——小提琴家马思宏的胞姐）先生的女儿汪镇美女士（现居美国费城）提供。这些宝贵材料是应汪镇美女士的要求，新英格兰音乐学院的毕业生事务主管 Cheryl Weber 提供给王瑞娴的外孙 Ted Wong，再由他转交汪镇美女士的。转引自李岩《千虑一失——萧友梅音乐教科书的缺憾》，《人民音乐》2012年第3期。

表 4-11　王瑞娴在新英格兰音乐学院的课程表

学期	课程	主课教师
第一学期 （1916 年 9 月— 1917 年 2 月） 至第二学期 （1917 年 2 月— 1917 年 6 月）	钢琴	Lee M. Pattison
	视唱练耳	Samuel W. Cole
	和声	William B. Tyler, Harry N. Redman
	英语	Elizabeth Samuel
	舞台仪表（Stage Deportment）	Clayton D. Gilbert
	声乐钢琴伴奏	H. S. Wilder
1918 年第一 与第二学期	钢琴	Lee M. Pattison, Richard E. Stevens[①]
	和声	
	对位法	Arthur Shepherd
	音乐理论	Louis C. Elson
	声乐钢琴伴奏	H. S. Wilder
1919 年第一 与第二学期	钢琴	Richard E. Stevens
	和声与作品分析	Harry N. Redman
	室内乐合奏	Joseph Adamowski
	舞蹈	Madame Betti Muschietto
	器乐钢琴伴奏	Wallace Goodrich
1921 年第一学期	公共学校音乐 （Public School Music）	Samuel W. Cole
	对位法	Frederick S. Converse
	演讲技巧（Voice Lecture）	Clarence B. Shirley
1922 年第二学期	钢琴	Louis Cornell
	心理学	Elizabeth Samuel
	对位法	Frederick S. Converse
	公共学校音乐	Samuel W. Cole
	高中管弦乐队指挥	Francis Findlay
	作曲	Frederick S. Converse[②]
1923 年第一学期 （即 1922 年秋季至 1923 年 2 月）	钢琴	Clayton Johns
	高中管弦乐队指挥	Francis Findlay
	室内乐合奏	Joseph Adamowski
	定音鼓	F. U. Russell
	小提琴	Roland Reasoner

注：①继续和 Lee M. Pattison 学习，第二学期加一教师 Richard E. Stevens。
②1922 年夏季，和 Frederick S. Converse 学习作曲。

上述课程五花八门，包括音乐技能、舞台仪表、心理学、声乐钢琴伴奏、高中管弦乐队指挥甚至演讲技巧等，可说从理论到实践兼备，这为王瑞娴日后成为一名优秀的教师奠定了坚实的基础。

1925 年，《清华周刊》曾刊登过当时就读于康奈尔大学的几名专科女生在美国大学学习情况，我们可以借此管窥她们的学习生活情况：

> 朱其廉：女士正课之外，兼习音乐，既忙学琴，更忙交游，自晨至暮，不在教室，则在练习室，不在图书馆，则在客厅，不在客厅，则在……，晨出房门，夜深后进去，饭前饭后，直奔顾小姐房内（因朱小姐住四层楼），朱小姐之忙可想而知。
>
> 顾静徽：顾小姐想学物理不用多少脑筋，不过到用仪器时，必定要搬椅子（因为身材太小）。
>
> 王志宜：王小姐一面学洋话一面学上海话，现在双方并进，她已会说"侬个人交关怀来西"了。
>
> 倪徵琮：倪小姐是一位候补医学博士，现在正是一天到晚熟读 Gray's Auatomy（《格雷解剖学》）①，死人皮剥得十分有趣。
>
> 陆慎仪：陆小姐现在研究光学，终日坐暗室中不倦，配置仪器时，学做铜匠木匠。②

可以发现，课业任务繁重，是美国大学的常态，而且规矩森严。这些女生们在专业学习上必须非常认真。而且，因为在美国读书的中国女生非常少，所以她们特别容易引起美国教育界的关注。比如，1916 批蔡秀珠所学的专业是化学，她在德拉瓦女校就读时，因为是唯一的中国学生，被视为当时"学院的宠儿（pet of

---

① 一本人体解剖学参考书，Henry Gray 撰写，首次出版于 1858 年，被誉为"医生的圣经"。
② 佚名：《康奈尔清华同学个人新闻》，《清华周刊》1925 年第 349 期。

the college）"，所以但凡有人来学校参观，都会对她这个中国小女孩表现出好奇与关注。有一次，一群州议员来参观该女校，他们甚至专程观摩了她是怎么在化学实验室做实验的。[①] 几乎每一位在《中国留美学生月报》上发表了文字的女生，都会强调她们受到了美国人好奇的注视，成为他们的老师和同学行注目礼的对象。

不过，在繁重的学习任务下，女生们仍然能从中找到乐子。比如，曼荷莲学院的校规规定，每天晚上 10 点钟寝室必须准时熄灯，但校规又允许每个学期有六次的"sit-ups"，所谓"sit-ups"，是专门给那些在考试周要熬夜复习的同学准备的，这六个晚上，随你熬夜到何时，学校都不熄灯。首批女生韩美英曾俏皮地表示，女生们非常珍惜这六次"sit-ups"，她们往往舍不得在考试周来使用这种特权，而是特地要利用这几个机会来"熬夜读小说、写信以及开展寝室夜话（原文为 fudge，即'八卦'）"[②]。而且，有时候，她们还得一边学习一边应对周遭环境，不管是校园环境还是教室环境。比如，1918 年 12 月，陈衡哲向留美中国学生联合会报告她和杨毓英、蔡秀珠的近况时，就俏皮地谈到她们正在瓦萨学院主楼以"War Work"的心态进行学习，尤其是她和杨毓英两个毕业生正争分夺秒抢占时间和精力度过她们的最后一年。由于瓦萨学院 1917 年曾遭遇火灾，这栋楼当时正在维修中，陈衡哲诙谐地笑称，"我们生活在圆木、凿子、软石膏和硬砖、新油漆等令人愉快的陪伴中！"[③]

二　教授严格要求，各类考试繁多

当时美国大学里，"学生最要之事有二，一曰学课，二曰试验

① "Club News: Women's College of Delaware", *The Chinese Students' Monthly*, Vol. 12, No. 8（Jun., 1917）: 431-432.

② Miss M. I. Han, "Club News: Mt Holyoke", *The Chinese Students' Monthly*, Vol. 12, No. 6（Apr., 1917）: 321.

③ Sophia H. Chen, "Club News: Vassar College", *The Chinese Students' Monthly*, Vol. 14, No. 2（Dec., 1918）: 140.

（考试）"①。与国内学校的考试相比，美国学校考试会更加频繁，可见学校对学习抓得很紧，所以学生丝毫不能放松。

顾静徽曾专门撰文介绍过康奈尔大学的概况，其中谈到康奈尔大学及教授时，她是这样说的：

> 大学教授，皆当代硕学。其次有助教。教授演讲，助教复习。复习时间，分全级学生为若干组。每组人数不多，问答易于普偏。实科教学注重应用。种种学理，经实验而益明了，且易记忆。
>
> 一般教授，富有责任心，我来校一年，未尝遇教授缺席者。凡学生请假，其所缺之课，皆须补足。日课由教授指定，课外自习，进行甚速，未可稍纵。考查成绩，每周有课卷，每月有月考，学期之终，则有大考，以成绩不佳而勒令退学者，每学期辄二三百人。故学生战战兢兢，莫敢游惰。且学期之中，假日甚少。即立校纪念，亦不过停课一时，校长演讲，学生唱歌而已。
>
> 高级学生，功课任选。但必得顾问（advisor）之同意。一切表格，经其签字，方能有效，学期之中（mid-term），学生成绩，由各教授报告顾问，由顾问通知学生。勉励警策，颇为得力。②

从顾静徽反馈回来的信息可以发现，确实教授很负责任，要求也很严格，而考试众多，学生更不敢放松。

王惠姬考察了几位实科女生的论文和学位情况。顾静徽的博士论文名称为"The Absorption Spectrum of Chlorine Dioxide and In-

---

① 胡光廌：《美国学校试验自治法》，《清华周刊》1915 年第 54 期。
② 顾静徽：《康奈尔大学概况》，《江苏省立第二女子师范学校校友会丛刊》1925 年第 18 期。

tensity Distribution in a Band System of Symmetrical Triatomic Mole-cules"，刊载在 1933 年《物理学评论》第 44 卷。[①] 曹简禹的论文是有关通挫第三级丁基乙烯的四角型重新排列研究，原文题目为"The Rearrangement of the Plyines. Tetra- Biphenyl-di-Tetiary-ButyI-Et hinylethane"[②]。这样一些学术论文的写作，奠定了她们日后教学及研究广泛的基础。同样在哥伦比亚大学主修营养学并于 1932 年获哲学博士的龚兰珍，论文研究有关某些补血产品对身体铁质的影响，题目名称为"The influence of some nutrients on hemoglobin production and the iron content of the body"[③]。张锦在 1927—1930 年克服各种困难，以优异成绩在密歇根大学取得化学学士学位。随后，又到伊利诺伊大学，师从久负盛名的有机化学家罗杰·亚当斯（Roger Adams）教授，攻读博士学位，并于 1933 年取得博士学位，年仅 23 岁。她的学习成绩全优，学位论文也极其优秀。论文是有关苯的立体化学研究，题目为"Stereochemistry of Dipyrryl and Dipyrryl-Benzenes"[④]。实际上，她也是在我国化学领域内较早获得博士学位的女性之一。当年中国女性取得博士学位的，在各个学科领域都寥寥无几。

三　女生们所获成绩与荣誉

学习的高压并没有难倒这些女生，她们确实在国外的学业上有所成就。在学业追求上，她们往往"得大学教授之赞许"[⑤]，并

---

① Tung-li Yuan, Compiled, 1961, p.134, 转引自王惠姬《中国现代化的推手——以留美实科女生为主的研究（1881—1927）》（上），台湾花木兰文化出版社，2011，第 112 页。

② 王惠姬：《中国现代化的推手——以留美实科女生为主的研究（1881—1927）》（上），台湾花木兰文化出版社，2011，第 119 页。

③ 王惠姬：《中国现代化的推手——以留美实科女生为主的研究（1881—1927）》（上），台湾花木兰文化出版社，2011，第 144 页。

④ 王惠姬：《中国现代化的推手——以留美实科女生为主的研究（1881—1927）》（上），台湾花木兰文化出版社，2011，第 119 页。

⑤ 庄俞、贺圣鼎：《最近三十五年之中国教育》，商务印书馆，1931，第 203 页。

且"成绩甚高、得优誉者亦不少"①。典型的如陈衡哲，1919 年 5 月她在芝加哥大学研究院荣获美国大学优等生协会荣誉，该校仅有 28 名学生荣登荣誉榜。② 芝加哥大学向她提供了 1919—1920 年为期一年的奖学金③，用于攻读研究生。

据 1917 年 2 月的《中国留美学生月报》记载，1916 批的陈翠贞和李清廉在就读预科学校阿包学院一个学期后就上了该校的期末成绩荣誉榜，而且是处于第一名的好成绩。④ 很明显，两位女生学业上的成就也鼓舞了留美中国学生，他们欢呼这是了不起的成就。从阿包学院毕业后，陈翠贞和李清廉去了美国中西部（Mid-west）⑤ 的两个学校。1918 年 11 月的月报显示，黄桂葆的主要兴趣集中在科学研究上，因为她正在为她在其他地方将要学习的公共卫生课程做准备。⑥ 1921 年 3 月，《中国留美学生月报》显示，哥伦比亚大学的梁逸群与布林莫尔（Bryn Mawr）大学的唐玉瑞，以及另一位女生 Susan Yipsang（Columbia）当选为美国社会学学会（the American Sociological Society）会员。⑦ 这在当时是一个比较大的荣誉。

1921 批的王国秀，1925 年从卫斯理学院毕业后就读于哥伦比亚大学政治学院历史专业，被同学誉为"比我们大多数人都学习得更多"⑧。

---

① 《清华女同学》，《清华周刊》1922 年第 261 期。

② "Personal News", *The Chinese Students' Monthly*, Vol. 14, No. 6（Apr., 1919）: 403.

③ "Personal News", *The Chinese Students' Monthly*, Vol. 14, No. 7（May., 1919）: 455.

④ Chichuan Yu, "Club News: Andover", *The Chinese Students' Monthly*, Vol. 12, No. 4（Feb. 1917）: 219; "Club News: Andover", *The Chinese Students' Monthly*, Vol. 12, No. 8（Jun., 1917）: 430.

⑤ "Essay Competitions", *The Chinese Students' Monthly*, Vol. 13, No. 1（Nov., 1917）: 18.

⑥ Miss W. T. Zung, "Club News: Smith", *The Chinese Students' Monthly*, Vol. 14, No. 1（Nov., 1918）: 67.

⑦ "Personal News", *The Chinese Students' Monthly*, Vol. 16, No. 5（Mar., 1921）: 401.

⑧ "Personal News", *The Chinese Students' Monthly*, Vol. 21, No. 3（Jan., 1926）: 74.

1921 批的桂质良也于 1925 年获得了和陈衡哲一样的美国大学优等生协会荣誉，并考入美国约翰·霍普金斯大学继续深造，开始学习精神病学，到 1929 年毕业时获得医学博士学位。1922 年 2 月，《中国留美学生月报》显示，王淑贞从芝加哥大学作为荣誉毕业生毕业后，也获得了美国大学优等生协会荣誉，在约翰·霍普金斯大学攻读医学。[①]

凌淑浩

图片来源：《今夏在美国得医博士学位之凌淑浩女士》，《北洋画报》1928 年第 250 期。

第四节　校园生活

本节拟从以下几个方面分别描述她们是如何度过闲暇时光的：一是参加留美中国学生联合会一年一度的年会并担任要职；二是负责学生会两种刊物的编辑或者撰文写作工作；三是成为留美中国学生联合会设置在美国各高校的学生俱乐部的管理者兼成员；四是

---

① "Personal News", *The Chinese Students' Monthly*, Vol. 17, No. 4 (Feb., 1922): 347.

加入学校社团活动、利用假期打工或者旅游或者与他人联谊、交友与恋爱。

一　成为留美中国学生联合会①的会员

20 世纪初，随着留美中国学生数量的不断增加，学生们开始有了建立留美学生会社团组织的设想，于是他们相继成立了中西部联盟、东部联盟和西部联盟三个社团。自此，留美中国学生联合会由三个拥有各自章程和组织的部门组成，均接受总会的协调和组织。为方便留学生之间沟通交流，留美中国学生联合会总会规定三个分部一年一度定期召开年会。随后，东美学生联合会发起创办了《中国留美学生月报》（以下简称《月报》），成立后，《月报》上升为总会的机关报，编辑和发行日益完善。

按照功能和层级属性，留美中国学生联合会一共设置有三个形式上的组织机构，一是总部设置了一个联盟委员会，下设东部、中西部和西部三个分会，各分会均形成一个小组织机构，三个地区的分会以每年举办暑期年会（the summer conferences）为活动形式，进行为期一个星期左右的聚会，给散落全美的中国留学生提供交流机会。二是总部在美国各个地区分别设置了本地俱乐部（local clubs），如果某高校内就读的中国学生较多，那么该地俱乐部会以这个学校为中心形成；如果某地区的中国学生较少，那么

---

① 该会的英文全称为 Chinese Students'Alliance in the United States，当前学界的翻译并没有完全统一，有的翻译成"美国中国学生联盟/联合会"，或"留美中国学生会"，或"中国留美学生联合/联盟会"等。张睦楚的书以及文章中，均翻译为"留美中国学生联合会"。究其原因，在民国时期的各种史料中，该会的翻译也比较多样，没有统一。以该会自己出版发行的中文期刊《留美学生季报》为例，该刊物对该会的指称也因编辑撰稿时的翻译不同而各异，如"留美学生联会""留美中国学生会""中国留美学生总会"等也是混用的，见《留美学生联合会合影》，《留美学生季报》1914 年第 1 卷春期；《留美中国学生会职员》，《留美学生季报》1916 年第 3 卷第 2 期；《中国留美学生总会职员摄影》，《留美学生季报》1920 年第 7 卷第 2 期。考虑到张睦楚的研究为学界在这一领域的最新成果，本书从张著。

该地俱乐部则由这个地区几所学校联合形成。每个本地俱乐部也形成一个领导机构，有主席、秘书、会计等，每个俱乐部设置通讯员，通讯员需每月将俱乐部的情况写成短讯，向总部报告。三是联合会有两大报刊载体以及一个留美中国学生名录，定期更新。两大报刊，一是英文报刊（《月报》），一是中文报刊（《留美学生季报》）。《月报》是联合会的官方杂志，也是身在美国的中国留学生们的代表性杂志。《月报》每年 11 月至次年 6 月每月出版一期。

　　1914 年 6 月清华刚宣布第一届留美女生的名单，留美中国学生联合会就兴奋地告知全体留美学生这一消息，并酝酿着要迅速招收她们为会员，因为当时留美女生数量极少。待 9 月初这批女生刚踏上美国国土，留美中国学生联合会就直接强调："欢迎参加我们的活动。留美中国学生联合会随时准备接受你们成为会员，并向你们提供特权。"① 不过，尽管该会如此热情，但囿于通信、地域等客观情况，首批女生加入留美中国学生联合会已是 1915 年 9 月以后的事情了。目前能查到的是 1916 年 2 月，韩美英和李凤麟最早成为会员。② 随即，韩美英成为曼荷莲学院中国学生俱乐部的通讯员，1916 年 5 月，李凤麟在 1913 年成立的清华留美同学会中担任书记③，汤蔼林当选为当届清华留美同学会副会长④。

　　首批女生进入联合会任职，大约始自 1916 年 8 月，也即是她们本科一年级的暑假期间。最先在联合会任职的是陈衡哲，1916 年暑假在美国东部留美学生夏令年会上，她被选为 1916—1917 年度东部分会的中文秘书⑤，一年后，林荀接替了她的职位，成为

---

① "Welcome", *The Chinese Students' Monthly*, Vol. 10, No. 1（Oct., 1914）：6.

② "47 New Members Admitted", *The Chinese Students' Monthly*, Vol. 11, No. 4（Feb., 1916）：365.

③ 时：《清华留美同学会近讯》，《清华周刊》1916 年第 75 期。

④ 李遄：《东部留美学生夏令会之清华学生》，《清华周刊》1916 年第 91 期。

⑤ 李遄：《东部留美学生夏令会中之清华学生》，《清华周刊》1916 年第 91 期；又见 "Officers of the Eastern Section 1916-1917", *The Chinese Students' Monthly*, Vol. 12, No. 3（Jan., 1917）：183。

1917—1918 年度东部分会的中文秘书[①]。1918 年 11 月留美中国学生联合会宣布当年委员会名单时，周淑安被推选为联盟委员会东部分会十名委员中的唯一一位女委员，陈衡哲是东部分会的副主席[②]，两人分工各有不同，周负责协调管理工作，陈负责具体事务工作。不过，委员的流动性极大，到 1918—1919 年度，尽管周淑安也作为候选议员被提名参加了当年的委员会执行干事选举一事，但可能考虑到她已是本科第四年度，最终落选。[③] 韩美英、陈衡哲与张端珍的工作应该较为出色，因为她们三个受到了联合会主席的公开感谢。[④]

二　参加联合会一年一度的年会

1914 批清华女生留学美国时，留美中国学生联合会的建制已经趋于成熟，到 1914 年夏季，学生会员人数更是达到了 1300 名之多。[⑤] 每年夏天，留美中国学生联合会都会组织中国留学生在美国的东、中、西部分别举行一次年会。年会对女生们尤其友好，她们总是作为"会议嘉宾"而参与[⑥]，这意味着她们不需要缴费。在年会上，各个学校的留学生有机会结交新朋友，并巩固旧友谊；也有机会就他们在美国的经历和中国的时事交换意见；有机会讨论他们未来职业发展中的种种问题；还会在体育比赛、演讲和辩论

①　"Officers of the Eastern Section", *The Chinese Students' Monthly*, Vol. 13, No. 1 (Nov., 1917): 53.

②　"The Alliance Council", *The Chinese Students' Monthly*, Vol. 14, No. 1 (Nov., 1918): 43.

③　"Election Committee: To the Secretary of the Chinese Students' Alliance", *The Chinese Students' Monthly*, Vol. 14, No. 2 (Dec., 1918): 123–125.

④　"A Most Cordial Welcome New Members of Eastern Section", *The Chinese Students' Monthly*, Vol. 13, No. 5 (Mar., 1918): 287.

⑤　张睦楚：《留美中国学生联合会史》，西南大学出版社，2023，第 65 页。

⑥　"Seventh Annual Conference of the Mid-West Section", *The Chinese Students' Monthly*, Vol. 11, No. 8 (Jun., 1916): 598.

大战中展开友好的竞争。① 自创办以来，每年一次的年会越来越受欢迎，也越来越在留美中国学生的假期生活中占据了重要地位，尤其是对于人数更少的女性同胞而言，这一组织会更为实用。实际上，留美中国学生联合会就如同这些女生在异国他乡的一个非正式组织，正是因为有这个组织，留美女生们在美国的生活才不会那么单调乏味。

参加留美中国学生联合会一年一度的年会，是留美学生暑假生活中最为重要的事情之一。首先是留美中国学生联合会一般会在每年的 6 月份向各分散在美国的中国学生俱乐部（某区域或某高校）的主席发送需要提供完整信息的申请表和通知单，同一时间，组织方会把大会的具体信息如时间、地点等公布在 6 月份发行的《月报》（一般是当年的第 8 期）上。所有去参加年会的会员需要自己负责往返火车票以及交少量的注册费。一般而言，大会对女留学生免费，并以"特邀嘉宾"的身份邀请她们。②

留美中国学生联合会各个分会的年会，一般会持续一个星期左右。从历次会议的议程安排上来看，第一天的上午，一般是"Platform speeches"（平台演讲）时间，组委会特地邀请一些在美的中国政界、学界、教育界的名人以及当地承办学校的校长或著名学者前来开展主旨演讲，同时，立即开展学生为主体参加的"Open Forum meetings"（开放论坛会议），给一些学生演讲机会。下午则会安排一些娱乐活动和体育比赛活动，以及安排当地的视察旅行。晚上的时间则用于学生们的社交娱乐和文学竞赛。

1916 年 8 月，东美学生联合会第十二届年会在美国马萨诸塞州的安多弗（Andover）召开，一共有 200 名留美中国学生参加，

① "Summer Conferences", *The Chinese Students' Monthly*, Vol. 10, No. 2（Nov., 1914）：30.
② 1917 年因为战争的缘故，在会费的收取上也有些许调整。当年的东部地区会费，女生就不再免费，而是收取了 5 美元。见 "Summer Conference of the Eastern Section", *The Chinese Students' Monthly*, Vol. 12, No. 8（Jun., 1917）：389.

其中有 40 名女生。较之以往，此次女生人数最多，因此这次年会组织者在汇报时不无自豪。目前可以确证的是陈衡哲、张端珍、林荀三人参加了东美学生联合会的年会，此时，她们刚结束本科一年级的学习生活。陈衡哲参加了关于中国如何开展国防和政治重建（national defense and political reconstruction）的国语演说竞赛，并获得了二等奖。[①] 陈衡哲的文学与历史才能此时已经有所展露，并且在她奔赴年会的路上，就受到康奈尔大学学生俱乐部的邀请，与另一位来自耶鲁大学的 C. T. Kwei 先生分别给他们做了演讲。[②]

此外，在年会举办的运动会上，张端珍[③]因为专习体育，和林荀等人积极参加并取得了不少好成绩。张端珍在"倍司球掷远"中获得第一名，在"穿针竞走"中获得第三名，林荀在"匙蛋竞走"中获得第三名。[④] 张端珍还在 1917 年 7 月积极参加东美中国学生会（即东美学生联合会）第十三次年会的运动会，并在"穿针赛跑"和"蕃芋赛跑"两个项目中分别获得了第一名和第三名。[⑤] 可见这批女生在留美生活中，并没有仅仅拘泥于书本学习，而是如同其他男生一样，文武张弛，努力在多方面发展自身的能力。

1919 年 8 月 19 日到 8 月 21 日的徐志摩日记里，记录了那几天位于纽约州衣色加（Ithaca）的康奈尔大学校园里的一次全体中国留学生聚会，题为《衣色加中国学生大会》，其中提到"今年在衣色

---

① "The Twelfth AnnualConference of the Eastern Section", *The Chinese Students' Monthly*, Vol. 12, No. 1 (Nov., 1916): 48.

② "Club News: Cornell", *The Chinese Students' Monthly*, Vol. 12, No. 1 (Nov., 1916): 60.

③ 清华文库显示张端珍所获学位为文科学士，但据《清华周刊》统计资料，其于 1914 年抵美后直入卫斯理学院，"习体育专科"，并于 1919 年在卫斯理学院获得体育硕士学位。详见逸《清华女同学》，《清华周刊》1922 年第 261 期；以及《游美学生方面》，《清华周刊》1921 年纪念号。

④ 胡博渊：《东美中国学生年会纪事》，《留美学生季报》1916 年第 3 卷第 1 期。

⑤ 林荀：《东美中国学生会第十三次年会记略》，《留美学生季报》1918 年第 5 卷第 1 期。

加总共有十位中国小姐：两邝，两杨，容，丁，两刘，袁，吴"①。

> 两位邝，一位湖北刘，住得一起。刘是矮、小、黑，走路是摇头摆脑；说话是倾江倒海。但是爽快甘（干）脆，一洗沾濡的旧腔。大邝 TN 不偏不随，最为中庸，身材合式，颜色中上。和蔼待人，丝毫没有造作的痕迹，可又温润而不枯塞。平均分数，我算他最多。……因为他们出来已经四年，闻见得也多，经历得也多，从前扭捏的丑态，自然冲和了不少。②

这位"湖北刘"，推断可能是湖北黄陂的刘华采，她也是 1916 批的，其时正在康奈尔大学就读。大邝为邝翠娥。

接下来，徐志摩的日记里谈到杨保康：

> 现在讲到了我们的大本营，就是杨监学先生的统辖地。这勃拉恩党，除开党魁老杨外，是他的侄女保康，吴，袁及丁。保康直直落落，本来也不至于讨厌，无如受了他③姑母的影响，连着中国女人通有的劣性（后天的），结晶成了一股奇形怪相。说他笨，倒不是笨；说他傻，也不是傻，总之是毒气太深，仅止过欠。④

紧接着，徐志摩又肆意评价了胡卓、袁世庄、丁素筠等人。

---

① 徐志摩、潘倩：《徐志摩翰墨辑珍》第 2 卷《留美日记》，中央编译出版社，2014，第 87 页。

② 徐志摩、潘倩：《徐志摩翰墨辑珍》第 2 卷《留美日记》，中央编译出版社，2014，第 89 页。

③ 刘半农提出"她"字的使用，并得到广泛认可，在 1920 年以后。故此时，徐志摩仍以"他"来指称。

④ 徐志摩、潘倩：《徐志摩翰墨辑珍》第 2 卷《留美日记》，中央编译出版社，2014，第 89—90 页。

但是最不可救药，最可怜的是胡女士。原来先天生的丑，又不学好，简直弄得如螃蟹一样，我也不好意思来过分刻画他，一言以蔽之——可怜！

袁小姐是系出名门（袁希涛女），渊源家学，我想他才出来的时候，一定是拘谨得狠（很），就是现在也还看得出来。说他颜色，是中人之姿。但是一种娇羞朴敕之气，夹着诚恳有礼的表情，颇动人的怜敬之心。身体好像非常孱弱，也是缺点。

山东丁素筠可算鹤立鸡群，假如就容貌而论。（英文句调）性情也温良和蔼，说话喜孜孜的讨人欢喜（就是握手，也至至诚诚，动你使劲一捻，你自然觉得一种快感。同样比如与湖北刘等握手，冷冰冰的生哈哈的松来些的微微一搭，我倒觉得还是免握来得亲近些）。身体硕美，颜色红润，不比得其余那一群的黄脸姑娘，我也给他一个四字评：叫做丰、腴、妩、媚。每回我见了丁大姑娘，无论讲一句话，讲十句话，总是甜蜜蜜的，耐人寻味。那天高华问我一个极笨然而很有意思的问题：他说假如这一群姑娘里面，随你选一位做正宫娘娘，你要谁？我直截痛快的回答，说我要丁姑娘，第一就为他身体强壮。其次莫如大邝，不失为一贤内助。[1]

因为徐志摩与 1918 年留美女生同日同船赴美留学，他对这批女生的印象可能始自船上，他曾留下了《留美日记》（1919 年部分）。日记中出现了不少 1918 年留美女生的名字和身影，从徐志摩略带辛辣嘲讽的笔端可知，似乎对她们几乎都印象不佳且多有讽刺，但这很可能是对她们赴美留学期间比较罕见的闲暇生活的描述，因此，笔者特意将这些言论罗列出来，对照一观，以期对这些女生的群体形象有一个全面考察。

---

① 徐志摩、潘倩：《徐志摩翰墨辑珍》第 2 卷《留美日记》，中央编译出版社，2014，第 90—91 页。

需要直言的是，徐志摩此番评论，既带有男性色彩的凝视，也带有一种男性偏见，尤其是对于这些女性，他关注的并不是她们的真实才学与性情，而是仅仅以相貌、身段论之，不可不谓此段史料之遗憾。用他自己的话来说，则是"我因为填写日记，牺牲了自己的厚道，逞着轻佻的笔锋，形容我们尊贵的姑娘，实在是造孽造孽，阿弥陀佛！"① 尤其是因为对杨荫榆的嫌恶，而殃及与杨荫榆相处之人尤其是其侄女杨保康的评论，似乎并不地道。

三　参与《月报》的编辑管理与发表文章

留美中国学生联合会的喉舌刊物是《月报》，因为人员流动量大，所以《月报》经常每隔一年或者偶尔以不定期的方式招聘工作人员，清华女生中有不少曾应聘或被选为助理编辑和发行经理（见表 4-12），这对她们来说也是一个不小的锻炼，通过亲身参与编辑中英文两个版本的中国留美学生刊物，这批女生越发地体会到了身为中国人的责任感和使命担当。

表 4-12　前两批女生任职《月报》的职位汇总

留美批次	姓名	学校	职位	负责刊期①
1914	韩美英 （M. I. Han）	Mount Holyoke	Associate Editor	1917—1918 年
	张端珍 （D. T. Chang）	Wellesley	Associate Manager	1917—1919 年
	周淑安 （S. A. Chiu）	Radcliffe	Departmental Editor	1918—1919 年
	陈衡哲 （Sophia Chen）	Vassar	Associate Editor	1918—1919 年
	汤蔼林 （E. L. Tong）	Wellesley	Associate Manager	1918—1919 年
	唐玉瑞 （N. Z. Dong）	Wellesley	Associate Manager	1919—1920 年

---

① 徐志摩、潘倩：《徐志摩翰墨辑珍》第 2 卷《留美日记》，中央编译出版社，2014，第 96 页。

续表

留美批次	姓名	学校	职位	负责刊期
1916	方连珍 （L. T. Fong）	Michigan	Associate Editor	1918—1919 年
	蔡秀珠 （S. T. Tsa）	Vassar	Associate Editor	1919—1920 年
	邝翠娥 （T. N. Kwong）	Mount Holyoke	Editor-in-Charge *Student World*	1920—1921 年

注：①《月报》在每年的 11 月份到次年的 6 月份出版发行，每年的 11 月为第 1 期，次年的 6 月为第 8 期。编辑部任职一般以一年 8 期为工作期限。

从前两批女生在《月报》的就职情况可以看出，女生们能担任的职务多是编辑部的副主编，以及商务部的副经理或经理助理。从 1918 年《月报》工作人员一栏中，可以发现首批女生中的韩美英是 1918 年度《月报》19 名副主编中的两名女生之一，另一名是曾担任过留美中国学生联合会主席的鼎鼎有名的女生李美步。而她的同学张端珍，则担任了商务部的副经理一职务，是 19 名副经理中的唯一一名女生。[①] 编辑部副主编，主要协助主编处理杂志的文章稿件的编辑工作，商务部或发行部则主要负责杂志的广告、发行和出版工作。可见她们二人的能力已经得到了联合会公认。很快，韩美英作为副主编在《月报》的 "Book Review"（书评）栏目洋洋洒洒推荐了一本书《中国烹饪书》，详细介绍了该书的具体情况以及一些中国菜的烹饪方法。[②]

1918 年到 1919 年的《月报》进行了郑重其事的改版，新增了几个栏目，在组织架构上，将每一个设置的栏目精确匹配到具体的总编辑，在上一年度女生征文比赛中荣获三等奖的周淑安，此时被委任为 "Club and Personal News"（俱乐部和个人新闻）栏目

[①] "The Staff Editorial Department", *The Chinese Students' Monthly*, Vol. 13, No. 2 (Dec., 1917): 115-116.

[②] M. I. Han, "Book Review", *The Chinese Students' Monthly*, Vol. 13, No. 5 (Mar., 1918): 290-292.

总编辑，成为 5 名总编辑中的唯一一位女编辑。瓦萨学院的陈衡哲与密歇根大学的方连珍则成为副主编，这一年度 17 名副主编中，有 4 名女学生。商务部则改为管理委员会（The Managerial Board），不过具体负责的内容仍为广告和运营，张端珍仍为副经理，不过卫斯理学院的汤蔼林也加入进来了，在 19 名副经理中也有 4 名女生。[①]

考虑到留学生面临毕业压力或者回国期限的限制，一般《月报》编辑部的工作人员以一年 8 期为工作期限。1919 年 6 月周淑安结束了在拉德克利夫学院的学习后，在《月报》的编辑工作也告一段落。与她类似，其他首批女生也回国或是进一步深造，便相继退出《月报》编辑部。与此同时，1916 批和 1918 批女生开始顶上。首先是方连珍开始担任《月报》1918—1919 年的副主编，随后蔡秀珠接替她成为 1919—1920 年的副主编，而接替张端珍成为副经理的是唐玉瑞。[②] 1920 年到 1921 年的《月报》又进行了改版，不再设置主编，取而代之的是每一个栏目设置了责任编辑（Editor-in-Charge），邝翠娥与另外两个女生 Helen Huie 以及 Lily Soo-Hoo，即为学生世界（Student World）的责编。同时，刊物的业务部进行改组，不再设置副经理，而是设置区域经理，所有当地大学俱乐部的书记（secretaries）即为区域副经理。

写作是缓解在异国他乡离愁别绪最好的办法之一。比如陈衡哲在瓦萨学院就读时，除了认真求学，还发表了非常多的文章，不少还发表在中国留美学生刊物上。最早的如 1915 年 1 月任鸿隽

---

① "The Staff", *The Chinese Students' Monthly*, Vol. 14, No. 1 (Nov., 1918)：扉页。

② 不过这里存疑的是，名字是唐玉瑞，在《月报》上通行的英文名字是 Miss N. Z. Dong，但所在学校却是卫斯理学院，她任职的时间是从 1919 年 11 月到 1920 年 6 月，但 1919 年 12 月，曼荷莲学院还记录到当月唐玉瑞从史密斯学院赶过来与她们一起庆祝圣诞节活动。所以，要么是《月报》登记错了，要么是唐玉瑞中途有过转学经历，1919 年 12 月正是她从史密斯学院转学到卫斯理学院的交换之际。因卫斯理学院俱乐部未见相关信息记载，此处存疑。见"The Staff", *The Chinese Students' Monthly*, Vol. 15, No. 1 (Nov., 1919)：扉页。

与胡敦复、赵元任等人倡导"实业救国"，成立中国科学社，邀请陈衡哲参加，并为《科学》杂志写介绍自然科学常识的文章①，也算是陈衡哲的跨界之作。陈衡哲的纪实小说《一日》生动展现了留美女生在美国大学的学习与生活情景；林荀作为卫斯理学院的通讯员，在1916年亦撰写了不少通讯稿，这些文章也使读者了解到了美国女子大学的校园生活，林荀在1918年又撰写了《东美中国学生会第十三次年会记略》。

首批清华女生进入的美国预科学校和女子大学还较为集中，四人就读于卫斯理学院，两人就读于曼荷莲学院，两人就读于瓦萨学院，就周淑安一人就读于哈佛的拉德克利夫学院，但她经常与卫斯理学院的几位同学在一起活动，倒没有那么孤寂。但1916批的留美女生则没那么好运气了，她们十个人分散在六个不同的预科学校，后面又进入了九所不同的女子大学。发现自己是该校比较少或仅有的中国留学生后，1916批女生往往会通过诉诸《月报》的方式来缓解孤寂，并试图通过这种方式"呼朋引伴"，以吸引和招揽更多的女生选择该校。

比如，1916批的梁逸群，曾专门强调当时就读于拉伊神学院的三位女生颜雅清、严惠卿和她自己，非常满意这个学校，并且全身心地投入在学习之中。② 无独有偶，与她同批的刘华采和蔡秀珠是一对好朋友，一开始两个人都被安排去达娜豪（Dana Hall）女子高中预科学校就读，但蔡秀珠很快进了德拉瓦女校就读，刘华采则进入了巴尔的摩附近的汉那摩学院就读，二人都赫然发现自己是该校唯一的中国学生，于是在经过一个学期的环境适应后，两人分别写了一则介绍德拉瓦女校和汉那摩学院的讯息刊登在《月报》上，颇为有趣的是，两人都说自己是学院宠儿，都对这两

---

① 陈衡哲：《任叔永先生不朽》，见张朋园等《任以都先生访问记录》附录，台湾"中研院"近代史研究所，1993，第192页。

② Miss Y. K. Liang, "Club News: Rye Seminary", *The Chinese Students' Monthly*, Vol. 12, No. 6 (Apr., 1917): 323.

所学校非常满意。

刘华采对她求学的预科学校汉那摩学院是比较满意的，首先是风景优美，离巴尔的摩很近。其次，该校特许她可以上高级课程，说明学校对这个唯一的中国女孩在学业上比较照顾，也从侧面说明了刘华采的学业水平已经达到了这一程度。刘华采对从该校毕业后进入曼荷莲学院踌躇满志，说明她的学业成绩应该也属于比较靠前的。① 蔡秀珠一直都是"学院的宠儿"。她提到一件趣事，作为学院唯一的一个中国人，她时常受到学院访问者的特殊关注，有一次，一群到学院访问的女士提出要专程去女生宿舍看她这个"学院的宠儿"，为省却她们爬楼的麻烦，她只好飞奔下楼，主动去接受她们的照拂。②

与她们同届的黄桂葆，在进入史密斯学院就读后，则专门写信给《月报》的编辑，试图纠正留学生对史密斯学院的错误认识，呼吁国内女生投考这一大学。1917 年 12 月 4 日，她的信件由《月报》刊登出来。她希望准备入女子学院的中国女生，不要囿于传统或成见，能仔细考虑，并选择史密斯学院。③ 她们如此强调所读学校的优越条件，以及强调她们所遇到的美国人的友好与热情，目的也比较纯粹，即是想吸引更多的女生前往该所学校。1927 年应蕙德留美后，也以卫斯理学院为例子，撰文介绍美国女子大学的学生生活。④

随着留美的中国女生越来越多，《月报》开始扩大在女留学生群体中的影响，除了如前所述的吸纳留美女生参加《月报》和《中美学生季报》的编辑工作，另一个途径则是鼓励留美女生投

① Miss H. T. Liu, "Club News: Hannah More", *The Chinese Students' Monthly*, Vol. 12, No. 6 (Apr., 1917): 319.
② "Club News: Women's College of Delaware", *The Chinese Students' Monthly*, Vol. 12, No. 8 (Jun., 1917): 431-432.
③ Kwe Pau Huang, "Student World · Communication", *The Chinese Students' Monthly*, Vol. 13, No. 3 (Jan., 1918): 170-171.
④ 应蕙德：《美国女子大学的学生生活》，《民力》1931 年第 9 期。

稿，尤其是，为调动女生们的积极性，以竞赛的方式广泛征求优质稿件，1917 年 11 月，《月报》发起了一个"Girls' Essay Competition"（女生论文竞赛）的征文活动，宣称专门只针对在美国的中国女留学生进行征稿，并将这一征文活动列入 1917—1918 学年留美中国学生联合会组织安排的三类作文比赛中的第二类，可见联合会对这次女生征文活动的重视。[1] 竞赛的题目基本上紧扣着当时中国的妇女发展与女子教育现实，同时还兼顾了女生们的职业参与情况以及美国的家庭生活。

这则征文信息发布后，《月报》于 1918 年 1 月公布了征文入围名单，一共有 21 篇文章[2]入围，分别来自以下学校：瓦萨学院、曼荷莲学院、卫斯理学院、拉德克利夫学院、新英格兰音乐学院、哥伦比亚大学、俄亥俄卫斯理大学等。[3] 按照之前入围名单推算，陈衡哲、韩美英、王瑞娴等人都应有投稿并且入围了。最后，《月报》请了顾维钧夫人、中华教育会主任黄佐庭、全国基督教女青年会学生委员会秘书玛格丽特·伯顿小姐担任评委。周淑安获得了第三名，奖品是一支钢笔，她的题目是《美国家庭生活》。《月报》评论说，总的来说，所有参赛作文质量都很高，作者们值得表扬。[4]

周淑安细致入微地描写了三种类型的美国家庭，因为她认为美国家庭生活呈现出不同的存在阶段，可以从不同的角度进行观察。因此，她描绘了几幅美国家庭的画面，因为"在这些家庭中，我吃过饭，度过了许多快乐的日日夜夜，找到了许多真正的母亲和朋友。我谦卑地声称，我将描述的东西，是我亲眼所见，亲身

---

① "Essay Competitions", *The Chinese Students' Monthly*, Vol. 13, No. 1 (Nov., 1917): 7-8.

② 后修改为 17 篇文章入围，见 "Girls' Essay Competition", *The Chinese Students' Monthly*, Vol. 13, No. 7 (May., 1918): 364。

③ "Girls' Essay Competition", *The Chinese Students' Monthly*, Vol. 13, No. 7 (May., 1918): 364.

④ "Girls' Essay Competition", *The Chinese Students' Monthly*, Vol. 13, No. 7 (May., 1918): 364.

经历"①。如果周淑安所言为实，那么我们大致可以得知，在美国的中国女留学生有着另一种深入美国家庭的留学生活，比如 1914 年 12 月，周淑安就和另外五个中国女孩受到一户美国富裕人家的邀请，去这一家过圣诞节。周淑安与汤蔼林的第一个暑假，是在布拉福德学院老师 W 小姐（她是西储大学院长 Mr. Fuller 的女儿）的家中度过的，周淑安和汤蔼林在 W 老师家里度过了非常惬意的一段时光。②

1916 批的蔡秀珠于 1919 年 6 月在《月报》核心栏目 "Contributed Articles"（投稿文章）上发表了题为 "Ideal Womanhood"（《理想的女人气质》）的封面文章③，她是第一个在该栏目发表文章的清华留美女生。"Contributed Articles" 作为《月报》最为核心的栏目，以往都是学界名人约稿或是精选投稿，很少有女生在这一栏目发文。蔡秀珠将理想中的女性定位为伟大的教育者、家庭的维护者、温暖港湾的营造者，从今人的视角来看，自然有过于保守的地方，不过比较符合当时社会对她们这一批留美女生回国后的使命的定位。这篇文章也可以解释此后她对自己的婚姻家庭的选择。

三年之后，1922 年 11 月出版的《月报》上，1918 批的顾岱毓也在这一栏目发表了一篇文章，无独有偶，仍然是关于女性的，不过这次的题目是《商界中的女性》（Woman's Place in Business）。当时的编辑特地有个按语，强调这篇文章是中国留美女生们系列文章中的一篇，组稿是请她们发表对自己未来职业或职位的看法。顾岱毓于 1918 年 9 月开始在欧柏林学院学习 "教育及音乐"④，获

---

① Miss Siok-An Chiu, "American Home Life Third Prize Essay in Madame V. K. W. Koo's Girls' EssayCompetition", *The Chinese Students' Monthly*, Vol. 13, No. 8 (Jun., 1918): 461-470.

② Miss Siok-An Chiu, "American Home Life Third Prize Essay in Madame V. K. W. Koo's Girls' Essay Competition", *The Chinese Students' Monthly*, Vol. 13, No. 8 (Jun., 1918): 465-467.

③ Sieu-Tsz Ts'a, "Ideal Womanhood", *The Chinese Students' Monthly*, Vol. 14, No. 8 (Jun., 1919): 485-223.

④ 李景文、马小泉：《民国教育史料丛刊 536 各国教育事业·美国》，大象出版社，2015，369 页。

得音乐专业的学士学位后，1922年9月开始到纽约大学商业/银行专业学习，此文应写于刚进入该专业就读时。顾岱毓坚定地指出，光是"不再是缠足或强迫婚姻的受害者"，并不能完全代表中国女性已经得到了解放，而进入社会尤其是进入商界承担各类工作，既可以使女性获得经济收入，也可以服务社会，提升女性的道德感和获得感，从而成为一个新女性，这才是妇女解放的真义。[①] 循此路径，1921批的张继英也在1923年的《月报》上撰文介绍了新闻学的女性就学情况，尤其强调女性在这一领域应大有作为。

　　不过，1921批的倪逢吉在1924年1月的《月报》上发表的文章，是对此前留美女生发表女子教育类文章的一个突破。文章的题目为"Chinese Immigration in the United States"[②]（《美国的中国移民》）。这篇文章从中国劳工对美国的贡献谈起，认为美国人尤其是加利福尼亚州对中国劳工的政策非常不公，充斥着虐待和侮辱，尤其是她借由这些点评来指出当时美国的种族冲突和暴力事件，并详细回顾了美国对中国移民的立法简史。文章有理有据，不卑不亢，充分展现了倪逢吉作为一名社会学专业学生对中美关系的深度思考。

　　此后，1921批的颜雅清、黄倩仪等纷纷在《月报》上发表文章，形成了清华女生在《月报》上发文的一个小高峰。1921批清华留美女生中选修文科者较多，故而在《月报》上发文较为踊跃，但1923年后《月报》上逐渐难以寻觅到清华留美女生的踪影，可能是因为1923年后15名清华留美女生所选专业多为医学类和生化类，她们的课余时间可能用来应付繁重学习任务和实验压力了。

　　清华留美女生在《月报》上发表文章的文章名和出版年月详见表4-13。

---

① D. Y. Koo, "Woman's Place in Business", *The Chinese Students' Monthly*, Vol. 18, No. 1 (Nov., 1922): 34-36.

② V. K. Nyi, "Chinese Immigration in the United States", *The Chinese Students' Monthly*, Vol. 19, No. 3 (Jan., 1924): 18-20.

表 4-13 清华留美女生在《月报》上发表文章统计

批次	姓名	文章名	刊卷期/出版年月
1914	周淑安 Siok-An Chiu	美国家庭生活 American Home Life	第 13 卷第 8 期 1918 年 6 月
1916	蔡秀珠 Sieu-Tsz Ts'a	理想的女人气质 Ideal Womanhood	第 14 卷第 8 期 1919 年 6 月
1918	顾岱毓 D. Y. Koo	商界中的女性 Woman's Place in Business	第 18 卷第 1 期 1922 年 11 月
1921	张继英 Eva Chang	新闻界中的中国妇女 Chinese Woman's Place in Journalism	第 18 卷第 5 期 1923 年 3 月
1921	倪逢吉 V. K. Nyi	美国的中国移民 Chinese Immigration in the United States	第 19 卷第 3 期 1924 年 1 月
1921	颜雅清 Ya-Tsing Yen	大学里的妻子和公民 College wives and college citizens	第 19 卷第 4 期 1924 年 2 月
1921	黄倩仪 Dorothy Tsien Yi Wong	我们女孩中间 Among Us Girls	第 19 卷第 8 期 1924 年 6 月
1921	黄倩仪 Dorothy T. Wong	现代中国的妇女 Women of Modern China	第 22 卷第 5 期 1927 年 3 月
1921	黄倩仪 Dorothy Wong	Yuelin 的欢乐时光 Happy Days of Yuelin（a Short Story）	第 22 卷第 7 期 1927 年 5 月
1921	黄倩仪 Dorothy Wong	人生中的最伟大事件（一个戏剧） The Greatest Event in Life（a play）	第 22 卷第 8 期 1927 年 6 月

注：相关信息均按照《月报》发表文章信息注录，英文名存在与前文写法不一致情况，从史料。

四 加入各校中国留学生俱乐部

留美中国学生联合会旨在联合散落在全美国的中国留学生，除了召开一年一度的暑期年会以深入交流与增进感情之外，联合会还有一个更为基础的建制，即在各个美国大学组建中国留学生俱乐部，如在该大学就读的中国学生较少，则该地区较近的几个大学联合起来组建一个地区俱乐部（local club）。53 名清华女生陆陆续续进入美国各女子大学或综合性大学，如此也就陆陆续续加入了各大学或地区的留学生俱乐部。而且，1914 年清华首批女生到达美国之前，美国各女子大学还没有中国女留学生组建和形成的中国学生俱乐部①，所以清华首批女生抵达美国后，中国留美学生群体中一众欢呼，殷切期盼。首批女生在各预科学校学习一年后于 1915 年 9 月开始进入美国各女子大学，中国留美学生俱乐部在美国的各女校分点就开始有了眉目。

一开始，留美女生们一般扎堆进入美国的私立女子学院，若是某个综合性大学接收了那么一两名清华女生，则会被俱乐部成员视为当年之幸事。而那些当年没有新增女生的大学俱乐部，则不无失望。比如，陈翠贞曾于 1917—1920 年就读的俄亥俄卫斯理大学，1921 年 9 月新加入了 6 名新生，老生们都特别高兴，因为当年有且仅有 6 名男生就读，俱乐部有史以来人数最多（12 人），然而，大家高兴之余却又很遗憾地表示，"that the increase is nothing but a 'male aggregation'"，直言尽管该会人数翻倍，却没有一个女生加入，仍然是"男性聚集体"。②

最早成立中国留美女生俱乐部的是宋美龄所在的卫斯理学院。她们于 1915 年 10 月 25 日召开了第一次大会，参加会议的被宋美龄称为常会会员（active members），一共 5 人，宋美龄作为老生，理所当然是组织者和俱乐部领导，另外 4 人为刚进入该学院就读的首批女生汤蔼林、王瑞娴③、张端珍和林荀，她们还特地邀请了周淑安④成为该俱乐部的荣誉会员。她们商定每个月的第一个星期天碰面

---

① C. N. Wang, "Club News: Mount Holyoke", *The Chinese Students' Monthly*, Vol. 11, No. 2 (Dec., 1915): 137.

② T . L . Lee, "Club News: Ohio Wesleyan", *The Chinese Students' Monthly*, Vol. 17, No. 3 (Jan., 1922): 230.

③ 因为专业原因，王瑞娴不久后转学去了新英格兰音乐学院。

④ 原文为 Anna Chin，但结合赵元任的回忆，以及下一期宋美龄作为俱乐部通讯员的汇报，明确改成了"Anna Chow"，以及当时在拉德克利夫学院就读的女生状况，可以判断为周淑安。Mayling Soong, "Club News: Wellesley", *The Chinese Students' Monthly*, Vol. 11, No. 2 (Dec., 1915): 140. Mayling Soong, "Club News: Wellesley", *The Chinese Students' Monthly*, Vol. 11, No. 3 (Jan., 1916): 221.

交流，宋美龄被选为俱乐部的秘书、会计和通讯员。很快，按照约定，11 月 6 日她们召开了第二次会议，这次是俱乐部成员前往波士顿的汉口路，与周淑安以午餐会的形式一起交流。到 12 月的第三次会议时，俱乐部讨论并通过了几项制度：第一，每年选举一次俱乐部领导；第二，俱乐部不能仅名义上存在，鉴于留美生对国内动态并不十分了解，所以接下来每次交流会上必须要有一个女生针对国内的政治和社会动态（the political and social conditions at home）进行主题演讲，其他人参与讨论，限时一个小时；第三，俱乐部主席①应与卫斯理学院校方交涉，使该俱乐部得到该校非学术利益委员会（Wellesley College Non-Academic Interests）章程的认可。②

　　看上去，卫斯理学院的俱乐部（下文称"卫斯理俱乐部"）发展得比较稳定，清华女生们也逐渐展现出她们的天赋与才能。1916 年 3 月的聚会中，她们探讨的主题是新近成立的中国科学社，张端珍绘声绘色地描述了国内的旅行条件。③ 1916 年上半年应是该俱乐部较为活跃时期，当时，宋美龄担任会长，张端珍为秘书，林荀为通讯员。④ 不过，随着宋美龄 1916 年 6 月毕业回国，卫斯理俱乐部的活动开展得就不那么活跃了。1916 年 10 月 21 日，在原来的主席宋美龄离开后，仅剩下汤蔼林、张端珍和林荀三人的卫斯理俱乐部召开了一次碰面会，最终决定由张端珍一人负责整个俱乐部事务，集会长、秘书、会计和通讯员于一身。⑤ 不

---

①　原文是 president，按照美国习俗，翻译为"会长"更妥帖，但在当时有些史料中又称这一职务为"主席"。

②　Mayling Soong, "Club News：Wellesley", *The Chinese Students' Monthly*, Vol. 11, No. 3（Jan. , 1916）：221.

③　Mayling Soong, "Club News：Wellesley", *The Chinese Students' Monthly*, Vol. 11, No. 6（Apr. , 1916）：449.

④　林荀：《惠斯来女子大学通讯》，《留美学生季报》1916 年第 3 卷第 1 期。

⑤　Miss D. T. Chang, "Club News：Wellesley", *The Chinese Students' Monthly*, Vol. 13, No. 1（Nov. , 1917）：75.

过，尽管她们并没有专门召开俱乐部例行会议，但几人的私交依然频繁，她们经常聚在一起讨论学校发展情况以及国内外的大事件。1917 年 9 月，她们满怀期待地迎接了 1916 批清华留美女生袁世庄的到来，最终决定简化卫斯理俱乐部程序，暂时不再设置俱乐部主席，而是四个人通过抽签的方式，轮流主理一段时间的俱乐部事务。1917 年 10 月至 11 月，俱乐部组织和参与了系列活动：划独木舟和野餐聚会；为周淑安举办晚宴；在树林里举行编织和野餐聚会；为耶鲁大学 T. T. Lew 先生举办晚宴。[①]

1918 年 9 月，杨保康和胡卓进入卫斯理学院就读，俱乐部人数扩大到六人，于是她们进行了新一轮选举，林荀担任主席，袁世庄担任秘书。[②]

1919 年 4 月，袁世庄汇报，杨荫榆于 1919 年 2 月专程前往卫斯理俱乐部进行了为期 5 天的访问交流[③]，当时该俱乐部会员有汤蔼林、张端珍、林荀、袁世庄、杨保康和胡卓，该校教务主任还专门为杨荫榆举办了一个欢迎晚会。卫斯理俱乐部在 1919 年 9 月到 1921 年 9 月沉默了两年时间，因为首批女生汤蔼林、张端珍、林荀于 1919 年 6 月毕业离校，仅剩下袁世庄、杨保康和胡卓，但袁世庄又于 1920 年寒假雪地行走时摔伤了腿，最后回国治疗。[④]最后就剩杨保康和胡卓，还有 Miss H. W. Yung（中文姓名待考）。1921 年 9 月，当再来了四个新同学后，当年就读于卫斯理学院的

---

①   Miss Doen Ting Chang, "Club News：Wellesley", *The Chinese Students' Monthly*, Vol. 13, No. 2 (Dec. , 1917)：126.

②   Miss S. T. Yuan, "Club News：Wellesley", *The Chinese Students' Monthly*, Vol. 14, No. 1 (Nov. , 1918)：68.

③   S. T. Yuan, "Club News：Wellesley", *The Chinese Students' Monthly*, Vol. 14, No. 6 (Apr. , 1919)：401.

④   贾竣雅：《校友风采｜初心如炬，风骨不朽——医学遗传学家汪安琦》，华大生科院微信公众号，2024 年 9 月 30 日，https://mp. weixin. qq. com/s? __biz = MzA3MTUyMDkwMw = = &mid = 2247628020&idx = 2&sn = 50209415ca4c1ab0a1242 40253077ad5&chksm = 9ef98701dc604a185562d3f6b6dcaf03a619cd609ab3d2e6178 7b398f41d248feda76647a499&scene = 27。

清华留美女生有王国秀、陆慎仪、桂质良，她们非常高兴，俱乐部一共有了七个人。于是俱乐部重新开张，胡卓当选为书记员。[1]1922 年 2 月，随着俱乐部会长 Miss H. W. Yung 毕业离校，杨佩金当选为俱乐部新会长，胡卓兼任书记员和会计[2]，结果，到 1922 年 6 月份，她们想选出秋季学期所有的主席，却没能如愿，因为考虑到一个常规俱乐部所需要的人数，最终只好选了一名主席，陆慎仪全票通过了选举，成为她们 1922 年秋季学期的新主席。[3]

与卫斯理俱乐部的组建过程基本类似的还有瓦萨学院的中国学生俱乐部，其成员有杨毓英、陈衡哲、蔡秀珠等。有趣的是，蔡秀珠有一次被指定为秘书，是靠运气——也就是抽到一张印有字母 S（英文秘书的开头字母）的小纸片。她们四人分别住在四个不同的地方，但每天的碰面机会仍有不少。[4]

在曼荷莲学院就读的女生也组建了该校中国学生俱乐部，成员有韩美英和李凤麟等。1916 年 2 月，李凤麟当选为俱乐部会计[5]，1916 年 10 月韩美英兼任秘书和会计[6]。1917 年下学期，因为 1916 批清华女生梁逸群、邝翠娥以及刘华采成为该俱乐部的常会会员，俱乐部随即吸收了史密斯学院的两名女生黄桂葆和 Miss Wai Tsung Zung（中文姓名待考）作为辅助会员，这样，曼荷莲学院俱乐部的会员数为八人，整个俱乐部的精神面貌焕然一新。韩

---

① T. Hu, "Club News：Wellesley", *The Chinese Students' Monthly*, Vol. 17, No. 1 (Nov., 1921)：53-54.

② T. Hu, "Club News：Wellesley", *The Chinese Students' Monthly*, Vol. 17, No. 6 (Apr., 1922)：566.

③ T. Hu, "Club News：Wellesley", *The Chinese Students' Monthly*, Vol. 17, No. 8 (Jun., 1922)：703-704.

④ Miss S. T. Ts'a, "Club News：Vassar", *The Chinese Students' Monthly*, Vol. 13, No. 3 (Jan., 1918)：182.

⑤ Grace Yang, "Club News：Mt Holyoke", *The Chinese Students' Monthly*, Vol. 11, No. 5 (Mar., 1916)：371.

⑥ Miss M. I. Han, "Club News：Mt Holyoke", *The Chinese Students' Monthly*, Vol. 12, No. 1 (Nov., 1916)：64.

美英在碰面会上被推举为俱乐部主席。

1918 年 2 月 3 日，俱乐部举行新学期选举会，李凤麟被选为主席，刘华采被选为书记员。1918 年 9 月，梁逸群转学至芝加哥大学，俱乐部又迎来了两名清华女生——丁素筠和杨佩金。李凤麟被选为主席，韩美英被选为书记员兼会计。[①] 李凤麟和韩美英 1919 年 6 月毕业离开美国回到中国，俱乐部仅剩下刘华采、杨佩金和丁素筠三个人，已经不足以成为一个组织了。1921 年 6 月，刘华采也从曼荷莲学院毕业回国，俱乐部仅剩下杨佩金和丁素筠两人。

同样的还有史密斯学院的中国学生俱乐部。1918 年 9 月，史密斯学院终于有了三位女生，故而成立了中国学生俱乐部，两名女生黄桂葆和 Miss Wai Tsung Zung 得以回归，另有一名新生即唐玉瑞，她主修社会学。

除了女子学院单独成立的女生俱乐部，实际上还有综合大学的俱乐部，该类型的俱乐部男女生均有。学生俱乐部并非仅限于纯女生或纯男生，有些学校是美国的综合性大学，故而招生上有男生也有女生。如哈佛大学俱乐部会员一般会加上其附属的拉德克利夫学院中的女生。周淑安一开始被宋美龄邀请成为卫斯理俱乐部会员，但很快她就加入了哈佛大学俱乐部。周淑安在哈佛大学俱乐部开展工作得心应手，尽管当时哈佛大学已经处于战时状态，但 1918 年的圣诞节当天，该俱乐部还是举行了圣诞派对，并由她代表圣诞老人给俱乐部各位会员颁发圣诞礼物。[②]

女生们加入的综合大学俱乐部还有欧柏林学院中国学生俱乐部，成员有 1916 批的清华女生严惠卿、1918 批的顾岱毓等。1919 年春季新学期选举中，严惠卿当选为审计员，顾岱毓当选为社会

---

① "Club News：Holyoke"，*The Chinese Students' Monthly*，Vol. 14，No. 3（Jan.，1919）：198.

② "Club News：Harvard"，*The Chinese Students' Monthly*，Vol. 14，No. 4（Feb.，1919）：253.

委员会委员。① 方连珍、李清廉均于 1917 年 9 月进入密歇根大学就读，很快就成为该俱乐部会员。1918 年 9 月梁逸群转学到芝加哥大学后，俱乐部有且只有两位女生，她马上于 1919 年秋季学期当选为该俱乐部的副会长。② 不过，很快，该校俱乐部风气为之一振，因为来了一位历史系毕业生——陈衡哲。1919 年秋季学期该俱乐部拥有 56 名会员，但陈衡哲一到芝加哥大学，就被选为俱乐部会长，据说创造了芝加哥大学的历史，当时整个美国地方学生俱乐部拥有过女会长的只有西北大学和费城大学两个俱乐部。

陈衡哲一上任就制定了严格的聚会制度，要求尽管各会员分散在宿舍、寄宿房屋和公寓中，但每个月第一个星期五的晚上，都必须聚在一起。她还制定了聚会宗旨 "little business, more social"（"少私事，多社交"），要求会员们提升出席频率；此外，为调动女生的积极性，她还吸收校内外女生们加入该俱乐部的社会委员会，尤其是大量起用清华女生，如梁逸群、黄桂葆③、王淑贞④等。

芝加哥大学中国学生俱乐部风气为之一振，据说，自 1919 年秋季学期陈衡哲走马上任后，他们已经召开了两次月度会议，并于 1920 年 1 月 14 日招待了当时带队来美国视察教育的中国教育部原副部长袁希涛先生一行。⑤ 2 月 20 日，国际俱乐部和世界俱乐部联合举办了一个 "国际之夜" 的活动，陈衡哲组织该俱乐部的五名女会员组合成中国国旗以代表中国，女生们 "身着民族服装，披着彩色丝绸，组成了五条条纹，同时唱起了国歌"，观众们大吃

---

① H. L. Ching, "Club News: Oberlin", *The Chinese Students' Monthly*, Vol. 14, No. 6 (Apr., 1919): 397.
② Lum K. Chu, "Club News: Chicago University", *The Chinese Students' Monthly*, Vol. 15, No. 1 (Nov., 1919): 443.
③ 黄桂葆于 1919 年 9 月转学至芝加哥大学。
④ 王淑贞于 1919 年 9 月转学到芝加哥大学。
⑤ Sung Tao Kwan, "Club News: Chicago", *The Chinese Students' Monthly*, Vol. 15, No. 5 (Mar., 1920): 60.

一惊，热烈鼓掌。该会通讯员说，此举给半死不活（half-dead）的芝加哥大学中国学生俱乐部注入了活力。

五　走亲访友与举办联合活动

一是位置相近的几所大学经常会组织联谊会。比如，麻省理工学院俱乐部经常与哈佛大学俱乐部联合举办活动，1919 年 4 月 5 日，正好是星期六晚上，他们将该年第六次例会用社交形式开展，在剑桥哈佛广场的菲利普·布鲁克斯之家举行，周淑安表演独唱，附音的是汤蔼林，她们还给其他人伴奏了。[①] 很快，哈佛大学俱乐部 5 月 3 日回请了麻省理工学院俱乐部的中国学生，在这次联谊会上，周淑安与另一个学生表演了歌曲二重唱。[②]

而卫斯理学院因与这两个大学距离较近，所以有时候也会参与这两个俱乐部的活动。如 1922 年 9 月，M. I. T. 俱乐部在双十节前夕举办了三次餐后演讲，几名来自卫斯理学院的中国女学生参加了此次活动。[③]

种种迹象表明，即使是在中国人比较少的美国校园里面，这些姑娘也并未放弃任何展示自己风采以及中国文化的机会。首批女生中，较为活跃于学校社团活动的有卫斯理学院的张端珍、林荀等。如 1917 年秋季学期，张端珍在一次大学娱乐活动中表现出色，表演了一些她称之为杂耍的特技。从那以后，学校师生们才发现她的幽默、机智和独创性。[④] 林荀则在这个学期加入了卫斯理

---

①　Mabel F. Chen, "Club News: M. I. T.", *The Chinese Students' Monthly*, Vol. 14, No. 7 (May., 1919): 450.

②　"Club News: Harvard", *The Chinese Students' Monthly*, Vol. 14, No. 8 (Jun., 1919): 253.

③　"Club News: M. I. T. CLUB", The Chinese Students' Monthly, Vol. 18, No. 1 (Nov., 1922): 65.

④　"Personal Notes", *The Chinese Students' Monthly*, Vol. 13, No. 1 (Nov., 1917): 77.

学院的欢乐合唱团[①]，她很快又在 1918 年秋季学期加入了卫斯理学院两个负有盛誉的俱乐部[②]。卫斯理学院素来注重培养学生的戏剧能力。1922 年春季学期，胡卓记录到，她们几名女生展演一个话剧的校外活动，通过俱乐部的三名成员上年圣诞节对洛厄尔的访问，那里的艺术协会关注到了她们的小戏剧《牺牲》。[③] 李凤麟则在 1918 年年底被选为学院曼陀铃琴俱乐部（Mandolin Club）的成员。[④]

陈衡哲约在 1918 年 9 月担任了美国坎布里奇《青年》杂志的特约编辑，该杂志收录了各国当代诗歌，第一期出版发行的时间是在当年的 10 月。[⑤] 杨毓英在 1919 年春季学期还加入了瓦萨学院的作曲家音乐俱乐部。[⑥]

此前，我们曾谈及的就读于阿包学院的 1916 批的陈翠贞和李清廉，不仅在该学院的期末考试中拔得头筹，而且在该校的社团生活中大放异彩。1917 年 5 月，阿包学院为法国孤儿举办了一个"法国节"戏剧表演并大获成功，陈翠贞和李清廉也参与了演出。[⑦]

她们还在每年的圣诞假期、春季假期等空闲时间去联络之前的旧相识以及拜访认识的新朋友。从《月报》上刊登的消息可以

① "Personal Notes", *The Chinese Students' Monthly*, Vol. 13, No. 2 (Dec., 1917): 128.

② "Personals", *The Chinese Students' Monthly*, Vol. 14, No. 2 (Dec., 1918): 142.

③ T. Hu, "Club News: Wellesley", *The Chinese Students' Monthly*, Vol. 17, No. 8 (Jun., 1922): 703-704.

④ "Personals", *The Chinese Students' Monthly*, Vol. 14, No. 3 (Jan., 1919): 201.

⑤ "Personals", *The Chinese Students' Monthly*, Vol. 14, No. 2 (Dec., 1918): 142.

⑥ "Personals", *The Chinese Students' Monthly*, Vol. 14, No. 5 (Mar., 1919): 353.

⑦ "Club News: Andover", *The Chinese Students' Monthly*, Vol. 12, No. 8 (Jun., 1917): 430.

看出来，每逢节假日，就是这些女生们四处访学、访友和旅行交流的好时机。

1914 批女生 9 月份进入美国各大学，当年 11 月就受到了麻省理工学院俱乐部的邀请，汤蔼林、周淑安、杨毓英、林荀等均在受邀名单中，据说，会后还一起在汉口路餐馆聚餐。[①] 1915 年的寒假，尽管天气恶劣，但耶鲁大学俱乐部还是邀请了曼荷莲学院的韩美英和李凤麟前往该校共度新年佳节。[②]

而女生们在 1916 年的寒假生活，就明显丰富多了。首先是哈佛大学和麻省理工学院的两个学生俱乐部临时组合在一起，在 1916 年 12 月 23 日邀请了安多弗地区的十几个女学生一起交流，波士顿大学、拉德克利夫学院以及卫斯理学院的女生们都参加了[③]，汤蔼林和一名来自拉德克利夫学院的女生合唱了一首歌曲，王瑞娴[④]为麻省理工学院一个男生的小提琴独奏进行伴奏并协助他完成这一曲，她还参与了另外两人的魔术纸牌表演，并进行了钢琴独奏。这场圣诞节联谊狂欢活动异常成功，特别是有效地驱散了有些同学每逢佳节倍思亲的思乡之情。据说，参加完这一场活动后，有一名留学生回校后马上撕毁了一篇名为《假期思乡》（Home Thoughts During the Vacation）的文章，而打算用文学的笔触记录下他们身处异国他乡的青春格调与学术生活。

在美国马萨诸塞州的安多弗，瓦萨学院的杨毓英先是和 1916 批的蔡秀珠、刘华采、袁世庄以及其他一些女生一起前往美国首都

① "Club News", *The Chinese Students' Monthly*, Vol. 10, No. 3（Dec., 1914）: 189.

② C. T. Kwei, "Club News: Yale", *The Chinese Students' Monthly*, Vol. 11, No. 4（Feb., 1916）: 293.

③ K. T. May, E. C. Miao, "Harvard - M. I. T.", *The Chinese Students' Monthly*, Vol. 12, No. 3（Jan., 1917）: 220-221.

④ Miss Z. Y. Wong of New England Conservatory of Music, 1916 年 9 月王瑞娴可能先就读于卫斯理学院，但估计马上转学至新英格兰音乐学院了。K. T. May, E. C. Miao, "Harvard-M. I. T.", *The Chinese Students' Monthly*, Vol. 12, No. 3（Jan., 1917）: 220-221.

华盛顿，与耶鲁大学的一些学生一起受邀参加圣诞节活动，恰如此前她所计划的一样（去华盛顿和哥哥一起过圣诞节）①，因为平安夜那天晚上，当时正在华盛顿担任公差的顾维钧公使及其夫人宴请所有在华盛顿的中国留学生，晚饭后他们度过了一段美好的时光。圣诞节的当天晚上②，他们逛了华盛顿，见到了这个城市的雄伟建筑和美丽公园。随后，杨毓英和卫斯理学院的汤蔼林一起结伴前往阿包学院，先是看望正在这里读书的她们的旧同学但同时也是1916 批的清华留美女生陈翠贞和李清廉，再前往布拉福德学院看望其他同学③，据说她们过得非常快乐。用杨毓英自己的话来说，是异常丰富多彩。④ 至于陈衡哲，她打算至少把假期的一部分时间花在欣赏宁静而白雪皑皑的瓦萨校园上，以此来滋养她的精神世界，她是这么想的，也是这么做的。⑤ 与此同时，韩美英与曼荷莲学院的另一个女同学 Tse-dao Chao 一起结伴前往纽约去过圣诞节。⑥

　　1917 年 3 月 4 日，刘华采和蔡秀珠第二次前往华盛顿特区⑦，并在第二天参加了威尔逊总统的第二次就职典礼。蔡秀珠形容这一场合是"一个美妙的景象"⑧。与她一起去参加这次典礼的，还

---

① Miss S. H. Chen, "Vassar", *The Chinese Students' Monthly*, Vol. 12, No. 2（Dec., 1916）：114.

② K. Li, "Club News：George Washington", *The Chinese Students' Monthly*, Vol. 12, No. 4（Feb., 1917）：220.

③ "Club News", *The Chinese Students' Monthly*, Vol. 12, No. 3（Jan., 1917）：169.

④ Miss Lucy Yang, "Club News：Vassar", *The Chinese Students' Monthly*, Vol. 12, No. 4（Feb., 1917）：225.

⑤ Miss S. H. Chen, "Vassar", *The Chinese Students' Monthly*, Vol. 12, No. 2（Dec., 1916）：114. Miss Lucy Yang, "Club News：Vassar", *The Chinese Students' Monthly*, Vol. 12, No. 4（Feb., 1917）：225.

⑥ "Club News", *The Chinese Students' Monthly*, Vol. 12, No. 3（Jan., 1917）：174.

⑦ "George Washington", *The Chinese Students' Monthly*, Vol. 12, No. 8（Jun., 1917）：431.

⑧ "Personals", *The Chinese Students' Monthly*, Vol. 12, No. 6（Apr., 1917）：326.

有不少其他中国留学生。1917 年 4 月 15 日，哈佛大学的几名男女同学相约一起去波士顿附近的玷池（Spot Pond）泛湖远足，周淑安和另一名刘姓女生慷慨地提供了水果和三明治。① 1917 年的暑假，周淑安与韩美英，还有其他八名男女同学，做客康奈尔大学，宾主尽欢。②

1917 年 11 月 28 日，麻省理工学院俱乐部高兴地宣布，新学年他们召开了第三次月度会议。最为高兴的是，这是史上第一次有年轻女士作为俱乐部列席成员出席的会议。欢迎会当晚的节目包括混合四重唱和男声四重唱、声乐独唱和钢琴独奏，拉德克利夫学院的周淑安、卫斯理学院的汤蔼林以及新英格兰音乐学院的王瑞娴③均进行了表演。结果，半个月后，12 月 14 日哈佛大学俱乐部要招待他们的美国朋友，特地邀请了王瑞娴、周淑安和汤蔼林等参加宴会，席间，赵元任又是诵诗又是表演钢琴，女生们一起表演了四重唱，并被起哄"再来一个"。④

1917 年的圣诞节假期期间，来自马萨诸塞州曼荷莲学院的韩美英拜访宾夕法尼亚大学俱乐部，她是华盛顿特区 Wei. C. H. Hsie 先生和夫人的客人。⑤ 很快，她又拜访了 Mrs. F. J. Bristol，顺便拜访了耶鲁大学俱乐部，聚会中她还唱了曼荷莲学院的校歌，使得耶鲁大学的学生们感觉非常高兴和荣幸。⑥

---

① "Harvard", *The Chinese Students' Monthly*, Vol. 12, No. 8 (Jun. , 1917)：432.
② Cheng-Ling Liu, "Club News：Cornell", *The Chinese Students' Monthly*, Vol. 13, No. 4 (Feb. , 1918)：237.
③ 这里原文是 The soloists were Miss Chiu and Miss Wong, 考虑到姓王还能进行独奏和独唱的音乐专业女生，女生里仅为王瑞娴了，见 "Club News：M. I. T. ", *The Chinese Students' Monthly*, Vol. 13, No. 3 (Jan. , 1918)：178。
④ S. T. Woo, "Club News：Harvard", *The Chinese Students' Monthly*, Vol. 13, No. 4 (Feb. , 1918)：238.
⑤ S. Y. Yang, "Club News：Pennsylvania", *The Chinese Students' Monthly*, Vol. 13, No. 4 (Feb. , 1918)：240.
⑥ W. J. Wen, "Club News：Yale", *The Chinese Students' Monthly*, Vol. 13, No. 5 (Mar. , 1918)：296.

这里面当然有比较特殊的学生，比如颜雅清。1922 年 2 月，《月报》上曾有一条个人信息，说颜雅清小姐与她的父亲在华盛顿度过了她的新年假期。人们普遍认为，她是这个国家现在最受欢迎也是最有魅力的中国女孩之一。[①] 颜雅清的日子过得比较潇洒，1922 年 11 月的《月报》上显示，希尔达·颜小姐于 10 月 21 日在波士顿和纳蒂克度过了周末。[②]

除了与中国学生们交流，女生们还与不少美国人交朋友，在文化交流中增进情感。比如，Margaret Burton 是一位非常关心中国女子教育的美国女教育家，她经常走访美国各女校，与中国女留学生们交流交往颇多。1916 年上半学期的春假期间，4 月 8 日到 10 日，她就专门拜访了曼荷莲学院，了解女生们的在校情况，鼓励她们认真读书和生活，很快，另一位关心她们的老朋友 Dr. Mary Stone，也专程来给整个学院做讲座，顺便跟女生们交流近况。[③]

1917 年 2 月 7 日，在阿包学院求学的陈翠贞与李清廉，与所有在该学院就读的中国女留学生以及在菲利普斯学院（Phillips Academy）就读的中国男生们一起，被邀请与牧师 Stackpole 先生及其夫人 Mrs. Stelle 共进晚餐，这两位是在中国待了有 20 年的传教士夫妇。[④] 当年的 5 月 2 日，曾经在清华学校担任过音乐教师的 Harriet Carter 小姐举办茶话会，她是 Katherine Seelye 小姐的朋友（另一位很关心中国留学生的美国女性），特地邀请阿包学院的所有女留学生以及菲利普斯学院的所有男生一起交流，据说，他们

---

① "Personal News", *The Chinese Students' Monthly*, Vol. 17, No. 4 (Feb., 1922): 347.

② "Personal News", *The Chinese Students' Monthly*, Vol. 18, No. 1 (Nov., 1922): 69.

③ Grace Yang, "Club News: Mount Holyoke", *The Chinese Students' Monthly*, Vol. 11, No. 7 (May., 1916): 522-523.

④ Chi Chuan Yu, "Club News: Andover", *The Chinese Students' Monthly*, Vol. 12, No. 5 (Mar., 1917): 272.

在一起度过了一段美好的时光。① 1919 年 3 月 10 日，巴尔的摩的前任市长阿尔肯斯·胡珀（Alcaens Hooper）夫妇热情邀请中国学生联谊会成员在他们家共进晚餐，俱乐部成员很高兴地邀请了刘华采②，并称他们受到了皇室般的款待③。

据蔡秀珠记录，1918 年 3 月一个周末，从中国回来的美国传教士威尔士小姐和格林小姐拜访了瓦萨学院的中国学生俱乐部。④曼荷莲学院的中国学生俱乐部则在 1922 年 3 月 4 日，为校长玛丽·E. 伍利女士举办了一场晚宴，以庆祝她结束为期七个月的访华之旅。据说姑娘们准备了三天的菜肴，自己烹饪中国食物，大受好评。⑤

而且，这群中国留美女生并非到了美国后就只顾着学习和享受美国大学生活，而是时刻关注着国内政治和社会的动态。1917年 10 月，华北发生水灾，消息传到美国后，美国各大学留美中国学生俱乐部迅速发起了救灾筹款活动。最终，留美中国学生联合会通过专员熊希龄汇给中国的救灾金为 3833.21 美元，余额为44.39 美元。⑥

爱国主义情怀实际上在国内读书时候就已经逐渐养成。出国的种种对比与遭遇，只不过使得这些情怀更深刻地烙印在女孩子们的心里，转化成刻苦学习的动力。经过统计，这 53 名留美女生，除了少数几个，最后几乎都在学成后归国了。这批女生心里，也

---

① "Club News: Andover", *The Chinese Students' Monthly*, Vol. 12, No. 8 (Jun., 1917): 430.

② Miss Laura H. T. Liu.

③ K. C. Sun, "Club News: Baltimore", *The Chinese Students' Monthly*, Vol. 12, No. 6 (Apr., 1917): 318.

④ "Club News: Vassar", *The Chinese Students' Monthly*, Vol. 13, No. 7 (May., 1918): 418.

⑤ Be Kyung Yang, "Club News: Mount Holyoke", *The Chinese Students' Monthly*, Vol. 17, No. 6 (Apr., 1922): 563.

⑥ C. H. Wang, "Final Report of the Flood Relief Campaign", *The Chinese Students' Monthly*, Vol. 13, No. 6 (Apr., 1918): 341-342.

许正如中国留学生在一些自己创办的杂志上所题写的"知耻而后勇"等字眼一样，或者又如同当时正在清华园里就读的那些少年郎一样。一方面，她们享受着庚款兴学政策带给她们的好处；另一方面，在她们的内心，也许未必不把这份享受当成一种耻辱。是的，清华奖学金，实际上是一份耻辱，它时刻提醒着她们，让她们感受真切：我是中国人。也许正是这样的一种耻辱感，促使她们在美国留学时，任何时候都不敢放松自己。

可惜的是，1923 年以后，因为《月报》数次改版，1923 批、1925 批和 1927 批女生的踪迹难觅。但可以肯定的是，这些女生旅居美国的时期，其实正是她们人生的定型期，再社会化的经历对她们整个一生产生重大影响。她们在美国的经历对她们的政治情感、职业和婚恋观影响都非常大。学界长期以来关注较多的是与她们同批出国留学的男性留学生，但实际上，这批女性作为中国高知女性，成为后来中国现代化建设中一支不可忽视的力量。她们引进美国式"现代性"（modernity），更多地体现在社会习俗的改变、人际关系的转型以及生活方式的西化方面。笔者将在下一章讲述她们回国后的故事。

第五章

教育成效：53名留美女生的职业成就与婚育叙事

53 名清华留美女生完成学业并陆续归国的时间刚好是在 20 世纪二三十年代。这一时期，国内女子教育宗旨主要是培养能走出家庭、服务社会的"女子国民"，当然，与此同时，亦有不少意见认为女子教育还是要兼顾培养新式的"贤妻良母"，要求女性接受教育后既能回归家庭、相夫教子，又能为社会做出应有贡献。

这批在 20 世纪初到美国学习而逐步转变为"现代"中国人的女留学生，回国后迅速成为中国第一批知识女性的主体力量。她们与留美男性一样，散落在教育、医学、音乐等社会各界，为 20 世纪中国社会的现代化建设做出了自己的突出贡献。这批女留学生既属于 20 世纪上半叶中国留学大潮的一部分，又带有鲜明的女性群体特点。她们归国后的职业角色基本上是在"贤妻良母"与"职业女性"之间摇摆不定。

第一节 归国后的职业与婚姻概况

根据笔者查阅到的她们的就职情况资料，除了有 1 人早逝，另有 6 人情况未明①外，据不完全统计，其他 46 名女生的资料显示，

---

① 胡永馥（1923 年留美）于 1926 年底与音乐家黄自订婚，1927 年回国，1928 年 3 月因心脏病去世，二人往事详见廖崇向《廖辅叔文集·乐苑（转下页注）

毕业后选择从事音乐创作以及音乐教育类工作的有 7 人①，在北京协和、天津妇孺等医院从事医药学、营养学工作的有 14 人②，在各大学（如北京大学、北京女子高等师范学校等）和中学（如南开中学等）任教（包括长期或者短期，执教科目包括历史、英语、体育、数学、物理、生物、化学）者有 16 人③，其中包括中国第一位女教授陈衡哲；担任校长、学校其他行政管理者的有 5 人④；热心于社会事务者有 3 人⑤，包括中国最早的女飞行家之一颜雅清；新闻记者 1 人，即张继英。可以看出，绝大部分女生在学成归国后都投身于中国社会各行各业。当然，全面考评这批留美女生归国后在专业上的发展并非本书的主要目的，但综观她们在整个 20 世纪的表现，绝大部分留美专科女生回国后都能将所学致于所用，在面对中国社会的需求时，一直孜孜不倦、坚持不懈地在一些专业领域进行默默无闻的研究。

（接上页注①）谈往》，华乐出版社，1996，第 265 页，以及刘再生《千古文章未尽才——黄自对音乐创作与音乐教育的贡献》，《中国音乐教育》2014 年第 1 期；胡汉纳（1923 年留美）、唐绿蓁（1925 年留美）、黄桂芳（1925 年留美）资料基本缺失，而虽知李凤麟（1914 年留美）、刘华采（1916 年留美）、张纬文（1925 年留美）一些资料，但无法判断三人的就职情况具体如何。

①　名单如下：1914 批次的汤蔼林（另就职于上海女青年会）、王瑞娴、周淑安、杨毓英（兼任英文教师），1918 批次的顾岱毓，1923 批次的朱其廉，1925 批次的张玉珍。

②　名单如下：1916 批次的陈翠贞、李清廉、方连珍、邝翠娥、严惠卿、黄桂葆，1918 批次的王淑贞、章金宝，1921 批次的林同曜、桂质良、倪徵琮，1923 批次的王志宜，1925 批次的凌淑浩（毕业后留美未归国），1927 批次的龚兰珍。

③　如从事历史教学工作的有陈衡哲（1914 年留美）、王国秀（1921 年留美）；从事专职与兼职英文教学工作的比较多，如 1916 批次的袁世庄、梁逸群等；从事生物化学教学工作的有 1918 批次的丁素筠，1927 批次的张锦、曹简禹等；从事体育教学的有 1914 批次的张端珍；从事数学、物理教学工作的有 1921 批次的黄孝贞、陆慎仪，1923 批次的顾静徽，1914 批次的唐玉瑞和 1916 批次的蔡秀珠（只查到二人任教于南开中学，未知具体科目），以及 1921 批次的倪逢吉（燕京大学教员）。1927 批次的曹静媛，曾任教于培成女校；应谊，曾任教于北京大学。

④　1918 批次的杨保康、胡卓、杨佩金、朱兰贞，以及 1921 批次的黄倩仪。

⑤　1914 批次的林荀，曾供职于天津某会，担任会长；韩美英，曾供职于南京财政部会计司；1921 批次的颜雅清，就职于联合国。

为更客观展现这些庚款女生的学业成就，我们仍然按照出国年份的批次来一一呈现她们归国后的就业去向与婚姻概况。以下内容先按照个体分人介绍的方式进行概括性梳理，然后再做整合性归类介绍。

一 1914 年第一批

汤蔼林，1919 年 6 月毕业于卫斯理学院音乐专业，1919 年暑假归国后，9 月先任教于上海南门长老会女子学校（South Gate Presbyterian Girls' School, Shanghai）。① 1920 年 1 月 1 日下午，寰球中国学生会举办新年会，汤蔼林受邀进行钢琴独奏，据说她弹奏得"抑扬婉转，有高山流水之概"，一时间，"掌声雷动"。② 资料显示，1920 年汤蔼林任职于上海女青年会，年底，她担任清华同学会上海分会副会长③，有趣的是，当时担任会长的正是她的未来夫婿王正序。1921 年 3 月 20 日晚，汤蔼林与王正序举办订婚仪式。④

汤蔼林、王正序两人于 1922 年结婚。不过，汤蔼林结婚后，关于她的信息记录遂变少了。1925 年清华学校在做统计时，汤蔼林的联系方式为"新加坡交通银行王正序转"⑤，因为她当年已经跟随出任新加坡华侨银行副总经理的丈夫远赴南洋，之后王正序出任和丰银行香港分行经理，她又随其移居香港。他们此后先是在纽约居住，后来搬到华盛顿，1980 年，她 86 岁时去世，被安葬在弗吉尼亚州阿灵顿（Arlington）。⑥ 汤蔼林在音乐上的天赋与造

---

① "Personal News", *The Chinese Students' Monthly*, Vol. 15, No. 1（Nov., 1919）：49.
② 《点缀元日之集会纪：寰球学生会之新年会》，《时事新报（上海）》1920 年 1 月 3 日第 9 版。
③ 《清华同学分会成立》，《神州日报》1920 年 12 月 31 日，当时王的职务显示的是任职于中美商业公司。
④ "The engagement of Mr. C. H. Wang and Miss E-Ling Tong", *The China Press*, 1921 年 3 月 20 日第 4 版。
⑤ 清华学校：《清华一览》，1926，第 134 页。
⑥ 宫宏宇：《清华学校首批庚款留美女学人中的音乐人》，《音乐艺术（上海音乐学院学报）》2021 年第 1 期。

诣，体现在培养其女儿王安敏上，女儿长期侨居美国，是中国第一批探索西方风格的女作曲家之一，作品包括声乐、器乐、合唱、歌剧和交响乐等，并在美国多次获奖。

王瑞娴，先是毕业于卫斯理学院，后于 1919 年春季肄业于新英格兰音乐学院。归国后，短期供职于上海女青年会（1920 年统计数据）。1920 年清华同学会上海分会成立时，她的职务是教员。此后，她还担任过上海妇女会英文书记员和音乐教员。[1] 1921 年秋季，她返回美国继续学习，一直到 1923 年获得该校"钢琴演奏家文凭"才回国，据说她是该校第一位中国毕业生。[2] 关于她的职业成就，后文将详叙。丈夫是儿童教育专家董任坚（Tung Jien Chen），女儿为钢琴家董光光，女婿为小提琴家马思宏[3]。

周淑安[4]，1920 年归国后，或曾短暂居于上海[5]，随后就职于广东女子师范学校。她的丈夫为清华同学胡宣明[6]，1922 年与夫居沪，此时致力于社会事业，但 1923 年伊始，则在其母校上海中西女塾任教。1929 年到上海国立音乐专科学校任职，之后是厦门大学音乐研究员，成为厦门大学历史上最早的音乐教师。1937 年清华大学统计时为国立音乐专科学校声乐组主任。周淑安被称为

---

[1]　《一千九百十四年毕业者》，《墨梯》1921 年第 4 期。

[2]　汪镇美：《被遗忘的早年旅美钢琴家董光光》，《钢琴艺术》2020 年第 10 期。

[3]　中国第一代小提琴作曲家与演奏家马思聪之胞弟。

[4]　作为中国第一位女指挥家，中国音乐教育的先驱人物，音乐界非常著名的数个"第一"获得者，周淑安应为 1914 年第一批留美庚款女生中最为著名者。学界关于周淑安的研究文章有十来篇，而普通民众对其更熟悉的原因，则是在 2015 年厦门电视台曾专门录制了一系列以"爱在鼓浪屿"为主题的鼓浪屿申遗微电影，其中第八则为《音乐小天使周淑安》，主要讲述少女周淑安对钢琴的执着与痴迷的故事。此后，影片被送往联合国申遗审批，并在厦门电视台一套播出。

[5]　1920 年 12 月 31 日清华同学会上海分会成立时，与会人员分别填写了各自职务与供职单位。资料显示，胡宣明任职于中华卫生教育会，周淑安的职务是"教员"。当天晚上周淑安表演了歌曲独唱。见《清华同学分会成立》，《神州日报》1920 年 12 月 31 日。

[6]　胡宣明在大学毕业之后，考入清华学校，后公费赴美国留学，在约翰·霍普金斯大学攻读医学专业，成为第一个在这所名校学习的中国人。

"第一个到美国学习声乐"的中国人，"可以说是开创中国近现代音乐艺术先河的第一代歌唱家和第一代声乐音乐家"之一。[①]

张端珍，1919 年归国后就职于北京女子高等师范学校，1921 年江苏省立各校召开春季运动会时，曾担任第三女师范篮球队裁判员。1921 年中西女塾统计毕业生的工作单位时，其为南京国立高等师范教员。[②] 1922 年曾在东南大学教育科任教。[③] 1924 年 6 月统计时为"厦门大学英文讲师兼教育科女子体育部筹备主任"[④]。1933 年，她参加了中国科学社年会，当时称其为上海暨南大学英文教授。[⑤] 但到 1937 年 4 月清华大学统计《清华同学录》时，记载其曾为"国立暨南大学英文教授兼上海商学院英文讲师"[⑥]。因在美期间曾专习体育，故张端珍回国后极力推动我国女子体育运动发展。1930 年，她被委任为上海市教育局科员[⑦]，同年，因当局禁止女性参与运动会，曾专门撰文指出此举"与男女平等观念不合"[⑧]。颇为遗憾的是，张端珍于 1935 年因病去世，一生未婚。

陈衡哲，1920 年暑假归国后，任北京大学西洋史兼英语系教授[⑨]，其丈夫为清华同学任鸿隽。陈衡哲被称为"中国第一个女教授"，此后也一直辗转于各高校任职，著述颇丰，为清华留美庚款

---

① 丁汝燕：《中国现代声乐艺术教育的开创者——周淑安、赵梅伯》，《中国音乐》2006 年第 3 期。

② 《一千九百十四年毕业者》，《墨梯》1921 年第 4 期。

③ 东南大学高等教育研究所编《郭秉文与东南大学》，东南大学出版社，2011。

④ 清华同学干事部：《回国同学录》，《清华周刊》1924 年十周年纪念增刊。

⑤ 金富军：《1949 年前清华大学资助留学生类型考察》，《江苏师范大学学报》（哲学社会科学版）2015 年第 1 期。

⑥ 北平清华大学：《清华同学录》，国立清华大学校长办公处，1937。

⑦ 上海市政府令第四八九号至第四九四号：《兹委任邝国彬、张天恩、葛鸿钧、丁重宣、张端珍、陈端志为本市教育局科员此令》，《上海市政府公报》1930 年第 65 期，第 4 页。

⑧ 张端珍：《女子田径赛运动说》，《体育季刊》1923 年第 2 卷第 3 期。

⑨ 1921 年 4 月的《月报》上记载，"the well-known reader and critic of *the Dreams of the Red Chamber*"。为留美学生们所熟知的对《红楼梦》颇有研究的陈衡哲，在北大历史系任教。见 "Personal News", *The Chinese Students' Monthly*, Vol. 16, No. 4（Feb., 1921）：305。

女生群体中较为外界熟悉者，近年来其学术著作、小说等也屡被学界所挖掘与研究。陈衡哲的史学造诣颇高，与蒋廷黻、陶孟和、何炳松等在五四运动以后新史学传播史上贡献齐名。

唐玉瑞，1923 年获得社会学硕士学位，1923 年与其夫蒋廷黻[①]归国，在回国的船上就举行了结婚典礼。此后跟随丈夫任教于南开中学。1937 年清华大学统计时，她在中国驻莫斯科大使馆，应该是跟随其夫在国外生活。

杨毓英，1919 年 9 月回国[②]，直到 1922 年统计均显示在松江传道书院担任教师[③]。1920 年清华同学会上海分会成立时，其职务为教员，到 1924 年统计时在广州观音山执信女学[④]及真光女学校执教音乐与英文，到 1929 年时有记录其曾前往北平女附中进行同乐会表演，同年在《女子文艺》发表了散文《初夏天气》[⑤]，丈夫为陆君或者卢君或罗君。[⑥] 1917 年 6 月的《月报》上，曾有一则短讯，上面记录了一个公告，内容是瓦萨学院的杨毓英与哥伦比亚大学的罗君（P. S. Lo）已经订婚了，此时杨毓英才是大二学生。[⑦]

韩美英，1919 年归国。1920 年 1 月 11 日《申报》的新闻显

---

① 蒋廷黻（1895—1965），中国著名历史学家、外交家，台湾"中研院"院士。

② 10 月 4 日的《神州日报》写道，欧美女子同学会曾于 1919 年 9 月 26 日晚上在妇女青年会总委办处开欢迎大会，欢迎由美归国诸女士，其中就包括"美国藩萨女校四年毕业之杨毓英女士"，被邀到会者还有汤蔼林、宋美龄和宋子文等，宋美龄与汤蔼林还"合歌一曲"。据称，当日到会者"演说及谈话无不用英语"，见《欧美女子同学会记事》，《神州日报》1919 年 10 月 4 日第10 版。

③ 《清华女同学》，《清华周刊》1922 年第 261 期。

④ 清华同学干事部：《回国同学录》，《清华周刊》1924 年十周年纪念增刊。

⑤ 杨毓英：《初夏天气》，《女子文艺》1929 年第 1 期。

⑥ 1920 年清华同学会上海分会成立时，她的名字显示为"罗杨毓英"；清华文库以及 1924 年十周年纪念增刊均统计为"卢杨毓英"，不过据《清华周刊》1922 年第 254 期以及 1921 年纪念号，均显示其为陆夫人。故其夫婿姓"陆"或者"卢"或"罗"暂时存疑。因史料缺失，未知其夫婿全名。

⑦ "Personal Notes", *The Chinese Students' Monthly*, Vol. 12, No. 8（Jun., 1917）：9.

○寄茹辛　◁士女英毓楊▷
（演表會樂同中附女平北於會）
○婚訂君Y與巳現○
Miss Yang Yu Ying.

杨毓英

图片来源：《北洋画报》1929 年第 373 期。

示，她受聘于上海基督教女青年会体育师范学校①，担任庶务工作。她所学本科专业为家政学，所以担任学校的庶务工作也算是专业对口。1920 年 12 月，她被清华同学会指定担任支会委员。② 1937 年清华大学统计时，她供职于南京财政部会计司。③ 1948 年 2 月 14 日的《大公报》上曾刊登有署名"韩美英"的文章，是感叹内战导致孩童流离失所不能接受教育的，不知是否为我们研究中的韩美英。④ 她与清华同学刘国志于 1920 年结婚，有资料显示她结婚后闲居北京，但丈夫不幸于 1923 年因病去世。⑤

---

① 上海基督教女青年会体育师范学校为当时上海著名体育师资培训学校，校长为梅爱培，副校长为陈英梅。见《女青年会体育师范校舍落成》，《申报》1920 年 1 月 11 日第 11 版。
② 《清华同学会》，《清华周刊》1920 年第 202 期。
③ 北平清华大学：《清华同学录》，国立清华大学校长办公处，1937，第 52 页。
④ 韩美英：《风雪中的卖报女孩子》，《大公报（上海）》1948 年 2 月 14 日第 9 版。
⑤ 《旧同学新闻》，《清华周刊》1923 年第 281 期。

林荀①，1919 年 8 月归国后，为天津某会会长。1919 年暑假归国，其夫为薛桂轮②。1919 年 11 月 2 日，两人在天津举办订婚晚会，参加宴会者有张伯苓（Poling Chang）等和其他一些归国学生。③

李凤麟④，1919 年毕业归国，闲居天津⑤，其夫为关颂声。1920 年 4 月 10 日，李凤麟与关颂声二人举行了结婚典礼，在刊登二人结婚信息的《申报》中赞美李凤麟"淹贯中西，而又长于跳舞"⑥。关颂声与李凤麟同一年入美国留学，或许二人在去美的游轮上就相知相识，可以想象二人在美期间自由恋爱，结下了深厚的情谊。

二　1916 年第二批

袁世庄，1921 年 9 月回国，受聘于北京女子高等师范学校（女师大前身）任教，曾在苏州女子师范学校、振华女子学校任教。⑦ 1928 年，曾任苏州女中的英文首席教师，与当时的校长陈云仪、扩充教育部长俞庆棠、自然科首席杨荫榆、事务主任章君度一起作为骨干执教于该校。⑧ 1937 年清华大学统计时，为苏州女子中学一级振华女学教员。袁世庄夫婿为汪懋祖。

陈翠贞⑨，医学博士，1926 年返国后，除了从事儿科医学的教

---

① 清华文库为"（薛）林荀"，根据历次表格为林荀，又清华文库中林荀材料缺失，根据《游美学生方面》（《清华周刊》1921 年纪念号第 24 页）可知林荀 1914 年进入卫斯理学院就读，所学专业为经济学，并于 1919 年回国。

② 薛桂轮（Mr. K. L. Hsieh），字志伊，号环五，1893 年 9 月 22 日出生于无锡玉祁街道礼社，毕业于美国科罗拉多大学，民国时期著名的矿物学家。

③ "Personal News", *The Chinese Students' Monthly*, Vol. 15, No. 3 (Jan., 1920)：73.

④ 根据《游美学生方面》（《清华周刊》1921 年纪念号，第 37 页）李凤麟在康奈尔大学又修习了美术和历史，并均获学士学位。

⑤ 此时其夫应在天津法界马家口基泰工程公司就职，见历次《清华周刊》统计材料。

⑥ 《李凤麟女士与关颂声君结婚预志》，《申报》1920 年 4 月 10 日第 11 版。

⑦ 张晓洁：《近代江苏女留学生群体研究》，硕士学位论文，江南大学教育学系，2019，第 87—88 页。

⑧ 《苏州女中之教职员自左而右校长陈允仪扩充教育部长俞庆棠自然科首席杨荫榆英文首席袁世庄事务主任章君度诸女士》，《时报》1928 年 3 月 14 日第 10 版。

⑨ 后文详述。

学，也致力于儿科医学的研究。她开创了儿童保健事业。1937 年前曾担任北平协和医院小儿科医师。1940 年创用氨苯磺胺治疗儿童急性菌痢，1944 年取得这一技术的成功。[①] 儿童福利工作人员会议于 1944 年 9 月 23—24 日在重庆召开。其中 23 日上午，陈翠贞做《儿童一般疾病及其预防法》演讲。[②] 1944 年 10 月 10 日，陈翠贞与毛泽东等人一起被授予胜利勋章。[③] 抗战胜利后，她任上海医学院附属中山医院儿科主任。1949 年 12 月 6 日，医务工作者工会在上海成立，其中执行委员之一为陈翠贞。[④] 她的夫婿为著名医生沈克非。

蔡秀珠，1922 年回国，1937 年清华大学统计时，任教于南开中学。蔡秀珠夫婿是张彭春。

李清廉，1929—1934 年任教于上海中西女中，一直担任学校医生，同时兼教体育。[⑤] 夫婿为上海慎昌银行经理陈正咸。

黄桂葆，1921 年回国，担任北京协和医院食务科主任一职，此后长期工作于此。1926 年曾因在饮食卫生一领域有突出声誉而被当时清华校长曹云祥赞为杰出校友，称其为"事属专艺，学擅胜场；行能卓卓，名重一时"[⑥]。1930 年协和医院派她再度赴美国哥伦比亚大学继续研究饮食治疗以及细菌之学，得硕士学位后仍回协和医院工作。历任中华基督教北平女青年会会长，女青年会

---

① 《上海妇女志》编纂委员会：《上海妇女志》，上海社会科学院出版社，2000，第 602 页。

② 《福利会议通过抢救战区儿童》，《时事实报（重庆）》1944 年 9 月 24 日第 2 版。

③ 《国府明命抗战有功人员给予胜利勋章》，《大众报（澳门）》1945 年 10 月 13 日第 2 版。

④ 《掌握医药武器保卫人民健康医务工作者工会成立》，《文汇报（上海）》1949 年 12 月 7 日第 2 版。

⑤ 中西女中（1892—1952）在统计中国教职员时，将其所教学科统为"体育"，第 259 页；但是根据中西女中内部刊物《墨梯》1930/1931/1934 年登载的教职员资料，其职务均为"School Physician"，意为校医。见 Faculty: Administration: Dr T. L. CHENLI（陈李清廉），《墨梯》1931 年第 1931 期。

⑥ 曹云祥：《清华学校之过去、现在及将来》，载清华大学校史研究室编《清华大学史料选编》（第一卷），清华大学出版社，1991，第 41 页。

DR. T. L. CHEN LI

陳李清廉

School Physician

李清廉

图片来源：《墨梯》1930 年第 1930 期。

全国协会会计，1934 年为全国协会会长。① 夫婿为黄秀峰。

梁逸群，1922 年求学于哥伦比亚师范大学，研习社会学和哲学，但中途因病归国，任教于广州圣希腊达女学（又译作三水梁达善堂）。夫婿为庄泽宣②。待到 1922 年底庄泽宣归国后在清华学校任职，遂跟随其夫在清华学校。此后一直紧跟其夫辗转于国内各高校。曾在中山大学英吉利语言文学系教授作文及修辞课，每周三小时的上课时间，上课内容围绕解释作品要点及名人作品中较复杂的语法等。③ 20 世纪 30 年代曾帮助庄泽宣在清华校内进行

① 《黄秀峰夫人（黄桂葆女士）》，《女青年月刊》1934 年第 13 卷第 8 期。

② 庄泽宣是中国著名教育家，浙江嘉兴人，祖籍常州，是江南顶级书香世家常州庄氏的后人。1916 年，庄泽宣毕业于北京清华学校，后留学，先后获哥伦比亚大学、普林斯顿大学教育与心理学博士学位。

③ 《国立中山大学文科概览》，国立中山大学出版部，1930，第 34 页。

募捐活动①，40 年代曾有关于儿童教育的文章发表出来。大约在1949 年随夫庄泽宣赴南洋教书，献身海外华人教育。② 后随夫定居美国。

方连珍，1921 年回国，直到 1937 年她都任职于上海西门妇孺医院，此后曾任职于上海交通大学口腔医学院儿童牙科，其夫婿为冯君。1936 年获得由上海市卫生局颁布的牙医师证书，彼时她41 岁，发给证书号为"牙字第二四号"，允许执行业务地点为上海。③ 20 世纪 40 年代她在上海震旦大学牙医学系附属广慈学院开设了儿童牙科诊室并开始从事诊治工作，这可谓我国儿童牙科的雏形。故曰，她与同时代的王巧璋等，是儿童牙科的开创者。④ 为继续推进儿童牙医学的进步，她还与总编辑张涤生一起于 1953 年创办了《上海二医口腔医学文摘汇刊》。她始终奋斗在儿童牙医学这一领域。

刘华采，1922 年回国，就业材料缺失，婚姻状况不明。目前唯一能查阅到的文献，是 1943 年刘华采发表在《妇女新运》上对美国婚姻的介绍一文，从文中推断其婚恋思想开明。⑤

邝翠娥，独身，1926 年在康奈尔大学获得医学博士学位后于1927 年回国，在上海行医，历任上海女子医学院教授、西门妇孺医院院长兼内科主任。邝翠娥是上海医师公会会员。1953 年任上海第二医学院附属广慈医院（今瑞金医院）内科副主任、内科学教授。专长为消化系统内科。她一生培养了非常多的著名医生和

① 《本会募集捐款近讯：梁逸群君（庄夫人）：[照片]》，《清华校友通讯》1934 年第 8 期。

② 庄孔韶：《中国大教育家庄泽宣先生行止——故居、学术与大族传承》，《当代教育与文化》2014 年第 1 期。

③ 《发给证照一览：牙医师给证一览》，《卫生署医药证照公告月刊》1936 年第6 期。

④ 石四箴：《中国儿童口腔医学回顾与展望》，《中国实用口腔科杂志》2008 年第 1 卷第 5 期。

⑤ 刘华采：《美国婚姻的剪影》，《妇女新运》1943 年第 5 卷第 8 期。

医务工作者。

严惠卿，1927 年回国。清华同学会在统计时，显示她在 1933 年以前，曾在北平协和医学院服务，担任讲师。[1] 不过到了 1937 年清华大学校长办公处统计时，她的工作单位为福建协和大学[2]，是为教授，专长为生理卫生。可见此时，已经随夫在福州就职。夫婿为福建协和大学校长林景润，林景润一直在福建协和大学工作，自 1928 年起担任福建协和大学校长，长达 20 年。初步估计严惠卿婚后即与他在福建协和大学工作，兼任职务为校医。

三　1918 年第三批

王淑贞，1926 年返国后，担任上海西门妇孺医院妇产科主任，兼任上海女子医学院教授。[3] 1932 年她升任该院院长，成为该校第一位中国籍院长。她被誉为现代中国杰出的妇科医学先驱，后文将详述。

丁素筠，1923 年 8 月刚回国，就作为寰球中国学生会的代表，与启秀女学、民生女学的学生一起，欢送黎元洪的女儿黎绍芬赴美留学，留有照片一张。随后担任沪江大学生物系教师。后来因为一时疏忽导致大儿子在六岁时淹死，为从痛苦中解脱，与其夫婿尹任先一起信仰基督教，成为著名的尹师母，此后一直专职传教。[4]

顾岱毓，目前，学界关于顾岱毓的材料较少，大约可知其在 20 世纪 20 年代是著名的音乐理论家与表演家，与黄自等人齐名。1938 年翻译出版过忒涅（W. J. Turner）所著的《音乐概论》[5] 一

①　清华大学同学会：《清华同学录》，编者印行，1933，第 332 页。

②　北平清华大学：《清华同学录》，国立清华大学校长办公处，1937，第 70 页。

③　周棉：《中国留学生大辞典》，南京大学出版社，1999，第 37 页。

④　《寰球中国学生会启秀女学民生女学欢送黎总统女公子绍芬女士赴美留学摄影》，《寰球中国学生会周刊》1923 年 8 月 11 日第 6 版。

⑤　忒涅：《音乐概论》，商务印书馆，1938。

书，被时人评为"唯一企图恐怕是在发挥作者本人对于音乐欣赏的见解"，"这些见解是高明的，而且是属于第一流的"[①]。嫁的是王姓清华同学。

杨保康，1923年回国，在上海大同大学任教授，后任南京女子中学校长，因学潮去职。20世纪30年代起任上海大夏大学附设女子幼稚师范学校主任。后不久进入清华大学，在图书馆任职，此后尽管有职务变动，但一直在清华工作。其丈夫沈履（沈茀斋）是著名学者，曾任浙江大学秘书长、清华大学秘书长和西南联大总务长，中华人民共和国成立后在北京大学任教。钱锺书、杨绛夫妇在1949年北上任教清华大学时，最初就借住在杨保康家。

胡卓，1927年后开始任上海大同大学文学院外国文学系主任兼图书馆主任[②]，她是中国科学社社员，有分股。在1928年曾撰文悼念其兄胡明复。[③] 1932年为解决图书馆弊端问题，曾撰文对建立新型图书馆进行了深入探讨。[④]

章金宝，1937年清华学校统计时，她在上海广仁医院服务。[⑤]

杨佩金，1922年归国，首任南开大学教授，夫婿为张信培。1937年清华大学做统计时，联系方式为杭州宝庆医院。

朱兰贞，也作朱兰珍，1923年回国，1923—1927年为圣玛利亚女校教师，1927—1941年任职于中西女中；1942—1949年8月任圣玛利亚女校校长，后被歹徒杀害于校长室。她担任校长期间，正是圣玛利亚女校最艰难的时期。她想尽一切办法，带领着全校师生度过了艰难的抗战时期，正是在她任期内，圣玛利亚女校完成了在上海市教育局立案的工作，拓宽了学生升学渠道。

---

① 顾梁：《评顾岱毓译〈音乐概论〉》，《乐风》1941年第1卷第5—6期。
② 陈亮：《胡雨人先生与无锡天上市村前图书馆》，《新世纪图书馆》2011年第11期。
③ 胡卓：《中国胡明复与英国耶方斯》，《科学》1928年第13卷第6期。
④ 胡卓：《建设雏形图书馆》，《大同友声》1932年第2卷第2期。
⑤ 北平清华大学：《清华同学录》，国立清华大学校长办公处，1937，第94页。

四 1921 年第四批

王国秀，回国后就职于华东师范大学，后成为历史学教授。江苏昆山人，又名竹素。她精通英语、懂法文，专攻世界近现代史。曾任金陵女子文理学院教授、中华基督教女青年会执行委员及主席。新中国成立后历任震旦大学教授，震旦大学女子文理学院院长、副校长，华东师范大学教授兼图书馆馆长，第四届全国政协委员，上海市民主妇联执行委员。发表过《十八世纪中国茶和工艺美术品在英国流传情况》《阿拉伯民族对世界文化的贡献》等论文，著有《英国中世妇女生活史》等著作。

林同曜，1925 年回国，专长于牙科，1933 年清华大学同学会统计时她任职于北平协和医科大学[1]，夫婿为吴卓[2]，1937 年统计时她在广州[3]。抗战胜利后，一直跟随丈夫生活在台湾，晚年夫妻在美国生活。

桂质良，1929 年学成返国，首先就职的是北京道济医院（今北京第六医院），直到抗战前，也曾在北平协和医院担任医生。[4] 1937 年统计时，又显示为"个人行医"[5]。其间还曾于 1943—1947 年在圣玛利亚女校担任过教师。夫婿为闻亦传（闻一多堂兄），两人在美国结婚。女儿闻玉梅是当代著名科学家，中国工程院院士。

黄孝贞，1925 年从拉德克利夫学院毕业，1926 年 2 月 19 日与哈佛大学毕业生 Mr. Kan Lee 在美国康涅狄格州举行了婚礼，两人

---

① 清华大学同学会：《清华同学录》，编者印行，1933，第 98 页。
② 吴卓，河北大兴（今属北京）人，制糖专家；当年在直隶省与梁实秋同榜考入清华学校；1928 年获美国俄亥俄大学化学工程硕士学位；抗战胜利后，由经济部资源委员会派赴台湾任特派员办公处接收委员，一直服务于战后台湾最大的公营企业及经济支柱台湾糖业公司，曾任台糖台东分公司经理、台湾糖业研究所所长等职。
③ 北平清华大学：《清华同学录》，国立清华大学校长办公处，1937，第 136 页。
④ 清华大学同学会：《清华同学录》，编者印行，1933，第 153 页。
⑤ 北平清华大学：《清华同学录》，国立清华大学校长办公处，1937，第 136 页。

去新英格兰蜜月旅行后，定居在美国马萨诸塞州。[1] 1937 年以前，相夫教子，家务操劳之余，先后于中央、交通、光华、大同等大学任教统计、数学课程。以"李黄孝贞"的名字与陆宗蔚合作翻译了美国 F. C. MILLS 著的《统计方法》，中华书局 1941 年 9 月印行。从该书的"译本序"中可得知，此书为"研究统计学者最适用之初级版本"，"吾国各大学多采用之"，黄孝贞也在大学"数度讲授是书"[2]。她大约从 1935 年开始从事此项翻译工作。夫婿为李君，1960 年随夫前往台湾，曾任台湾政治大学财税系数学教授多年。

陆慎仪，1925 年返国后一直到 1931 年，先在南京金陵女子大学任教数学与物理 6 年[3]，后在上海暨南大学理学院及大同大学担任算学教授，专长于"数学分析"课程。1933 年专任上海大同大学教授。[4] 30 年代协同创建中国数学会，是成员之一。后又出国进修，大约 1937 年初回国，任湖南大学数理教授，1937 年 7 月回金陵女子大学任教，但抗战期间仍回湖南大学任教，湖南大学西迁辰溪时，任教于湖南大学数学系，1945 年在南京中央大学物理系教一年级的普通物理。1946—1948 年再返回金陵女子大学任教，1946—1947 年代理教务主任，兼教数理学。1948 年 8—9 月以金陵女子文理学院教授身份应邀赴美，至母校卫斯理学院讲学。1948 年 3 月 20 日下午，中华全国大学妇女南京分会在金陵女子文理学院成立，陆慎仪当选监事。[5] 1949 年赴台湾，曾在台湾"空军研

---

[1] "Personal News", *The Chinese Students' Monthly*, Vol. 21, No. 5 (Mar., 1926): 78.

[2] F. C. MILLS：《统计方法》，李黄孝贞、陆宗蔚译，中华书局，1941。

[3] Lawrence Thurston and Ruth N. Chester, pp. 161-163；曾芳苗：《民国教会女子教育》，第 229、241 页，转引自王惠姬《中国现代化的推手——以留美实科女生为主的研究（1881—1927）》（下），台湾花木兰文化出版社，2011，第 376 页。

[4] 清华大学同学会：《清华同学录》，编者印行，1933，第 211 页。

[5] 中华全国妇女联合会妇女研究所、中国第二历史档案馆：《中国妇女运动历史资料·民国政府卷 1912—1949》（下），中国妇女出版社，2011，第 975 页。

究所"电脑部服务。她担任教职逾 40 年，对女子高等数理教学具有一定的贡献。

倪徵琮，1931 年 6 月回到上海[1]，不久后到预先受聘的北平协和医科大学担任医生，夫婿为著名医药学专家刘绍光（1930 年订婚）。倪徵琮对医学颇有贡献，后来转到金陵大学附属鼓楼医院内科，1935 年曾在"急性风湿病之多数关节炎"这一课题上有过研究，与人合著有《防己之疗效研究·第一报告》等文章。[2] 并因丈夫在医药学方面成就突出，可能很长一段时间内，成为其科研助手，共同对不少医学难题进行过研究与攻坚。

张继英，我国第一个留美新闻学女硕士，1925 年秋天回国。[3] 在回国之前，她曾于 1924 年到《纽约先驱论坛报》做过正式记者。回国后，她首先供职于上海女青年会主办的《女青年》杂志社担任记者，随即先后被美联社、合众国际社聘任为驻南京记者，对外报道南京政府的外交政策和外事活动。夫婿为许骧，二人于 1931 年结婚。婚后，曾执教于燕京大学等各学校，20 世纪 30 年代曾是燕京大学的新闻学名誉教授[4]，讲授"美国大学报学系之组织""美国大学新闻学科之组织"等专题，著有《美国报纸之组织》[5] 等论文以及《大学新闻教育之组织》（1929 年）一书。[6] 她

---

① 一说倪徵琮夫妇为 1932 年春天从欧洲绕道印度回国，详见刘绍光百度词条。但是根据笔者考究，她应当为 1931 年 4 月回国，详细史料来源根据 1931 年《申报》《新闻报》《民国日报》等的新闻报道，可知她应在当年的 4 月 28 日左右回国，见《医药博士倪徵琮女士返国》，《申报》1931 年 4 月 29 日第 16 版。另见王惠姬《中国现代化的推手——以留美实科女生为主的研究（1881—1927）》（下），台湾花木兰文化出版社，2011，第 270 页。

② 屈穆尔（Trimmer, C. S.）、倪徵琮：《防己之疗效研究·第一报告》，《中华医学杂志（上海）》1935 年第 21 卷第 4 期。

③ 张继英学成归国应为当年大事。沪上新闻学会和文艺界曾假吕碧城寓所开谈话会，专门为迎接张继英归国。见钱化佛口述、郑逸梅编撰《三十年来之上海》，学者书店，1947，第 32 页。

④ 徐永初、陈瑾瑜主编《圣玛利亚女校（1881~1952）》，同济大学出版社，2014，第 268 页。

⑤ 黄天鹏：《新闻学论文集》，上海光华书局，1930，第 75 页。

⑥ 梁碧莹：《近代中美文化交流研究》，中山大学出版社，2009，第 287 页。

也是三四十年代密苏里新闻学院同学会上海分会的会员。抗战胜利前夕赴美，1980 年回国定居，但同年年底许骧因病去世。1998 年去世，享年 98 岁。

黄倩仪，在哥伦比亚大学师范学院攻读博士，上过约翰·杜威的课程。① 回国后与母亲、妹妹一起创办黄氏女学，担任校长并教授英语，张爱玲曾在这所学校就读过。1929 年作为校长在黄氏女学举办了美国哥伦比亚大学教授孟禄（Paul Monroe）的欢迎会。1935 年她租下静安寺路（今南京西路）一幢原本用作殡仪馆的大楼，建立新的女青年会总部。在黄倩仪的领导下，女青年会得到了新生。1928 年她与哈佛商学院高材生余应杰（Fisher Yu）结婚。

倪逢吉，1926 年归国，回到金陵女子大学任教一年，教授的科目为历史、社会学。第二年开始任教于燕京大学社会学与社会工作系。1928 年的《燕大年刊》中刊登了倪逢吉的照片，此时她为燕京大学董事部的成员之一。② 1929 年，倪逢吉与清华校长梅贻琦的弟弟梅贻宝结婚。③ 二人结婚留影还被刊登在《良友》杂志上。④ 在执教期间，倪逢吉曾发表过多篇文章，如《"婚姻"与家庭》《介绍两个婴儿学校》《各种婚姻与家庭问题诸学说之研究》《儿童节与父母责任》《儿童节与儿童福利》等，可见婚后的倪逢吉并没有因为婚姻和家庭而选择抛弃事业，她始终醉心学术，致力于社会学的研究，呼吁女性正当追求自己的合法权益，为封建女性解开长期束缚的道德枷锁，同时，致力于推动儿童福利事业发展。1955 年，梅贻宝任职艾奥瓦州立大学东方学教授，倪逢吉也跟随丈夫任职大学图书编目员，并负责创设中日文献部门。此后二人在美国定居。

---

① "Personal Notes", *The Chinese Students' Monthly*, Vol. 21, No. 6（Apr., 1926）: 79.

② 《燕大年刊》，《学校组织：董事部：倪逢吉女士：（照片）》，1928，第 22 页。

③ 《燕京大学校刊》，《校务纪闻：教职员信息》1929 年第 34 期。

④ 聂光地：《结婚留影：倪逢吉女士与燕京大学梅贻宝教授博士结婚摄影》，《良友》1929 年第 38 期。

颜雅清，因为其政治活动比较突出，故而成为中国被遗忘的女飞行员，但被美国人称为"飞天名媛"。颜雅清是当时一位奇女子，回国后曾因其伯父是当时著名政治家颜惠庆，故而十分热衷于救国事业和外交事务，比如担任上海中国妇女会职务等，也曾担任上海医科大学的英语教员。之后她跟随伯父前往苏联，成为其秘书。前夫为陈炳章。1937 年她去美国纽约申请了美国飞行驾驶执照。她的一生过得非常丰富多彩，学界对她有两本传记。

五　1923 年第五批

王志宜，1931 年获得美国密歇根州立大学医学院博士，当年返国，在南京中央医院担任医生，1933 年仍在任。[①] 后来转赴北平协和医学院任职行医，直到 1942 年该医学院被日军侵占关闭而离开。她与同事卞万年等人在天津合办"恩光医院"，担任儿科医师。1945—1949 年，是天津市立第一医院儿科的医学顾问[②]，每周须到第一医院就诊两到三次，都安排有专项病房和门诊。她是中国近现代著名的儿科学专家，解放后曾任天津市妇幼保健院、天津市儿童医院顾问，是九三学社天津分社常委。

朱其廉，1928 年 9 月学成归国后，先在中西女中任教一年，又于 1930 年夏离沪赴美继续深造。随后，于 1931—1948 年，在圣玛利亚女校工作了将近 20 年。1937 年后担任琴科主任，是圣玛利亚女校非常著名的女钢琴教师，培养了非常多的音乐人才。朱其廉致力于将所学服务大众，传播西方的科学观念和专业知识，于 20 世纪 40 年代培养出了一批音乐人才，如赵庆闰、赵启雄[③]、朱雅芬[④]、

---

① 清华大学同学会：《清华同学录》，编者印行，1933，第 7 页。

② 天津市第一医院院志编纂委员会：《〈天津卫生史料〉专辑 4·第一医院志 1930—1990》，1990，第 63 页。

③ 1946 届赵庆闰、1951 届赵启雄是一对音乐艺术姐妹花，赵庆闰是中央音乐学院歌剧系声乐伴奏老师，赵启雄为其小妹妹，中央歌剧院音乐指导，担任声乐系钢琴伴奏工作。二人皆有不凡成就。

④ 1946 届朱雅芬是沈阳音乐学院前钢琴系主任，郎朗的启蒙老师。

王本慎①、杨之会、郭志嫦等，之后都从事音乐工作，并很有成就。其夫婿姓郭，1948 年举家迁往香港，此后定居于香港。

胡永馥，1927 年回国后，因心脏病于 1928 年 3 月去世。② 在美国留学时是中国早期音乐教育的奠基人、中国 20 世纪 30 年代重要作曲家黄自的女友。目前关于她的史料，几乎都是黄自因为纪念她而做的交响乐曲《怀旧》。

胡汉纳，信息无。

顾静徽，中国著名的物理学家、物理教育家，中国近代史上第一个物理学女博士。1931 年回国后曾任南开大学物理系教授，1933 年仍在任，后来历任上海大同大学、交通大学唐山工程学院（平越）、广西大学等校物理学教授，南开大学物理系第二任系主任。③ 1933 年统计时，是中国科学社社员。1937—1939 年，在德国柏林威廉皇家物理研究所（战后改为普朗克研究所）任研究员④。1943 年 10 月，作为论文组负责人之一筹备中国物理学会第十一届年会⑤，1949—1951 年任台湾编译馆编纂。中华人民共和国成立后任北京钢铁学院教授、物理教研室主任及中国物理学会北京分会第一至第七届副理事长。1956 年加入中国共产党。顾静徽从事光谱学研究，在诸所大学任教中培养了一批优秀人才，世界著名物理学家、"中国的居里夫人"吴健雄就是她精心培养的学生之一。她是中国科学院物理研究所前所长施汝为（1901—1983）院士的夫人。

---

① 1947 届王本慎是钢琴奇才，在美国名声很响。
② 根据时人的回忆录，胡永馥"在留学期间与黄自先生同学，都在教育系。黄氏是作曲专业，胡氏是钢琴专业，大约 1925 年订婚。黄先生将他学校授给他的'品学兼优'的金钥匙送给胡氏作为纪念。胡氏因心脏病退学回国，四个月后病殁"。廖崇向：《廖辅叔文集乐苑谈往》，华乐出版社，1996，第 265 页。
③ 石新明：《满井村——北科大校园》，冶金工业出版社，2009，第 16 页。
④ 当年，有欢送她出国的新闻报道。《大同大学》，《时事新报（上海）》1937 年 6 月 20 日第 7 版。
⑤ 《物理学会桂林区年会下月中举行》，《大公报（桂林）》1943 年 10 月 14 日第 3 版。

六　1925 年第六批

唐绿蓁，1930 年世界学会改选，有其名字，其他信息无。

张玉珍[①]，目前可查到的，她与项馥梅合编的《钢琴学》第一集（1933 年商务印书馆出版）说到编书的主要目的是试图将"往日教学经验"与"适合吾国民族习性之教材"编成钢琴学一书，使学者"欣赏有得，心领神会"。[②] 1932 年至 1935 年间，张玉珍接受商务印书馆的委托，和黄自、应尚能、韦瀚章诸先生合编《复兴初级中学音乐教科书》六册。目前还能查到第一册。

张纬文，丈夫吴锦庆，1937 年清华大学做归国同学统计时，张纬文通信地址为浙江大学工学院吴锦庆先生转交[③]，此时吴锦庆先生应担任浙大工学院土木工程系教授，可推断此时张纬文在浙江杭州生活，具体工作未知，亦可能为家庭主妇。但根据其家族史判断，张纬文疑似后来可能定居美国。

凌淑浩，1928 年获得西储大学医学学士后，定居美国，服务于美国印第安纳波利斯城埃丽研究实验室，与清华大学毕业生陈克恢结婚后，后来协助夫婿陈克恢在美国成为药理学家。

黄桂芳，1937 年清华大学做归国同学统计时，其地址为上海法界古披路。1944 年 3 月，中国妇女宪政研究会选举，她被选举为监事[④]，1946 年到 1947 年曾任福建省福幼院主任，撰写了系列关于儿童和幼教的文章[⑤]。

---

① 目前学界对她有专文研究。见冯长春、张翼鹏《音乐教育家张玉珍考略》，《中国音乐》2024 年第 2 期。

② 张玉珍、项馥梅：《钢琴学》第一集序言，商务印书馆，1933。

③ 北平清华大学：《清华同学录》，国立清华大学校长办公处，1937，第 203 页。

④ 《妇女宪政研究会昨日举行成立大会选出理监事电主席致敬》，《时事新报（重庆）》1944 年 3 月 27 日第 3 版。

⑤ 黄桂芳：《抚今追昔》，《福儿》1946 年第 6 期；黄桂芳：《雨过天晴：福幼院迁院记》，《福儿》1946 年第 5 期。

七 1927 年第七批

张锦，有机化学家和化学教育家，主要从事有机化学的教学和科研工作。回国后，在北平协和医学院从事科学研究一年，1935 年与傅鹰教授①结为伉俪，并与傅鹰同去当时远在四川的重庆大学化学系任教。1935—1940 年任重庆大学化学系教授。1937 年参加中国生理学会第十届年会，在生理学组汇报论文，论文为《垂体腺状部之发育内泌素的测定提要》。② 1940—1941 年任福建医学院化学教授。1941—1944 年任福建长汀国立厦门大学化学系教授。1944 年任国立重庆大学化学系教授。1944 年底 1945 年春离开重庆经印度乘船去美国。1945—1946 年在纽约康奈尔大学医学院文森特·迪维尼奥（Vincent du Vigneaud）教授（1955 年获诺贝尔化学奖）实验室任研究员。1947—1950 年在密歇根大学化学系任研究员。1950 年 8 月离美归国，10 月到达北京，任辅仁大学等校教授。1952—1960 年任北京石油学院教授。1960—1965 年任北京大学化学系教授。1965 年 1 月 15 日因患癌症病逝于北京。

曹简禹，1933 年 7 月③回国后，任上海大同大学化学系教师、国立北平师范大学教授，所教课程有"有机化学""理论化学""植物生理学"。中国科学社 1933 年会员，还是中国化学会、中国化学工程学会及美国化学会成员。在上海大同大学任职时，与顾静徽、胡卓是同事。1934 年，与同学、山东人于心澄结婚。1937 年，全面抗战爆发后，转至重庆。1942 年 2 月，她经李景晟介绍，

---

① 1928 年毕业于美国密歇根州立大学，获科学博士学位，著名物理化学家、胶体化学家，中国科学院首届学部委员（院士），曾任北京大学副校长。侄张存浩自幼由张锦、傅鹰抚育成人，后当选中国科学院院士，曾任国家自然科学基金委员会主任。

② 《中华医学杂志（上海）》1937 年第 23 卷第 6 期。

③ 1933 年 6 月 17 日由美国乘加拿大"皇后号"归国，7 月 4 日抵沪，她的母校大同大学"拟开会欢迎"。《时事：曹简禹由美返国》，《女铎》1933 年第 3/4 期。

担任国立女子师范学院教授兼理化系主任。[①] 抗战胜利后，回南京，受聘为金陵女子大学化学教授，1947 年当选国民大会代表，1948 年迁往台湾，初任教于台南师范专科学院，不久被省立工学院（即今成功大学）化工系、化学系及电工系（今矿冶及材料科学系）聘为教授。

曹静媛，1932 年 6 月担任上海小沙渡路培成女校的代理校长兼教务长、《培成年刊》的顾问。同年春季，被聘为上海私立沪江大学商学院教授[②]，应是二校兼任教师。1934 年 10 月，中国妇女界首创的慈善机关——上海妇孺教养院附设的中华妇女节制会，要向外界募捐，决定举行慈善游艺会，曹静媛即为筹备委员之一。[③] 1934 年 12 月，她参加了中华妇女运动同盟会第一届征求会，并担任第二队的副队长，第二队队长是温嗣英。[④] 1934—1935 年，她是中国统计学社和中国经济学社职员[⑤]；1935 年，培成女校举行十周年庆典，她是校长主持[⑥]；1935 年，她是中华儿童教育社社员。1937 年清华大学做毕业同学统计时，曹静媛为上海小沙渡路培成女校教师。[⑦] 1946 年，曹静媛为培华女中校长，1947 年《清华同学录》显示她是培华女中校长。

应谊，又名应蕙德。1936 年《大公报》显示，她曾担任北京大学当年下学期外国语文学系副主任，当时主任是梁实秋。[⑧] 1936 年在《绿洲》杂志上发表文章《谭氏文学史观及其修正》，对法国

---

① 《院闻：曹简禹先生应聘为本学院理化学系教授兼主任》，《国立女子师范学院旬刊》1941 年第 5/6 期。

② 《沪江大学商学院章程》，私立沪江大学商学院，1933—1934 年，第 2 页。

③ 《妇女节制会将开慈善游艺会》，《时事新报（上海）》1934 年 10 月 12 日第 9 版。

④ 中华全国妇女联合会妇女研究所、中国第二历史档案馆：《中国妇女运动历史资料·民国政府卷 1912—1949》（上），中国妇女出版社，2011，第 445 页。

⑤ 《中国统计学社一览》，1934，第 32 页。

⑥ 《培成女中今日举行十周纪念》，《时事新报（上海）》1935 年 11 月 11 日第 6 版。

⑦ 北平清华大学：《清华同学录》，国立清华大学校长办公处，1937，第 238 页。

⑧ 《北大下年度系主任及教授》，《大公报（天津）》1936 年 7 月 2 日第 4 版。

文史学家 Taine 进行了文学观点的述评。[①] 1937 年清华大学做毕业同学统计时，应谊为北京大学教授。[②] 1946 年李琴吾翻译她的《乾隆与香妃》小说时，说她曾是北大英文系副教授，可知此时她不在国内。

龚兰珍（贞/真）[③]，1932 年回国，1933 年在燕京大学任教，1934 年任家政系主任。1939 年再度赴美，在密歇根儿童营养研究所任研究员，次年回国，先在燕京大学，后在上海圣约翰大学任教授。1947 年第三次赴美，在农业部任营养学研究员。丈夫是许鹏程。1951 年偕丈夫一起回国，在广州岭南大学农学院任生化教授。院系调整时，1953 年与丈夫一起到华南医学院（中山医科大学）主持生化教研室的工作，1976 年退休。龚兰珍和她的夫婿许鹏程被誉为"华南营养学奠基人"。

留美女生归国后几乎都投身于社会服务之中，其中有一些在抗战后或新中国成立后定居台湾地区以及美国，导致我们现在对她们并不熟悉。在职业选择上，多数人都围绕"医生和教师"（这两个是当时已被公开认可为对女性开放的职业）进行择业，并试图投身于中国社会各行各业，且"各出所学以报国，或担任教务，或改革家庭，或二者兼之"[④]。清华留美生归国后，投身高校教育者不在少数，如"1909 年至 1922 年间，赴美留学归国者共 516人，回国后在高等学校任教职者 155 人，约占 30%"[⑤]。在婚姻方面，这些女生用实际经历诠释了"学得好也嫁得好"，更是用实际行动回答了留美前主流舆论对她们的教育期待。她们不仅超越了"贤妻良母"这一角色，还在自己的专业所学上真正有所成就。绝

---

① 应谊：《谭氏文学史观及其修正（未完）》，《绿洲》1936 年第 1 卷第 1 期。

② 北平清华大学：《清华同学录》，国立清华大学校长办公处，1937，第 238 页。

③ 龚兰珍的名字，珍有时候写作"贞"，有时候写作"真"，本书以清华文库中名字为准，但史料中三个字均为同一人。

④ 见拙文《1914 年清华学校首批留美专科女生考略》，《江苏师范大学学报》（哲学社会科学版）2018 年第 3 期。

⑤ 郑刚：《留学生与近代中国研究生教育》，大象出版社，2020，第 44 页。

大部分女生紧紧围绕在美国所学专业，全身心投入中国近现代社会建设中，不少人为中国社会发展做出了不可磨灭的贡献。

在此，笔者仍然以表格来呈现她们中有迹可循者的职业分类（见表5-1）。

表5-1 各批次留美女生归国后职业情况一览

职业或从业领域	1914	1916	1918	1921	1923	1925	1927
音乐教育	汤蔼林 王瑞娴 周淑安 杨毓英		顾岱毓		朱其廉	张玉珍	
历史教学	陈衡哲			王国秀			
英文教授		袁世庄					
医学		陈翠贞 李清廉 方连珍 邝翠娥 严惠卿	王淑贞 章金宝	林同曜 桂质良 倪徽琮	王志宜	凌淑浩	
生物化学			丁素筠				张锦 曹简禹
食品营养学		黄桂葆					龚兰珍
体育教师	张端珍						
社会事务	林荀	梁逸群					
教育与管理			杨保康 胡卓 杨佩金 朱兰贞	黄倩仪 倪逢吉			
数理				黄孝贞 陆慎仪			
物理学					顾静徽		
新闻学				张继英			
飞行员				颜雅清			

可以发现，这些庚款留美女生回国以后，在职业上大部分选择成为大学、中学教师，主要进行学术创作、教书育人等活动。这些职业女性具体的职业经历如何，笔者将在下文中详细论述。

第二节　音乐成就

53 名清华留美女生里所学专业是音乐的一共有 7 名女生，且归国后从事音乐教育和音乐表演的女生不在少数。首批女生里就有 4 名——汤蔼林、王瑞娴、周淑安、杨毓英，其中比较著名的有周淑安、王瑞娴。目前，学界也已经有学者对她们进行了研究，考虑到胡永馥很早就去世，周淑安、张玉珍已有学者研究，但音乐类专业女生占据了 53 名女生的一定比例，本节将从回国后坚持一生都围绕所学奉献社会的音乐类人才里酌取首批女生里两位人物进行考察，因为她们这一批里学习音乐的人数最多。考虑到学界对周淑安的研究较为丰富，故此重点介绍王瑞娴的音乐贡献。

王瑞娴 1914 年出国，被誉为中国第一批海归钢琴名师之一。王瑞娴的职业之路可以分为三个阶段：第一个阶段为 1919 年留美归国后至 1927 年之间，这一段时间她主要从事钢琴表演和独奏；1927 年到 1930 年，她开始有了音乐理论研究与中国音乐史研究的学术自觉，这一时期她在大学任教，以育人和研究为主；1930 年后，开馆收徒，直到 1947 年移居美国。

王瑞娴 1919 年归国后任职于上海青年会，当时她的表演机会很多，王瑞娴的钢琴演奏水平是得到了沪上认可的。根据史料可得知她开馆授徒前的演奏轨迹：

1919 年 10 月 8 日，上海青年会开国庆大会，第二个节目：钢琴独奏①；

1920 年 2 月 14 日，上海基督教大学同学会联合会，表演

---

① 第一个节目是全体唱国歌，第三个节目是孙中山先生演说《改造中国之第一步》，《青年会之国庆大会》，《时事新报（上海）》1919 年 10 月 8 日第 9 版。

钢琴独奏①；

　　1920 年 2 月 25 日，上海青年会二十周年纪念开幕典礼，表演第三个节目：与罗辨臣琴行主任罗斯福胡琴钢琴合奏②；

　　1920 年 10 月到 11 月，任上海基督教女青年会征求会（实为募捐款项？）第三队正队长③④；

　　1920 年 12 月 31 日，清华同学会上海分会成立，表演钢琴独奏⑤；

　　1921 年 2 月 21 日，因当年台风水灾患难，受上海女界义振会邀请，于四川路青年会开游艺大会的开幕式上担任音乐主任兼钢琴独奏表演⑥；

　　1927 年 11 月 27 日，国立音乐（学）院举行开院典礼时，蔡元培出席，萧友梅报告筹备经过，王瑞娴被聘为教员，并于当时独奏钢琴助兴⑦。

　　与教书育人、歌曲创作同时进行的，还有王瑞娴的大量音乐理论作品创作。目前可查询到的，按照她持有的音乐理论，她编撰有《小学音乐教本》《小学乐歌教本》等教材。

　　1927 年，她在思考儿童音乐的创作逻辑时，首先对教会学校的音乐教育进行批判，认为"在那些教会学校的幼稚园里教的大

---

① 当天晚上，第四个节目是张端珍与其他三位张姓女士"四音合唱"，见《基督教大学同学之联合会报名》，《神州日报》1920 年 2 月 14 日第 11 版。

② 《青年会征求会之先声》，《神州日报》1920 年 2 月 14 日第 9 版，这里她是英国波士顿音乐大学校毕业生。

③ 《女青年会之征求会》，《神州日报》1920 年 10 月 20 日第 11 版。

④ 这里或许有误，因此文中说她是第三队队长，征集到了 3042 元款项。《女青年会征求会结束》，《民国日报》1920 年 11 月 13 日第 10 版。

⑤ 当天晚上周淑安以"胡宣明夫人"名义表演独唱，见《清华同学分会成立》，《神州日报》1920 年 12 月 31 日第 11 版。

⑥ "王瑞娴小姐音乐，为各界所钦慕，且于义举素具热心。"见《女界义振会紧急会议》，《民国日报》1921 年 2 月 20 日第 11 版；《女界义振会游艺会纪（一）》，《民国日报》1921 年 2 月 22 日第 10 版。

⑦ 《国立音乐院行开院礼》，《国民日报》1927 年 11 月 28 日第 6 版。

都是几首外国调和中国圣诗体的土话歌，或者是几首东洋话的中国歌调"①，她认为幼稚园的歌曲，"歌词要含精彩的意义，有文学的价值，要少抽象的理训，多儿童的思想"，因为"音乐实即一种语言，和诗歌是一而二，二而一的；所分别的，音乐因它的暗示性和特别能够引起人的感情和思想；它的动人是诗歌所不及的"②。她特意讨论了音乐和美术的区别，以归纳音乐的特性，通过与美术、与诗歌的比较，认为"只有在音乐里我们可以得到形质两者完全的一致"③。她认为，音乐的第一个原（元）素，便是节奏，第二个是乐调，第三个则是和声。④ 她反复强调，"节奏是音乐中最老的元素"⑤。

　　1928 年上半年，大学院审查教科图书，王瑞娴担任了音乐股主席⑥，同年下半年，她又担任了中小学课程标准的音乐科的起草专家⑦，这对她的音乐理论研究更是一种肯定性鼓励。1929 年 3 月，她又被教育部聘为名誉编审员⑧，与竺可桢等同等待遇。旋即，她又撰文对国民党党歌的歌调进行商榷。⑨

　　她还对儿童的家庭教育、设备以及幼稚园的音乐环境等均有过探讨。王瑞娴在《幼稚园的音乐教材》中对幼稚园音乐的内容的选取提出应以能激发儿童的兴趣为基点，选择适合儿童歌唱的、能引发儿童情感的简单的优美的歌曲。在对儿童的音乐教育上，王瑞娴有着非常敏锐的洞察力和分析力，她试图拓宽中国儿童的

---

①　董王瑞娴：《幼稚园的音乐教材（附歌曲）》，《教育杂志》1927 年第 19 卷第 2 期。

②　董王瑞娴：《幼稚园的音乐教材》，《教育杂志》1927 年第 19 卷第 2 期。

③　王瑞娴：《音乐和别种美术的区别》，《时事新报（上海）》1928 年 1 月 10 日第 8 版。

④　王瑞娴：《音乐的原素》，《时事新报（上海）》1928 年 1 月 14 日第 8 版。

⑤　董王瑞娴：《幼稚园的音乐教材》，《教育杂志》1927 年第 19 卷第 2 期。

⑥　《大学院进行审查教科图书》，《民国日报》1928 年 4 月 6 日第 8 版。

⑦　《大学院中小学课程委员会议》，《民国日报》1928 年 9 月 15 日第 12 版。

⑧　《教部聘定大批编审员》，《时事新报（上海）》1929 年 3 月 3 日第 6 版。

⑨　王瑞娴：《对于国民党党歌的歌调之商榷（附歌曲）》，《东方杂志》1929 年第 26 卷第 8 期。

音乐教育路径，并在此思考基础上发表了自己非常独到的见解，比如她不无担心，"大概在儿童中心教育里教学音乐，至少有三大困难：第一，教师自己能做创造工作的很少，她能发展学生的创造能力的更少。……第二，儿童之个性差异甚大，而其音乐能力差异更大。……第三，欲适应各个儿童的能力施以相当的教学，视其他学科为难。此决非旧日或今日的一般学校仅仅弹唱几首歌曲所能奏效的。"[①] 她又特别强调"能够唱歌的，未必便懂得音乐的意义，能够弹琴的，也未必得便能使音乐和人生发生关系"。"如此教学儿童音乐，至少可有四种活动：（甲）歌唱；（乙）节奏；（丙）弄乐；（丁）倾听。"[②] 在另外一篇探讨如何给儿童进行家庭教育时她又谈道："怎样可使儿童活动玩耍得合法呢？那唯一的解决，就是给他一种相当的设备。"[③] 可以看出，这些言论都是充满了儿童教育学和儿童心理学知识的真知灼见。

可以发现，王瑞娴在音乐教育方面做出了突出贡献，一是培养了大批著名的音乐家，二是进行了大量的创作。据统计，在中国近现代音乐史上，多位著名音乐家出自王瑞娴门下。以钢琴家吴乐懿为例，她在未考入国立音专前，曾就教于王的门下，她曾回忆道："1928 年……父母才真正意识到应该让我学琴。先由母亲给我启蒙，后来跟王瑞娴先生学习，她给我打下了良好的基础。"[④] 再以音乐家周大风为例，1938 年，15 岁的周大风，在上海益丰搪瓷公司第五分厂打样间美术部当学徒时，想学钢琴，王瑞娴发现他极有天赋，就免费教他。[⑤] 周大风日后成为音乐家及教育家。赵元任的女儿赵如兰亦在她门下学过钢琴，有趣的是，王瑞娴的孙儿

---

① 王瑞娴：《儿童中心教育中之音乐》，《儿童教育》1931 年第 3 卷第 9 期。

② 王瑞娴：《儿童中心教育中之音乐》，《儿童教育》1931 年第 3 卷第 9 期。

③ 董王瑞娴：《儿童的家庭设备》，《晨报：国庆儿童比赛画报》1933 年双十节。

④ 吴乐懿：《我的音乐旅程——女钢琴家吴乐懿自传》，载向延生编《中国近现代音乐家传》（第 3 卷），春风文艺出版社，1994，第 220—221 页。

⑤ 包丹红：《大风起兮歌飞扬——访宁波籍著名音乐家、教育家周大风》，《文化交流（杭州）》2006 年第 3 期。

榕森（Yung Shen）后来又在哈佛大学音乐学系成了赵如兰的同事。①

此外，王瑞娴的创作体现在两方面：一是进行学理性的探究（这一点，下文将其与周淑安的儿童音乐教育思想一并探讨），二是进行儿童歌曲的创作。她还发表与出版过大量创作型儿童歌曲、节奏乐、文章、儿童歌曲集等，据粗略统计，她以"王瑞娴""董王瑞娴"之名发表在各类杂志上的歌曲，计有至少50首。大部分发表在《儿童教育》上，《儿童教育》这一杂志是王瑞娴夫婿董任坚以及著名幼教专家陈鹤琴二人所主持的。因为王瑞娴是在53名留美女生中留下作品比较多的女性，故笔者将其作品一一列举如下（见表5-2）。

表5-2　王瑞娴作品一览

发表时间	作品名称	刊名及期号
1929年11月20日	《葫芦》	《文华艺术月刊》第4期
1929年12月20日	《小燕子》	《文化艺术月刊》第5期
1933年2月15日	《猪耳朵》《捉迷藏》	《儿童教育》第5卷第2期
1933年3月15日	《月亮儿》	《儿童教育》第5卷第3期
1933年5月15日	《天亮儿》《草上电灯》	《儿童教育》第5卷第5期
1933年9月15日	《两只小猫》《风奶奶》	《儿童教育》第5卷第7期
1933年11月15日	《雪花飞》《不倒翁》	《儿童教育》第5卷第9期
1933年12月15日	《做年糕》《新年来到》	《儿童教育》第5卷第10期
1935年2月5日	《轻气球》《卖布》《雪花》《蝴蝶飞》《小老鼠》《我的老鹰鹞》	《儿童教育》第6卷第7期
1935年10月5日	《清平调》	《儿童教育》第7卷第1期
1935年10月5日	《夏季歌》《春季歌》《望月歌》《自吃苦》	《儿童教育》第7卷第1期
1935年10月5日	《赵千里出峡图》（虞集作诗）	《儿童教育》第7卷第1期

① 赵如兰：《素描式的自传》，载荣鸿曾、吴森鑫编《在你温厚的笑容中荡漾》，上海音乐学院出版社，2016，第11页。

续表

发表时间	作品名称	刊名及期号
1936 年 2 月 10 日	《尧戒》	《儿童教育》第 7 卷第 9 期
1936 年 2 月 10 日	《进行曲》	《儿童教育》第 7 卷第 9 期
1936 年 6 月 1 日	《儿童年歌》（陶知行词）	《儿童教育》第 7 卷第 4 期
1936 年 10 月 10 日	《蓬生麻中》、《悯农诗》（李绅诗）、《忆母》（史可法诗）、《古歌谣词》（张维屏词）	《儿童教育》第 7 卷第 6、7 期合刊
1937 年 3 月 10 日	《劝学》《息交》《越谣》	《儿童教育》第 7 卷第 10 期
1937 年 3 月 31 日	《春来燕》（杜荀鹤诗）、《蜂》（罗隐词）、《悯蚕妇》（范仲淹诗）、《书扇》（范仲淹诗）、《进步进行曲》（Meyerbeer 曲调）	《儿童教育》第 8 卷第 1 期
		《儿童教育》第 8 卷第 1 期
1937 年 4 月 30 日	（旧诗新曲儿童节奏）《影子》、《乘车》、《赵千里出峡图》（虞集诗）	《儿童教育》第 8 卷第 2 期
		《儿童教育》第 8 卷第 2 期

当时王瑞娴在儿童教育界名重一时，曾有学校将其所创作的歌曲作为音乐考试曲目①；更有学者极力推崇她的歌集，认为"是一种中国儿曲（即儿童歌曲——引者）的开山工作，确乎不愧为名家杰作"。并说她的一些作品如"《小燕子》、《鸡为什么啼》……无论什么儿童，就是成人，谁不爱唱谁不爱听"②。她还经常出任各类音乐赛事的评委，如 1940 年 3 月 2 日举行的"全沪儿童音乐比赛"，在当时音乐名家如丁善德、李蕙芳、吴乐懿、陈又新、斯义桂、黄永熙、窦立勋等 12 人组成的评判委员会中，就有王瑞娴的身影。

李岩对 20 世纪 20 年代音乐界王瑞娴对萧友梅的一个公案做了专门研究，指出王瑞娴尽管作为萧友梅的下属，但是在评审萧友梅的四部著作时，坚持严厉却中肯的批评。当时王瑞娴的身份为蔡元培领导的"大学院音乐教材审查委员会"的成员，负责教材

---

① 马若虚：《音乐考试纲要》，《儿童教育》1937 年第 7 卷第 8 期。
② 马若虚：《两本著名儿童歌曲》，《儿童教育》1937 年第 7 卷第 4 期。

的"初审"。李岩强调，王瑞娴"对权威、学术的审视、怀疑态度及对学术的公心，令人敬佩！"① 并且他特别引用了王瑞娴在评审后的一番话，来强调王瑞娴的公心与学术追求，引文如下：

> 审评教本，是一件极不容易的事，它的困难不但在审评人有所顾忌，易蹈主观，或著作人感到个人利害，不能虚心，未肯接受批评，以致采用非常手段。要想达到审定的目的，就是第三者，亦当不十分客观，不是抱姑息政策，便仿佛与我无干，对于学术、文化、教育，似不必担丝毫的责任。还有一种人，素来以耳为目，绝对崇拜所谓"专家"的偶像，以为"专家"的著作，是不应该有错误的——至少，不应该有极普通而极幼稚的错误的，那是当然！所以指出他错误的人，非出于主观，更出于恶意。……②

可以明显看出，王瑞娴是用一个客观公允的态度在评审她的上级，在对待音乐界权威的时候，并没有一丝一毫的奴颜媚骨，而这恰好也反过来印证了王瑞娴对自己所受音乐教育的自信与乐观。正是如此，她才能不卑不亢地用学术来反驳学术，用研究来分析研究。王瑞娴直到1945年都还在著书立说，如目前可查到的《旧诗新曲》，出版于1945年11月。王瑞娴于1947年移居美国，可谓是中国音乐界一大遗憾。

与王瑞娴同批留美的周淑安，则是中国音乐学界另一位泰斗级人物。周淑安回国后的工作历程与王瑞娴大体相似。与王瑞娴类似，周淑安也是在大学任教、著书立说、培养学生三个方面回馈社会。周淑安是中国最早学习与研究欧洲传统声乐艺术的音乐教育家之一，是中国现代音乐事业的先驱者，是中国现代第一位

---

① 李岩：《千虑一失——萧友梅音乐教科书的缺憾》，《人民音乐》2012年第3期。
② 王瑞娴：《萧友梅的几部音乐教科书》，《图书评论》1932年第1期。

专业声乐教育家，第一位合唱女指挥家，第一位女作曲家。数十年来，她努力探索声乐教学民族化，为培养中国声乐专业人才做出了贡献。她的论文《我的声乐教学经验》（《音乐论丛》第 4辑，音乐出版社，1963），有一定的学术价值。20 世纪 20 年代末，她在上海组织女子歌咏团，亲任指挥，有一定的社会影响。她的作品有艺术歌曲、儿童歌曲与合唱曲，大多作于 20 世纪二三十年代。周淑安在儿童歌曲的创作上，除了与其夫婿胡宣明合作，还与教育家陶行知先生（彼时名字为陶知行）、文学家胡适，以及与她同批次出国的陈衡哲等有过合作谱曲、填词的经历。[1]

第三节　医学成就

53 名留美女生里，有多人选择了投身于医学，特别是妇产科和小儿科医学，这在当时比例很大，因为至 1932 年中国女子毕业于国外医学院的人数（才）有 96 人。[2] 当时，人们逐渐开始接受西医，很多医院以及公共卫生机构，特别需要女医生，但女医培养颇不容易，而且因为受限于医疗设备，她们多半集中在城市尤其是上海等地行医。不过，这些留美女医，凭着精湛的医术和西药的疗效，很快就赢得了声誉，在此酌取 6 名留美女生的医学成就进行介绍。

一　儿科医生陈翠贞

1916 批出国的留美女生里，选择钻研医学的有陈翠贞，她获

---

① 可以肯定的是，因为其夫婿胡宣明是 1910 年留美生，与当时的杨锡仁、赵元任、竺可桢、胡适、过探先、路敏行等人是至交好友，故而周淑安亦与他们是互相认识与赞赏的。

② 王惠姬：《中国现代化的推手——以留美实科女生为主的研究（1881—1927）》（下），台湾花木兰文化出版社，2011，第 281 页。

得的是医学博士学位。陈翠贞归国后，在小儿科方面贡献很大，成为我国国内儿科专业的先驱者之一，毕生致力于儿科教学和临床工作，卓有贡献。在陈翠贞领衔筹备发行并担任首任主编的《中华儿科杂志》创刊号上，她写道："儿科医师素以预防与治疗并重，甚或预防重于医治。"这句话既是陈翠贞学习、观察、实践的经验，更是一代代儿科医师不能遗忘也不该遗忘的责任。

1940 年，她在国内创用氨苯磺胺治疗儿童急性菌痢。1947 年，创办并主编《中华儿科杂志》。新中国成立以后，为向苏联学习医学经验，时为上海第一医学院儿科专家的陈翠贞坚持每天听半个小时的俄文广播，还带着下级医师一起学习俄语，后来译出苏联小儿传染病教本。[①] 1950 年，她提出儿童脑炎的三种临床分型、特征及病原体论述。1951 年提出急宜建立儿科专业医院的建议，被上级采纳后受命筹建儿科医院，并任院长。1954 年，筹建儿童保健科，开设儿童保健门诊，开展地段和幼托机构的儿童保健，制订各种儿童保健工作规范，使该科成为国内较早的儿童保健实施和教学基地。1955 年，上海第一医学院把儿科学教研组扩展为儿科系，她起用中青年教师，重点培养教研组负责人，儿科系在很短时间内初具规模，培养了三届儿科毕业生。1956 年，陈翠贞与其夫婿沈克非一起被评为上海第一医学院一级教授，同时获评的还有王淑贞。

此外，她还积极进行医学教研合作。从目前可以查阅到的论文来看，约从 1929 年开始，陈翠贞就发表医学论文了，第一篇为《婴儿的卫生》，发表在《青年进步》期刊。[②] 大约是因为此时的婴儿死亡率比较高，所以她特别论述到自己写作此文的目的，是因为"婴儿的死亡率，是很应当注意的一件事，我国在每年中死亡的

---

① 复旦大学老教授协会：《复旦名师剪影（医学卷）》，复旦大学出版社，2013，第 45 页。

② 陈翠贞：《婴儿的卫生》，《青年进步》1929 年第 124 期。

婴儿很多，我们应该研究婴儿的卫生，使婴儿死亡率减少"①。

二 "红房子医院"的邝翠娥和王淑贞

另有两位在医学界也相当著名的为 1916 年批的邝翠娥和 1918 年批的王淑贞。之所以要把她们二位合起来写，是因为她们都在著名的上海"红房子医院"即上海西门妇孺医院工作多年，二人在医学事业上合作多年，倾注了非常多的精力和心血，尤其是王淑贞，成就非常大。1930 年以来，专长于妇产科学的中国女医生当中，林巧稚和王淑贞素有"南王北林"之称，两人学术成就享誉海内外。

1926 年邝翠娥毕业于美国康奈尔大学医学院，获得医学博士学位。1927 年回国后，她开始在上海行医，并担任上海女子医学院教授，此时，正是上海女子医学院初创成为沪上一所小型高级医科大学时期。从 1942 年 2 月起，上海西门妇孺医院开始由中国人主持，邝翠娥任院长，王淑贞负责财务工作。1949 年 5 月，上海西门妇孺医院的院务工作全由中国人主持，邝翠娥、王淑贞担任正、副院长。20 世纪 50 年代邝翠娥也是上海第二医学院的二级教授。邝翠娥在医学界还培养了不少学生，如邱蔚六院士等。此外，她们秉承这一理念：从事医疗工作者，都应拨出时间做研究，以利人利己。一方面可将治疗及诊查疾病时所产生的种种疑问作为研究资料，提升解决问题的能力；另一方面可以将各科专家会聚一堂，切磋琢磨，配合有关设备，真正能有所贡献。1949 年以后，王淑贞曾任《中华妇产科杂志》副总编辑，她主编的《妇产科学》是中国第一部高等医学院校统一教材，曾多次重版，获得1977 年、1978 年全国科学大会奖。该书前半部叙述怀孕与生产，后半部主要谈产后问题，1976 年由香港中外出版社出版。

---

① 陈翠贞：《婴儿的卫生》，《青年进步》1929 年第 124 期。

三　精神病学专家桂质良

从这里可以引出另一位也值得一提的女生，她就是 1921 年留美的桂质良。在我国精神科发展史上，桂质良是第一位女性精神病专家、第一位儿童精神病学和心理卫生专家、第一位出版精神病专著的专家，也是第一位赴美留学研习精神病学，继之回国后开展精神科工作的专家。

1936 年，桂质良写成《女人的一生》，由胡适作序，次年出版。她在自序中写道，现代女医除看病开药外，还常要回答病人的问话，所以她逐渐将这些门诊谈话整理成册，对女性由婴儿到壮年而老年的重要问题，用简单而非技术的文字依次叙出，从而使得多数无医学背景的人明了，而能避免无谓伤害，进一步认识生命，欣赏生活。1939 年，桂质良丈夫闻亦传教授因劳累过度去世，其时桂质良正当盛年，家庭生活却落得艰苦，甚至难以为继。她为生活努力奔波，除做医生外，还到处兼职。1941 年她回到上海在沪江大学任校医，并在伯特利医院（现上海交通大学医学院附属第九人民医院）任儿童心理医师；还私人开业，做兼职医师；还在圣玛利亚女校授课，之后再进入上海东南医学院（今安徽医科大学）担任教授。

1942 年桂质良教授出版了《我们的孩子成长以及困惑》（英文版），在书中，她提出了自己的教育理念："我同样强烈地感觉到，在重建我们国家的工作中，孩子们的精神健康有着决定性的影响作用。如果希望我们的国家在物质上、道德上和精神上变得强大起来，必须帮助每个小公民享有良好的身体、道德和精神健康。""我们可以劝阻望子成龙的父母和教师不加重学生的负担，那些竞争负担是孩子们不论作出多么努力，都使其自然天资无法承受。我们可以为他找到一个适合于其能力的位置，顺着这个特定路线，他也许会感到有效、愉快和满足。"① 1953年，桂质良成为第二军医大学三级教授，专职讲授精神病学及儿童青少年心理卫生。②

四　营养学家黄桂葆与龚兰珍

黄桂葆的职业生涯中有一个非常引人注目的特点。她不仅是营养学家，还是一位社会活动家。她特别关注女界新闻，热诚为中国女性服务。1923年，中华基督教女青年会全国协会正式诞生，会址设在上海，会长就是黄桂葆。黄桂葆还注重联合其他留美归国女性，一起服务中国女同胞。比如，1936年6月20日，上海妇女教育馆与女青年会合作主持上海市第十五届卫生运动大会。"除在《中华日报》出一专号外，并于下午一时假文庙路市民教馆讲演厅举行宣传会，出席彭玉华、赵宏弼、邝翠娥、黄桂葆暨各界妇女等二百余人，主席彭玉华，领导行礼如仪后，即报告主妇日之意义。报告毕，继请邝、黄两女士讲演'夏令传染病'、'儿童之营养'等问题。"③

另一位颇有成就的是龚兰珍，她于1932年获得营养学（哲学）博士归国。1931年，燕京大学家政系开始设置营养专业，培养负责食谱设计、饮食治疗及管理的营养师。④ 龚兰珍回国后，曾投入Adolph门下受过培养，成为我国营养学专业早年的创建专家之一。她自1933年到1935年一直在燕京大学化学系、家政系等担任教授，讲授饮食及营养学。1932年她的圣玛利亚女校的校友龚普生考入燕京大学就读后，作为该校同门会会员给圣玛利亚女校在校生写信汇报燕大学习经历时，曾提到"圣校毕业生在燕大有

---

① 徐永初、陈瑾瑜主编《圣玛利亚女校（1881~1952）》，同济大学出版社，2014，第12页。

② 张俐旸、叶佳乐：《情可倾心诚尽——记1920届桂质良及其一家两代八人与圣玛利亚女校的缘分》，载徐永初、陈瑾瑜主编《追寻圣玛利亚校友足迹》，同济大学出版社，2014，第18页。

③ 《主办上海市卫生运动主妇日》，《妇女月报》1936年第6期，第36页。

④ 高兰兴、郭俊生、郭长江：《军队营养与食品学》，军事医学科学出版社，2008，第1页。

十余人之多，在教职员方面，龚兰贞（珍）博士授家政学，……张继英任新闻学名誉教授，……我们和圣约翰的同学联合起来有三十余人，组织了一个梵皇渡同学会，每月聚会一次"[1]。可见其时龚兰珍一是博士毕业任教于燕大，二是在当时圣玛利亚女校毕业生中颇为有名，三是与她的学姐张继英一起任教于燕大。1933年似已经担任了燕京大学女部主任。[2]

1934年她担任了燕京大学家政系系主任。之后赴美进修，回国后仍回燕大任教。[3] 1935年4月，她作为32名代表之一，在北平协和医学院参加中国生理学会第八届年会，在会上与方文渊宣读论文《未及学龄（即学龄前）儿童氟之新陈代谢》以及与白汝芳宣读论文《谷类所含之维生素之两种烹调方法损失之比较》。[4] 1935年，她代表燕京大学参加梁漱溟、晏阳初等组织并主持召开的全国乡村工作讨论会第二次集会。同年8月，参加中国科学社年会，8月13日公开演讲《饮食及体格》，当日论坛由竺可桢等担任主席。[5]

1936年9月，龚兰珍与雷洁琼一起作为10名教授代表之一参加燕京大学校务委员会会议，表决通过该年度新聘教授委员会名单[6]，说明她在燕大的发展是极好的。1936年，她担任中国斐陶斐励学会燕京大学分会的副会长[7]，1939年以"自费生"的身份与顾静徽一起前往美国留学[8]。她本是哥伦比亚大学营养学（哲学）博士[9]，

---

① 《1932届龚普生1933年给母校的信》，原载1933年《凤藻》，载徐永初、陈瑾瑜主编《圣玛利亚女校（1881~1952）》，同济大学出版社，2014，第268页。
② 《燕京大学同学会各地分会会员录》，燕京大学教务处校友课，1933，第24页。
③ 这里应有误。资料显示她1932年在美国哥伦比亚大学已经获得了营养学博士学位，并于上文中已经得到确证。张玮瑛、王百强、钱辛波主编《燕京大学史稿1919—1952》，人民中国出版社，1999，1010页。
④ 《中国生理学会昨开第八届年会》，《益世报（北京）》1935年4月4日第9版。
⑤ 王良镛、何品：《年会记录选编》，上海科学技术出版社，2020，第315页。
⑥ 《燕大本年度新聘教授决定》，《益世报（北京）》1936年9月8日第8版。
⑦ 《中国斐陶斐励学会》，出版地不详，1936，第39页。
⑧ 《抗战以来中国留学生统计》（四续），《神州日报》1940年11月13日第5版。
⑨ 龚兰珍于1932年获得营养学（哲学）博士归国。她主修营养学，兼修哲学，最后获得哲学博士学位，但归国后从事营养学工作。

又工作了六年，此番前往，有可能是获得了密歇根研究实验室底特律儿童基金（Detroit Children Fund of Michigan Research Laboratories）资助，并且她计划前往梅里尔-帕默学校（Merrill-Palmer School）访学，同时回到母校哥伦比亚大学，并在约翰·霍普金斯大学及其他大学著名的家政系进行考察。1940 年回国，继续在燕京大学担任家政系教员。是年 9 月，龚兰珍接受燕京大学文学社采访，介绍美国家政教育情况，谓之"非常发达，近年并推广于农村方面，目的在教育妇女如何做良好的母亲及主妇"，同时慨叹中国的家政教育大力发展一是需要"社会之赞助"，尤其是经济援助，二是国人需要纠正对于家政教育的根本错误观念，因为中国人以为"学家政是为了做 Pre-wife，为可耻之事"。但其实"做母亲或主妇乃女子之因天赋，为可敬之职务；而且欲为一良好之母亲与主妇，并非易事"[1]。

1947 年出国前，她担任家政系营养组的指导组长[2]，1951 年 1 月根据中国生理学会会员录记载，她和夫婿均为营养学专业会员[3]。

20 世纪 80 年代，我国奖励科技人员，对在医药卫生工作中做出突出贡献的中青年科技工作者，人事部、国家科学技术委员会等授予了"国家级有突出贡献专家""国家级有突出贡献的中青年科学、技术、管理专家"等称号。1990 年、1991 年国务院给为我国科技事业做出突出贡献的专家、学者发放了政府特殊津贴，其中广东高等医药院校获得者共 35 名，龚兰珍当时作为中山医科大学教授，名列其中，是中山医科大学 26 名获得者之一[4]，也是两名女性之一。不过 1999 年燕京大学校友编撰校史时，登记其"已故"。

---

① 《龚兰贞谈家政教育》，《燕京新闻》1940 年第 7 卷第 4 期。
② 《燕大三年》，燕京大学学生自治会，1948，第 28 页。
③ 葛可佑：《中国营养学会史》，上海交通大学出版社，2008，第 18 页。
④ 邱贻曾：《广东高等医学教育改革探索（1977~1999）》，广州出版社，1999，第 93 页。

可见，这些医学类女生归国后，都做出了非常大的贡献。她们分散于儿科、妇科（妇产科）、牙科、精神病科、肝炎科、营养学及生理卫生等多个医疗领域，身为医生，她们也跟前述的职业女性一样，一是利用国外留学所学，治病救人；二是为中国社会培养未来的医护工作者；三是进行理论研究，在自己的专业领域踏实做了系列研究，并将其研究成果悉数发表于各类期刊上，且多有著作出版。

第四节　文科成就

53 名清华留美女生中，也有数位留美后学习的是文科专业，比如陈衡哲、唐玉瑞、胡卓、王国秀、张继英、应谊等，考虑到学界已经对有些女生做过考证研究，有些女生的资料却又不太齐全，这里仅对两名女生张端珍、王国秀稍做职业人生之路回顾。

一　张端珍的 15 年职业生涯

张端珍短暂的 15 年工作历程，大约可以分为以下几部分。

第一，积极参与同学会活动。上海基督教大学同学会、清华同学会、寰球中国学生会等都有她的身影，表演节目集中于唱歌、跳舞，尤以跳舞为主。比如，1920 年 2 月 14 日晚上，张端珍与其他三位张姓女士"四音合唱"（第四个节目）。[①] 同年，她在南京高等师范学校任职期间，积极参与学校活动尤其是学生组织的活动，如 1920 年 11 月，因北方"旱灾奇重"，南京高等师范学校的学生在南京城北该校大会堂举行了赈灾游艺大会"以惠灾黎"，当月 12 日、13 日连演两场，下午 6 点钟开始至深夜，众

---

① 　当天晚上第一个节目是"王瑞娴表演钢琴独奏"，见《基督教大学同学之联合会报名》，《神州日报》1920 年 2 月 14 日第 11 版。

人群情激昂。据记录，13 日晚上张端珍特地表演了跳舞，她"体态轻盈、飘飘欲仙"，围观者无不称赞。当晚的赈灾会邀请了余日章来演讲，郭秉文、陶行知等慷慨解囊，共得捐款 305 元大洋。①

第二，发挥专业特长，在体育方面进行身体力行的理论探索和实践。首先是积极参与体育赛事，1921 年中西女塾统计毕业生的工作单位时，其为南京高等师范学校（同年改名为国立东南大学）教员②，可以佐证的材料一是上述她参加赈灾活动的记录，二是春季运动会时，她曾担任第三女师范篮球队裁判员，并留有照片；1921 年上半年，她还担任了东大附小（即此前的南高师附小）上学期的教师。③

因其在美期间曾专习体育，故张端珍回国后极力推动我国女子体育运动发展。1922 年曾在国立东南大学教育科任教④，1923 年《环球中国学生会年鉴》记录她是会员⑤，同年，因当局禁止女性参加运动会，她曾专门撰文指出此举"与男女平等观念不合"⑥。1924 年 6 月统计时张端珍为"厦门大学英文讲师，兼教育科女子体育部筹备主任"⑦，1925 年，《寰球中国学生会二十周年纪念册》中记录她是会员⑧。此外，张端珍参加了中华教育改进社第四届年会，承担了委员工作，不过《中华教育改进社第四届年会一览》⑨中，张端珍的就职单位已经是厦门大学。

---

① 玉麟：《南高举行赈灾游艺大会》，《时事新报（上海）》1920 年 11 月 16 日第 6 版。
② 《一千九百十四年毕业者》，《墨梯》1921 年第 4 期。
③ 俞子夷：《一个小学十年努力记》，中华书局，1930，第 463 页。
④ 东南大学高等教育研究所编《郭秉文与东南大学》，东南大学出版社，2011。
⑤ 环球中国学生会编《环球中国学生会年鉴》（第二期），1923，第 69 页。有史料也将寰球中国学生会写作环球中国学生会，引用时从之。
⑥ 张端珍：《女子田径赛运动说》，《体育季刊》1923 年第 2 卷第 3 期。
⑦ 清华同学干事部：《回国同学录》，《清华周刊》1924 年十周年纪念增刊。
⑧ 《寰球中国学生会二十周年纪念册》，寰球中国学生会，1925，第 78 页。
⑨ 《中华教育改进社第四届年会一览》，中华教育改进社，1925，第 52 页。

1930 年，她被委任为上海市教育局科员①，随后作为科员，参加了不少活动。是年 5 月 3 日上午 9 时，上海各界五月革命纪念节筹委会在蓬莱影戏院开济南惨案纪念会，她受上海教育局长指派，与顾会宏、彭延勋、张天恩等出席参加济南惨案纪念会②；5 月 31 日，被上海市教育局委任为初中毕业会考的监试阅卷员③。6 月 12 日，参加上海市小学音乐会筹备委员会④；同一天的下午 2 时，因这次会考一共有 67 个学校参加，参与学生一共有 1800 多人，规模很大，为表"事前准备极为详密"，她作为监试阅卷员代表以及教育局工作人员参加上海市的初中毕业会考全体大会，讨论监试开卷各项问题，与会者有市教育局倪科长、傅复天、李大超、唐守谦、张端珍、周尚、张天恩、戴颖、张惠实等 9 人。⑤ 待到 6 月 14 日，参加上海市初中会考大会，她作为教育局代表参会。同时参会的学校代表还有 1918 批的朱兰贞，她是代表上海中西女塾前来开会的。⑥ 6 月 15 日，她作为监试阅卷员在第二试场进行监试，监考的科目为"英文"。⑦

1930 年 7 月 14 日到 8 月 3 日，她作为教务员，专门负责上海市第一届暑期学校的教学管理工作，"统计报名者共三百六十人，七月十四日上午九时行开学典礼，下午公开讲演，十五日即正式上课。上午为各科授课时间，下午则分别举行公开演讲讨论会、娱乐会并参观等活动"⑧。

---

① 上海市政府令第四八九号至第四九四号：兹委任邝国彬、张天恩、葛鸿钧、丁重宣、张端珍、陈端志为本市教育局科员，此令。《上海市政府公报》1930 年第 65 期，第 4 页。

② 《派员参与济南惨案纪念会》，《民国日报》1930 年 5 月 4 日第 5 版。

③ 《上海特别市教育局业务报告：十九年一月至六月》，上海市教育局，1931。

④ 《音乐会之筹备会议》，《民国日报》1930 年 6 月 15 日第 4 版。

⑤ 《市教局召集初中会考大会》，《民国日报》1930 年 6 月 14 日第 7 版。

⑥ 《市教局召集初中会考大会》，《民国日报》1930 年 6 月 14 日第 7 版。

⑦ 《初中毕业会考监试阅卷员认定试场科目一览表》，《民国日报》1930 年 6 月 15 日第 8 版。

⑧ 《上海市教育局业务报告：十九年七月至十二月》，上海市教育局，1931，第 63 页。

1931 年 4 月，她作为自由职业团体中央大学商学院教职员代表成为上海市选举人，参加国民党的国民会议代表选举。[①] 她作为讲师任教于中央大学商学院时，教授的是二年级课程，在英文丁组担任教员，该学程为二年级下学期课程。一切较丙组略为高深，即对修辞须有全部之了解。每周除修辞学练习外，亦须交作文一篇，同时该课教材为：（1）M. E. Haggerty：Reading and Literature Book II；（2）E. H. Webster：English for Business[②]。随后中央大学商学院进行改组，独立成为上海商学院，她继续担任该校教师，被誉为"积学之士、经验宏深"[③]。

1931 年 7 月[④]，她出现在暨南大学（上海）教育学院和文学院的讲师名录里[⑤]。当时，邵爽秋担任教授兼教育学院系主任，廖世承担任教授兼师资专科主任[⑥]，李达担任教授兼文学院社会学系主任[⑦]。她教授"基本英文"，每周课时数是 3 个课时，占 3 个学分。过了一年时间，1932 年 9 月她在暨南大学由文学院讲师升为教授[⑧]，教授英文科；在担任暨南大学英文教授时，她还给该校英文研究会的讲演论辩等进行了多次指导，学生称"听众达二百余人，精神（氛围）甚佳"[⑨]。1932 年暨南大学统计教师名册时，记录到她年 40 岁，曾担任过北京女子高等师范学校体育部主任，东

---

① 《国民会议代表选举上海市选举人名总册》，蔚文印刷局，民国二十年四月（1931 年 4 月）承印，第 22 页。

② 张乃燕：《国立中央大学商学院概况》，《民国日报》1929 年 1 月 27 日第 27 版。

③ 《上海商学院》，《民报》1932 年 9 月 8 日第 6 版。

④ 据《暨南大学二十年度全部职员（续）》，她到该校时间是 1931 年 9 月。

⑤ 《暨南大学二十年度全部职教员（续）》，《时事新报（上海）》1931 年 7 月 7 日第 6 版。

⑥ 王瑞娴（张端珍的同学）及其丈夫董任坚也在暨南大学教育学院任教，王瑞娴和董任坚担任的是教授。

⑦ 《暨南大学二十年度全部职教员》，《时事新报（上海）》1931 年 7 月 5 日第 11 版。

⑧ 在同一条新闻里，1921 批的陆慎仪被聘为暨南大学理学院教授。《国立暨南大学聘定教授》，《民报》1932 年 9 月 11 日第 8 版。

⑨ 《暨南英文研究会》，《民报》1932 年 11 月 29 日第 6 版。

南、厦门、光华各大学英文教员。[①] 1933 年 7 月，上海市教育会筹设了夏令讲学会后，聘请张端珍讲授"英文修辞及作文"，一同授课的同事有李石岑、舒新城、洪深等。[②]

1933 年 9 月 26 日，时任暨南大学校长的郑洪年，在纪念周报告及训话中以"开发学术与巩固学府"为题，对学生明确提出几点要求，其中特别强调学生学习英文应多向老师请教，如"洪深张端珍毛彦文等英文造诣甚深，均为吾校良好之导师"[③]。

1933 年，她参加了中国科学社年会[④]，一起参加的还有胡刚复等人。1935 年 1 月 9 日，她以国立暨南大学教授的身份担任上海培明女中的学期终演讲决赛的评判员。[⑤] 1935 年 1 月 4 日有史料记载，其曾与毛彦文一同教书，教授英文，某学生评价张端珍"有西洋主妇气概，行路时大踏步，有男子态度，不愧是个巾帼须眉，教英文凶得很"[⑥]。1937 年 4 月清华大学统计《清华同学录》时，记载其曾为"国立暨南大学英文教授兼上海商学院英文讲师"[⑦]。故而，学界对张端珍的认识都集中于她曾担任过国立暨南大学英文教授这一经历。

颇为遗憾的是，张端珍于 1935 年 7 月 26 日因病去世，一生未婚。当年的《妇女月报》曾刊登消息，指出"寓居（上海）极司非尔路""深通文墨，历任各大学教授"的张端珍女士，于 1935 年 7 月 26 日一病不起（和蔡元培日记可以对应），其生前于 1935

---

① 《国立暨南大学（上海大学部各学院）教授讲师一览表》，载《战后之暨南：二十年度第二学期国立暨南大学一览》，吴承沚协和印书局，1932，第 107 页。

② 《市教育会讲学会昨已开始讲学》，《时事新报（上海）》1933 年 7 月 11 日第 8 版。

③ 陈希文、陈其英编《郑洪年一年来国难中之教育言论》，国立暨南大学秘书处印务组，1933，第 92 页。

④ 王良镭、何品：《年会记录选编》，上海科学技术出版社，2020。

⑤ 《培明女中学行学期终演讲决赛》，《时事新报（上海）》1935 年 1 月 10 日第 6 版。

⑥ 金刚：《张端珍与毛彦文》，《时代日报》1935 年 1 月 4 日第 3 版。

⑦ 北平清华大学：《清华同学录》，国立清华大学校长办公处，1937。

年 7 月 15 日预设遗嘱，载明其历年积蓄"约有一万余元寄存于银行中"，交由其在沪求学的弟弟张禧藩全权管理。张禧藩随即向其姐姐即张美珍、张淑珍、张婉珍等提起确认遗嘱之诉。原告张禧藩为明姐志，"愿将亡姊全部遗产办理善举，留一永远纪念"[1]。被告张美珍、张婉珍对于此项处理表示同意[2]，但提出反诉，宣称原告张禧藩伪造遗嘱，依法理应剥夺其遗产继承权利。[3] 此案自 7 月至 12 月，经过多次开庭审理及传唤证人，庭长庞树蓉于 12 月 21 日宣告最终判决，即遗嘱中关于被告张美珍、张淑珍、张婉珍丧失继承权部分无效，其余内容有效，张禧藩其余之诉及张美珍、张婉珍等反诉均被驳回，诉讼费用由原被告各负担一半。[4]

二　王国秀的职业生涯

王国秀在美修习文学专业，1925 年于卫斯理学院获得学士学位。后又进入哥伦比亚大学进行深造，于 1926 年毕业并取得历史学硕士学位。毕业后，王国秀在 1926 年 10 月至 1927 年 5 月间，在美、英、法、意等国进行游历、研究活动。回国后，王国秀主要在大学任教，精通英语、懂法文，专攻世界近现代史。曾任金陵女子文理学院教授、中华基督教女青年会执行委员及主席。新中国成立后历任震旦大学教授，震旦大学女子文理学院院长、副校长，华东师范大学教授兼图书馆馆长。发表过《十八世纪中国茶和工艺美术品在英国流传情况》《阿拉伯民族对世界文化的贡献》等论文，著有《英国中世妇女生活史》等著作。[5]

在任教之余，王国秀积极从事妇女运动和其他社会活动，曾

---

① 《张端珍遗产将充善举》，《妇女月报》1935 年第 1 卷第 11 期。

② 《已故女教授张端珍遗产纠纷》，《申报》1935 年 11 月 19 日第 9 版。

③ 《张端珍女士遗嘱讼 两证人昨投案陈述》，《时事新报（上海）》1935 年 12 月 2 日第 10 版。

④ 《故张端珍女士 遗嘱讼案作判决》，《时事新报（上海）》1935 年 12 月 22 日第 10 版。

⑤ 张德龙：《上海高等教育系统教授录》，华东师范大学出版社，1988，第 143 页。

担任中华全国大学妇女会理事、上海妇女指导委员会委员、上海大学教授联谊会执行委员等职务，三次代表中国女青年会出席世界女青年代表大会。此外，王国秀在宗教界也享有盛誉。1936—1952 年，曾担任中华基督教女青年会执行委员、主席。1947 年她和几位基督教著名人士去南京面见蒋介石、宋美龄，建议实现国内和平。① 新中国成立后，王国秀担任上海民主妇女联合会执行委员、上海市历史学会理事，当选为上海市第四、五届人民代表大会代表。1949 年冬，出席亚洲妇女大会。1964 年 12 月，任中国人民政治协商会议第四届委员会委员。②

　　1930 年，王国秀还在南京金陵女子大学任历史学教授时，应大夏大学文学院邀请，作了题为《近代民族主义之发展》的演讲。③ 1936 年 11 月，王国秀作为中国女青年会会长出席世界女青年会东方区域会议和世界女青年会扩大执行委员会议。会议主题为如何为社会服务及如何消除世界战争等。④ 1937 年 10 月 21 日，王国秀作为中国女青年会全国协会会长应上海市广播电台之请，作题为《中国妇女如何应付当前危机》的英语播音。⑤ 1938 年，王国秀赴加拿大出席世界妇女协会会议，此次搜集了大量难民资料，在开会时向全世界代表呼吁。⑥ 1948 年至 1949 年间，王国秀作为优秀教育家代表，应母校卫斯理学院邀请讲学一年，以增进东西方之间的谅解。卫斯理学院与燕京大学还设立交换学生计划，每年互相交换一名学生交往留学。⑦ 王国秀在大夏大学讲学期间还设立了素霞奖学金，以奖励成绩优异、品行优良的学生。⑧ 王国秀

---

① 王桢禄：《当代昆山人才录》，昆山市亭林印刷总厂，1996，第 15 页。
② 王桢禄：《当代昆山人才录》，昆山市亭林印刷总厂，1996，第 15 页。
③ 《校闻：王国秀女士演讲》，《大夏周报》1930 年第 86 期。
④ 《女青年协会长王国秀等返国》，《申报》1936 年 11 月 27 日第 7 版。
⑤ 《孙王国秀播音》，《大公报（上海）》1937 年 10 月 21 日第 5 版。
⑥ 《王国秀先生出席世界妇女协会》，《大夏半月刊》1938 年第 7 期。
⑦ 《中美两大学将交换学生》，《大公报（香港）》1948 年 5 月 11 日第 2 版。
⑧ 《王国秀先生继续捐赠奖学金》，《大夏校刊》1941 年第 1 卷第 1 期。

发表的文章如表 5-3 所示。

表 5-3 王国秀发表的文章一览

文章	时间、刊物
《新妇女的责任与知识》	《女青年月刊》1934 年第 13 卷第 1 期
《我的家庭教育观》	《民智月报》1933 年第 19 期
《换了这个心》	《平论（半月刊）》1945 年第 6 期
《西班牙战争的国内因素》	《新史地》1937 年第 1 期
《漫游南印度杂感》	《新史地》1937 年第 2 期
《论职业妇女》	《平论（半月刊）》1945 年第 4 期
《美满的婚姻》	《妇女（上海）》1946 年第 8 期
《美国夏令会的回顾》	《妇女（上海）》1946 年第 5 期
《世界和平的新基石》	《平论（半月刊）》1946 年第 8 期
《抗战胜利与男女青年》	《平论（半月刊）》1945 年第 2 期
《美国退伍军人的求学热》	《平论（半月刊）》1946 年第 12 期
《胜利与妇女》	《妇女（上海）》1945 年
《仁济医院护士学校毕业典礼祝词》	《中华护士报》1941 年第 22 卷第 4 期
《上海盟侨集中营巡礼》	《平论（半月刊）》1945 年
《日本的法西斯倾向》	《大夏青年》1935 年第 2 卷第 8 期
《学生救济与工作自助》	《上海学济》1948 年第 3 期
《古阿拉伯人在中国通商考》	《大夏半月刊》1938 年第 5 期
《十八世纪英国仿制中国瓷器考》	《大夏》1934 年第 1 卷第 1 期
《通讯：妇女运动在东北》	《妇女文化》1947 年第 2 卷第 7/8 期
《我和大夏特辑》	《大夏半月刊》1938 年第 5 期
《日美在太平洋上的战略地位》	《力行（西安）》1941 年第 4 卷第 5 期
《读书指导：读史应有的基本知识》	《大夏周报》1935 年第 11 卷第 24 期
《会务鸟瞰：印度女青年会大会报告》	《女青年月刊》1937 年第 16 卷第 2 期
《妇女生活：英国中世纪中等妇女的职业生活》	《女子月刊》1934 年第 2 卷第 9 期
《妇女与家庭：中国妇女的社会地位与妇女运动》	《东方杂志》1935 年第 32 卷第 21 期
《小学社会科教学法：关于历史部分的》	《小教生活》1940 年

文章	时间、刊物
《女青年会对于社会的责任：在世界女青年大会后中国代表扩大仁义讲》	《天风》1948 年第 104 期

此外，53 名留美女生里面，还有不少献身于科学研究工作的，如曹简禹的生化科技研究，成就令人刮目相看；顾静徽的物理学研究，在中国更属于罕见。学界亦对她们有过研究，囿于篇幅，在此不再赘述。

综上所述，这 53 名留美女生，与男性一样，有机会到美国亲身体验不同文化，学习各个专业的理论与技术，使眼界开阔，返国后成为少数的精英才女，居于受尊重的地位，促进中外教育文化交流。她们配合国家需要，致力于用所学服务中国民众，传播西方科学观念和专业知识，特别是她们培育了不少优秀的专业人才与中小学师资，为中国教育现代化奠定了坚实基础。尽管在当时剧烈的社会动荡和转型中，知识女性要不断顺应新的变化的形势，这些女性面对新的要求和挑战，都做出了各种人生选择。可以看到，并非所有人最后都成为大家，去影响学界、政界、商界甚至一代人。可每个人都在自己生活的那个年代，热诚地爱着自己的生活，踏实地做着自己的工作，从教或从医，奔忙或持家，都同样在艰难困苦和安稳幸福中有梦、有作为地生活着。

不少留美女生，投入中学或者大学教育，填补原来女教师师资的不足，教书成为她们的理想职业。当然也有一些单身女性，为了追求事业而放弃家庭，由原来的知识生产者转到大学或者中学任教，变成了知识的传播者。也有一些女性和婚姻妥协，退出了科学研究与职业女性的行列，直接退守家庭，真正相夫教子。她们面对两者的抉择，不免困扰。这显示知识女性参与社会生产的过程，困难屡见不鲜，诸如来自家庭的阻力，旧观念意识的沉渣泛起，以至于即使她们接受过多年的男女平等教育，但在实际生活中仍面临中国传统文化的禁锢和世俗的约束。

第五节　圣玛利亚女校：输送与回报

前述说到，圣玛利亚女校输送了至少 11 个女孩去投考清华留美生，可能校方也未曾预料到，她们中的一些人在学成归国后会选择反哺母校。我们以归国后回圣玛利亚女校为母校效力的这几名女生为例，梳理她们在圣玛利亚女校的生命历程。

这里面最著名的当数于 1918 年出国留美的朱兰贞[①]了，她是 1917 年圣玛利亚女校的四名毕业生之一，1918 年留美，1923 年获得哥伦比亚大学文学硕士之后回国，旋即任教于母校圣玛利亚女校。1927 年学校停办期间，她去中西女塾（1930 年改名为私立中西女子中学）任教至 1941 年，1942 年回圣玛利亚女校担任校长一职，1949 年 8 月，不幸被歹徒杀害于校长住宅。[②] 朱兰贞从 1942 年起担任圣玛利亚女校校长，带领着全校师生度过了艰难的抗战时期。太平洋战争爆发后，来自美国的经费完全中断，学校运行经费完全靠学费收入。战争期间物价飞涨，朱兰贞尽量缩减开支，勉力维持学校正常运转。1945 年抗战胜利后，又筹备将圣玛利亚

[①] 朱兰贞夫婿为陆梅僧（陆梅僧之胞妹为浦薛凤之妻，其回忆录里曾谈到朱兰贞），婚后她一直以"陆朱兰贞"的名字进行活动，为尊重历史，本书亦照引用此名。

[②] 1949 年夏，朱兰贞竟被歹徒杀害于校长住宅，后经上海市公安局调查，为一远房亲戚勾结歹徒作案。此事应当引起了当时学生的震惊与恐慌。如在 1950 届梁郇德的回忆文章中，她写道，1949 年夏陆校长竟被歹徒杀害于家中，此案一直未破。见梁郇德《母亲和我与圣玛利亚女校》，载徐永初、陈瑾瑜主编《追忆圣玛利亚女校》，同济大学出版社，2014，第 107 页。1950 届朱亚新在回忆中亦记录了此事，"我在校期间，一件震动人心的大事是校长陆朱兰贞在校长宿舍中为暴徒杀害，引起种种猜测，作为悬案多年。"见朱亚新《圣玛利亚女校就读六年记》，载徐永初、陈瑾瑜主编《追忆圣玛利亚女校》，同济大学出版社，2014，第 120 页。

女校重新迁回原来校址，并于 1946 年 9 月全校搬回整修一新的白利南路。1947 年 6 月，朱兰贞校长完成了圣玛利亚女校在上海市教育局立案的工作，拓宽了学生升学渠道。1967 年台湾新浦工业专科学校创办时期，中华圣公会云贵教区朱友渔主教（毕业于上海圣约翰大学神学院）与其子朱罗伯牧师及其他亲属，为纪念朱主教胞妹朱兰贞女士，共同捐款于新浦工专校园内兴建校长宿舍，命名"兰贞馆"，也是对这位为圣玛利亚女校做出贡献的校长的纪念。[①] 与此同时，和朱兰贞一起奋斗在圣玛利亚女校的返校女生，还有 1923 年留美的朱其廉和 1921 年留美的桂质良，她们分别于 1928 年、1929 年回国，都曾在圣玛利亚女校任职若干年。

很可惜，目前她们自己留下来的原始史料较少，只能从当时的学生们的一些回忆录里寻找关于她们作为老师的只言片语或者各个事例，来拼凑起她们当时担任圣玛利亚女校校长以及教师时的情形。

朱兰贞应该是一个严肃、严谨、不苟言笑型的校长，有着作为管理者的权威与尊严。比如有学生特别提到，"校长 Mrs 陆及 Miss 袁（葆群）的厚玻璃眼镜片，常在教室后部门上的透明玻璃条内出现，对喜欢坐后座的学生很有威慑力。"[②] 可见学生对校长是害怕的。但是，说是担任校长，也可能因为是特殊时期，所以校内大大小小事情都归朱兰贞管理，大事包括各种学校发展和管理的决策，小事甚至包括领插班生到教室，也需要她身体力行。此外，还要承担繁重的教学任务。没有对母校的诚挚热爱之心，是完成不了如此重任的。1950 届肄业的赵玲曾经回忆道："我是插班生，第一天上课由陆校长领我上二楼向左进了朝北第一个教室门口，向里面班主任 Mrs 蒋交代几句后，我就被指定坐到左边靠窗

---

① 徐永初、陈瑾瑜主编《圣玛利亚女校（1881~1952）》，同济大学出版社，2014，第 58 页。

② 朱亚新：《圣玛利亚女校就读六年记》，载徐永初、陈瑾瑜主编《追忆圣玛利亚女校》，同济大学出版社，2014，第 113 页。

第二排第一个座位。"[1]

赵玲还回忆道：

> 校长 Mrs 陆及 Miss 袁是全校两只鼎，都戴金丝边眼镜，梳个横 S 头，长年身穿深色旗袍。她俩好像和笑容没啥缘份（分），整天绷着脸，让人望而生畏。只是 Mrs 陆经常用眯起来的细眼看人，透过她的眼镜片，你还真分不出哪是眼黑哪是眼白？我最怕哪天被她叫到办公室去"吃大菜"（即训话）。她细声兜着圈子说话，像在"引蛇出洞"，最后她总以"勿乖就打电话给你爸……"为杀手铜。[2]

通过学生这样生动的描述，可见朱兰贞确实是一个很有威严的校长形象。还有一些学生回忆了她上课时候的场景，又表明她在教学上颇有方式方法。

1947 届的吴其慧这样回忆朱兰贞：

> 陆朱兰贞校长的动植物学课细致而有条理，我很感兴趣。从她的讲义中，我学到了如何科学地整理、归纳、分类、建立有用的资料。而且，这成了我终生的爱好。[3]

1949 届肄业生程锦圆这样回忆校长朱兰贞给她们上课时的场景，并特别提到朱兰贞的教学方法：

---

① 赵玲：《我在圣玛利亚女校的两年半》，载徐永初、陈瑾瑜主编《追忆圣玛利亚女校》，同济大学出版社，2014，第 129 页。
② 赵玲：《我在圣玛利亚女校的两年半》，载徐永初、陈瑾瑜主编《追忆圣玛利亚女校》，同济大学出版社，2014，第 132 页。
③ 吴其慧：《学海无涯》，载徐永初、陈瑾瑜主编《追忆圣玛利亚女校》，同济大学出版社，2014，第 77 页。

我读初一时，她教我们英语，课本是 Heidi。每次她上课，第一件事就是"Five minute quiz"，测验头天课文中生字的拼法和它们的中文解释。然后才讲当天的新课。这样周而复始。[①]

程锦圆并回忆了其中一个小小插曲：

Mrs. 陆是一位要求严格的老师。在她上课时，除了她讲课不允许有其他声音。冬天时由于冷，同学们的鼻子里常常会发出各种声音。有一天 Mrs. 陆走进教室时，擤鼻子声此起彼落。她走上讲坛，第一句话是："Good Morning, Now, everybody, blow your nose."[②]

可见朱兰贞既是一个严厉的老师，也是一个非常注重教学方法的老师，使得学生们上课时是有所收获的。

此外，有事实证明，在朱兰贞当校长期间，处境是非常艰难的，但她仍然在想尽一切办法给学生创造求学机会，比如当时的在校学生、后来新中国第一本《汉英词典》的领衔编委应曼蓉（1945 届）曾这样回忆起朱兰贞担任校长时她所经历的事情：

在圣玛利亚的六年，我得过两个重要奖项：1941 年夏初二时获全校初中英语第一名；1944 年夏高二时获全校高中英语第一名。由于在日伪时期，不能宣传，没有公开颁奖。陆校长（陆朱兰贞女士）把我单独叫到办公室，发给我获奖证明信。她告诉我："学校建校六十多年来，同一个学生先在初二后在高二连得这两项英语大奖的共有三人，你是这第三个

---

① 程锦圆：《忆母校生活点滴》，载徐永初、陈瑾瑜主编《追忆圣玛利亚女校》，同济大学出版社，2014，第 99—100 页。

② 程锦圆：《忆母校生活点滴》，载徐永初、陈瑾瑜主编《追忆圣玛利亚女校》，同济大学出版社，2014，第 100 页。

人，凭此信，可以成为美国历史悠久的大学精英组织 Phi Beta Kappa 的成员，并可得到该组织的金钥匙奖。前两个获奖人都到美国留学，并获得了金钥匙奖，她们都很有成就。陆校长还叮嘱我，"对所有人都要保密你获奖的事，因为日伪方面只允许设立鼓励学生学日语的奖项，而禁止我们设鼓励学生学英语或中国文学的奖，你一定要保密，证明信也不要给任何人看，如果泄露出去会给学校惹事，对你也不利。"我遵照指示对此事严格保密。随后，桂质良老师到我家，没有说出我得奖的事，但对我父亲说，无论如何要送曼蓉到美国留学。[①]

可以想见，在当时的历史条件下，朱兰贞并没有为了保全自身利益而中断学校的正常教学与培养人才工作，也算是冒着生命危险将有才学的女生尽心尽力输送出去。应曼蓉之所以能将此事记得如此清楚，可能内心还是对校长的殷切期待甚为感念吧！最后她说到的桂质良老师，当时是她的英文老师。

1921 批的桂质良，学成归来后先是担任医生，后来又于 1943—1946 年回母校圣玛利亚女校担任英文和生物课教师。根据应曼蓉[②]回忆，"我高中的英语老师，印象最深的还有桂质良老师，教我们莎士比亚戏剧。她在最后这学年，让我们写关于戏剧的论文。"[③]桂质良本来在国外留学所学的专业是医学，但仍可跨界来教英文和戏剧，可见清华留美的这批女生对古今中外知识的驾轻就熟、信手拈来。还有同学这样评价她的课程："Dr. 桂质良上《双城记》时，不但要同学朗读、翻译，考问内容和故事情节，还要问狄更斯的某个篇章为何要用那样的标题，其用意为何？启发学生

---

① 应曼蓉：《母校的培育·恩师的教诲》，载徐永初、陈瑾瑜主编《追忆圣玛利亚女校》，同济大学出版社，2014，第 66—67 页。

② 北京外国语学院教授，为 1978 年版的我国第一部《汉英词典》副主编。

③ 应曼蓉：《母校的培育·恩师的教诲》，载徐永初、陈瑾瑜主编《追忆圣玛利亚女校》，同济大学出版社，2014，第 65 页。

作深度思考。"①

应曼蓉特别描述了桂质良的整体印象和教学风格，因为其描述生动，特地摘录如下：

> 我对桂质良老师的印象是：戴一副黑边圆形镜片的深度近视眼镜，穿一袭黑色或深赭石色带有隐条的呢子旗袍，直统统的没有一点"腰身"，一双半旧不新，但擦得锃亮的黑皮鞋，全身朴实无华，唯有一枚耀眼的胸针——一枚金光闪闪的金钥匙，佩戴在大襟右角，显示着主人的不同凡响，这是她在 John Hopkins 大学读书时，因成绩优异而得到的 Phi Beta Kappa 金钥匙奖。
>
> 桂质良老师在课堂上要求学生极严，在课外更重视锻炼学生讲英语的能力，她利用宿舍为学生创造了一个温馨的英语环境，对来访学生唯一的要求是从进门一刻起只许讲英语。我们平时交往都用英语对话，使我们在日常生活中习惯英语。
>
> 在生活中，桂质良老师又像我的慈母，她常让我去她家，也曾几次来我家。她是虔诚的基督教徒，却和身为佛教徒的我母亲交谈投机，亲如姐妹。②

可以看出，桂质良在圣玛利亚女校担任教师时，确实得到了学生发自内心的尊敬。校友吴其慧回忆，1946 年学校回迁前，她们班级曾经举办过一次联欢会，专门邀请了桂质良老师参加，当时在大樟树下的留影，据说成了圣玛利亚女校后来留存的一张非常经典的相片。

---

① 吴其慧：《学海无涯》，载徐永初、陈瑾瑜主编《追忆圣玛利亚女校》，同济大学出版社，2014，第 77 页。
② 应曼蓉：《母校的培育·恩师的教诲》，载徐永初、陈瑾瑜主编《追忆圣玛利亚女校》，同济大学出版社，2014，第 66 页。

　　与朱兰贞、桂质良为前后同事的 1923 年出国留学的朱其廉，在圣玛利亚女校也是一位非常让人尊敬的音乐教师。她本人就毕业于圣玛利亚女校历史悠久的琴科，师从当时圣玛利亚女校著名的音乐教师、琴科主任梅锡祐女士（Miss M. S. Mitchell）。朱其廉应深得梅女士喜爱，1921 年毕业后即留校教音乐，1922 年又获得琴科毕业证书，1923 年考取清华留美女生后，前往美国纽约朱丽亚音乐学院（又译作茱莉亚音乐学院）学习，毕业回国后去中西女塾任教一年后又于 1930 年夏离沪赴美继续深造，1931 年回母校圣玛利亚女校任教。1937 年朱其廉回国后接任琴科主任一职。她为圣玛利亚女校的音乐艺术教育做出了很大贡献，虽然 50 年中琴科毕业生仅 47 名，但学琴的远不止这些，且营造了圣玛利亚女校校园音乐艺术氛围，特别是令所有学生都难以忘怀的阶梯歌咏（"step singing"）活动，成为圣玛利亚女校最具特色的传统音乐活动。1948 届的姚惠娟回忆，学生中选修琴科的为数还不少。在琴科学习的学生每周一次由指定老师授课，每月要在全体琴科师生参加的琴会上汇报演奏，在每学期校方举办的音乐会上，约半数节目由琴科学生出演。学生们因此获得并积累了当众演奏的宝贵经验。琴科没有成文的考试，只有演奏能力的考察。要在琴科毕业，必须举办个人汇报演奏会。届时，有家长、来宾及全体师生参加，并有专家进行评定。[①]

　　曾经专门跟随朱其廉学习钢琴的 1952 届的刁蓓华[②]，则更为细致具体地回忆了朱其廉对圣玛利亚女校的贡献：

　　　　琴科的黄金时期是随朱其廉（Mrs. 郭，1921 届）留学回
　　校执教而开始。她 1921 年中学毕业，1922 年拿琴科文凭，

----

① 姚惠娟：《圣玛利亚女校的音乐活动》，载徐永初、陈瑾瑜主编《追忆圣玛利亚女校》，同济大学出版社，2014，第 66 页。
② 曾任中央音乐学院音乐学系教师。

1922 年即赴美学琴①，毕业于纽约名校朱丽亚音乐学校（Julliard）。回上海后先后在中西和母校任琴科主任……赵（庆闿）还记得 Mrs. 郭还组织高班学生学音乐知识、音乐历史，还带大家去兰心大戏院听《弄臣》、《阿伊达》的歌剧演出及董光光②的独奏音乐会。印象最深的是老师每年为毕业典礼奏乐③。④

圣玛利亚女校 1952 届的李葵，是朱其廉的姨侄女，她也是这样回忆当时高三的毕业典礼时候的情景：

> 我四姨妈 Mrs. Kwok（朱其廉）穿戴着入时的盛装已坐在钢琴前作好准备，在这重大场合，由她这位音乐大师亲自奏响世界著名的毕业进行曲，那高昂动听的曲调，回旋于大礼堂内，振奋人心，主题、变奏、主题再现、再变奏、重复不止。⑤

在李葵的印象里，母亲家族中虽有不少女孩都毕业于圣玛利亚女校，但是最为突出的当是朱其廉。她自圣玛利亚女校毕业后，"雄心壮志单独赴美国纽约朱丽亚（Julliard）音乐学院继续深造，回国以后担任母校的琴科主任，前后经历三十年，校内师生都称她 Mrs. Kwok，她终其一生，不分昼夜，勤奋苦练，演奏，除了教授钢琴外，还培养了许多音乐人才。学生在她严格又正规的教授法和悉心栽培之下，确实与众不同。她们都掌握了卓越技巧，专业的水平，很多都称（成）为杰出的钢琴独奏家，交响乐协奏家等。

---

① 此处应有记忆误差，朱其廉是 1923 年留美的。

② 董光光女士（1923—2013），美籍华裔钢琴家，是清华学校 1914 年首批留美女生王瑞娴之女。

③ Elgar 的《加冕进行曲》。

④ 刁蓓华：《母亲刁杨调芳和圣玛利亚琴科》，载徐永初、陈瑾瑜主编《追忆圣玛利亚女校》，同济大学出版社，2014，第 250 页。

⑤ 李葵：《古典芭蕾，我终身的事业》，载徐永初、陈瑾瑜主编《追寻圣玛利亚校友足迹》，同济大学出版社，2014，第 147 页。

……我四姨妈为音乐教育事业忠心耿耿，全心全意地贡献出她毕生的精力与才华，为上海、香港等地区公认的音乐界权威"①。李葵这话大约不假，在若干圣玛利亚女校毕业生的回忆文章中，均提到母校的琴科给她们印象很深刻，音乐会也因为有了朱其廉老师的有力组织从而显得更加美妙。可以说，朱其廉确实于20世纪40年代培养出了一批音乐人才，如赵庆闰、赵启雄、朱雅芬、王本慎、杨之会、郭志嫦等，以后都从事音乐工作，并很有成就。

此外，还有一些清华留美女生，也许没有回母校任职，但仍短暂地在为母校做贡献，比如1920年孙罗以校长年满六十周岁即将离任回国时，1月5日，学校为孙罗以校长举行了隆重的庆祝典礼。表演结束后，韩美英（圣玛利亚女校1911届毕业生，1914年清华留美生）用英语致简短贺词，充满敬意，对孙罗以校长三十年来对学校发展做出的贡献表示感谢。可见韩美英等人也是对圣玛利亚女校怀有很大敬意并一直致力于该校发展与人才培养的。

第六节　婚恋类型

民国初期因为时局动荡与制度转换，即使是男性留学生，在归国后想找到理想的工作也并非此前设想中那么容易，更何况这些曾被阻挡在职业外的知识女性，为实现个人价值，她们在求职时遇到的障碍与挑战可谓更多。而此时又恰逢她们要步入婚姻的年纪，于是，与谋求职业并存的另一挑战还有她们要如何"觅得良人"并顺利步入婚姻，从而在一个变动的社会中既组建好家庭，又能立足社会。由此，作为开始进入社会并在职业中寻求个人主体性、在婚姻家庭中尝试进行现代改革的第一代留美知识女性，

---

① 李葵：《古典芭蕾，我终身的事业》，载徐永初、陈瑾瑜主编《追寻圣玛利亚校友足迹》，同济大学出版社，2014，第148页。

她们左右摇摆的经历显示出这一代知识女性在追求职业自由与家庭和睦过程中所表现出来的矛盾、焦虑和渴望。下文着意呈现的是，面对职业与家庭，这些女性是如何应对冲突以及如何尝试着平衡的。

初步估计，53 名留美女生里，除了早逝的两位（张端珍一生未婚，去世时 40 多岁，胡永馥去世时才 20 多岁），绝大部分都步入了婚姻的殿堂，且婚姻幸福美满。本节主要将她们的主要成婚类型进行简单归类。

第一种，青梅竹马型。

典型的如周淑安与胡宣明。1912 年，周淑安 18 岁，正是妙龄少女。周淑安的大哥周森友已学成归国，在上海挂牌行医，二哥周辨明在上海圣约翰大学读书。热爱音乐的大哥常在家中与亲友练习唱歌，周淑安识谱能力很强，可进行连弹带唱的钢琴伴奏。二哥的一位漳州籍同学胡宣明，也常来凑热闹，并认识了周淑安。根据赵元任的回忆，可知周淑安在出国前，已经和胡宣明订婚了。也许二人在周淑安 1914 年留美前已经订婚，也有可能在胡宣明 1910 年留美前已经订婚。此后，周淑安于 1914 年出国留学，直到 1920 年学成归国。这年秋天，她乘轮船回到上海，与此时已经是中国第一位公共卫生专家的胡宣明博士结婚。

第二种，自由恋爱型。

留美女生中大多都是如此类型。如唐玉瑞与蒋廷黻、王瑞娴与董任坚、陈衡哲与任鸿隽、林莺与薛桂轮、蔡秀珠与张彭春、倪徵琼和刘绍光等人，均属于在美国留学期间自由恋爱。1916 年批的蔡秀珠、1921 批的张继英，则是自由恋爱的代表。比如，1919 年南开大学创立，为适应未来更高的教学要求，张彭春再次赴美深造，进入哥伦比亚大学攻读博士学位，师从著名教育家杜威。在此期间，他结识了蔡秀珠，两人由相识到相恋，1921 年 5 月，他们在纽约举行了婚礼。1921 年留美的张继英，也是与其夫许骧自由恋爱。两人于美国认识，彼时许骧正在哈佛大学攻读生物学。

1929 年，倪徽琼和刘绍光在美国相识并相爱。彼时，刘绍光获美国芝加哥大学哲学博士学位。1928 年春，美国罗氏基金会赞助他去美国芝加哥大学进修理科。二人都是孤身在外，一开始都潜心学业。后来结婚后于 1932 年春绕道印度回国。丁素筠回国后，担任沪江大学生物系教师。尹任先在沪办厂期间，经挚友胡宣明先生和他的夫人周淑安女士的介绍，与丁素筠相识，1924 年 8 月 6 日，两人在青岛结婚。

可以看出，这批女性在接受教育的过程中，逐渐勇敢地冲破家庭的阻碍，没有被传统婚恋观所束缚，是勇敢地追求自己所爱的典型新女性。

第三种，父母之命型。

最典型的如袁世庄与汪懋祖。1916 级留美女生袁世庄的婚姻为传统与现代的结合，既可以说是传统的奉父母之命，也可以说是掺杂了现代新意。根据两人的女儿汪安琦《懋庄往事》以及汪安琳《我家的故事》等文章的论述，可知两人的婚恋过往。据说，袁世庄的夫婿汪懋祖，是苏州一个开始没落的名门望族汪氏后代，赶上了清末最后一次科举考试，并中了个秀才。之后，他辗转到上海广方言馆读书。正巧袁世庄的父亲，即后来担任了教育部次长的袁希涛此时正是那里的一个教员，他非常开明，认为择婿的条件主要是人品好、有志气，见汪懋祖长得文质彬彬，文采又好，就想把自己的女儿嫁给他。袁希涛把汪懋祖带回自己家里，和袁世庄及其母亲见面，并郑重其事提出，如果大家同意就谈婚事。虽然父亲思想开明，但袁世庄始终是不好意思，她匆匆从房间里跑出来，看了一分钟，就赶紧跑回房中去了。虽然只是一分钟，却也就一见钟情，定下了终身。袁世庄母亲也很喜欢这个年轻人，同意了这门亲事。于是，袁世庄与汪懋祖就开始了婚前的通信交往。[1]

---

① 沈慧瑛：《懋庄情事》，《苏州日报》2020 年 10 月 31 日 B01 版。

袁世庄与汪懋祖于 1922 年 1 月 15 日在北京结婚。

此外，这些女性普遍成婚时间较晚，比如，1916 批的陈翠贞。根据史料，1927 年 8 月陈翠贞才与名医沈克非结婚，此时她已经 29 岁了，已是一名小有名气的小儿科医师。1921 批的桂质良，出生于 1900 年，等到 1930 年与闻亦传结婚时，也已经 30 岁了。

这批女性的婚后生活，总体较为温馨。不过，对于她们而言，学术与生活经常是分不开的。典型的如陈衡哲与任鸿隽，婚后生活也是和学术连接在一起的。杨步伟曾回忆过一件往事。1933 年赵元任、杨步伟一家人回到北平的时候，那一天是梅月涵（梅贻琦）夫妇、胡适之、任鸿隽四个人来接的。在车站商量住哪一家，月涵说应该住清华，胡适之说："我太太预备好了，住我们家。"任鸿隽也说他太太预备好了，住他们家，并且说："我太太很少留人住的，对你们两位特别，非住我们家不可。……"胡适之想来怕任太太（大名鼎鼎的陈衡哲女士），一听就说："那我不敢抢了。"如此定下来就先到任家。① 到了任家具体做什么，当然首要的是要谈论学术。

1934 年，一位署名"象恭"者，在《人言周刊》上发表论文，题名为《董任坚先生》，文中描述了当时王瑞娴与董任坚的婚姻生活。王瑞娴董任坚夫妻俩住在沪西的愚园新屯，这是一幢小洋房，位于"上海市一个悠静的贵族住宅区"②。王瑞娴小小的书室中，"陈列了许多乐器，风琴等，墙壁的四周，挂上很多镜框"，镜框里镶嵌的有"王女士的西文证书、和学生合摄的照片，在靠窗的东西两壁，还有两张法国名画……"③

上海愚园路在当时是名人住所颇多的片区，比如周淑安与胡宣明在 1920 年秋天结婚的时候，也是立即就搬入了愚园路居所，

① 杨步伟：《一个女人的自传》，岳麓书社，2017，第 278 页。
② 象恭：《董任坚先生》，《人言周刊》1934 年第 1 卷第 1 期。
③ 象恭：《董任坚先生》，《人言周刊》1934 年第 1 卷第 1 期。

购置了一台钢琴。

此外，与蔡秀珠同批留美的梁逸群，也几乎是紧跟在丈夫的脚步之后的。据说，夫妻二人的缘分是在哥伦比亚大学留学时结下的。1922年底，庄泽宣学成归国先后在清华学校、厦门大学、中山大学、浙江大学等学校执教。在中山大学期间，他于1928年创办中山大学教育研究所并任主任，致力于教育研究与实验。1937年抗日战争全面爆发后，他又历任岭南大学文学院院长、教育学教授，广西大学法商学院院长、教育学教授及社会教育学院研究所主任等职。

袁世庄也基本上是跟随着汪懋祖的步伐前进的。学成回国后，两人结了婚，在盘门东大街曾经有一幢被叫作懋庄的房子。当时，汪懋祖在苏州中学当校长，袁世庄在苏州女师教书。两人的女儿汪安琦曾撰文回忆了1940—1944年她们一家在云南大理喜洲的大学生活。①

李葵在回忆她的四姨妈朱其廉时曾说道，1992年8月下旬，她去加州探望四姨妈，当年朱其廉已是88岁高龄，但非常健硕，上海话她已不常用，以英文对话为主。她的客厅里有一架钢琴，她还是每天弹奏不歇，陶醉其中。音乐是她的生命，音乐陪伴她一生。朱其廉的儿子郭弼（Burt Kwok）是英国著名的电影明星，曾得过最佳笑星奖。②

第七节　艰难的摇摆：在婚姻与事业之间

53名留美女生在学业完成并陆续归国后，刚好处于20世纪二

---

① 汪安琦：《我在喜洲的大学生活（1940—1944）》，见大理市政协第七届委员会编《华中大学在喜洲》，大理市新闻出版局，2008，第20—28页。
② 李葵：《古典芭蕾，我终身的事业》，载袁永初、陈瑾瑜主编《追寻圣玛利亚校友足迹》，同济大学出版社，2014，第148页。

三十年代前后。这一时期，以民族国家话语建构的女子教育宗旨主要围绕培养超越传统的新式"女子国民"而产生，这一宗旨要求女性成为"职业女性"，脱离家庭、服务社会；然而，舆论界亦有大量呼声要求女子教育目标要回归培育传统的"贤妻良母"，强调女性应回归家庭，相夫教子。因此，一方面提倡女性要接受教育，另一方面受过教育的女性何去何从却又成为当时舆论热点。处于舆论旋涡中的女性，她们的人生轨迹因此基本上是在"贤妻良母"与"职业女性"之间摇摆不定。下文以女性个体层面的主观感受与在家庭与职业上的倾向性选择为分类起点，将 53 名女性在平衡职业与家庭上的表现或者说呈现的倾向简略分成以下三个类型：试图职业家庭并重型、逐渐重家庭轻职业型、逐渐重职业轻家庭型。① 以下分述之。

一 试图职业家庭并重型

试图职业家庭并重是指该类型的女性在整个的人生历程中一直努力着尝试将职业与家庭的冲突与矛盾淡化，她们摇摆于完全的职业女性与纯粹的家庭妇女之间，既不愿意放弃职业发展，同时也需要并愿意承担家庭责任，故而选择职业和家庭都坚守。当然，她们有时候可能阶段性重职业轻家庭，或者重家庭轻职业，这取决于当时职业与家庭冲突的大小。53 名女生中，大约有超过半数属于这种情况。在此我们仅以目前学界研究较多、外界也较为熟悉的陈衡哲作为一个案例进行深入探究。陈衡哲是清华留美专科女生中的首批女生之一，被认为是中国教育史上第一位女教授、文学史上第一位白话文女作家、近现代历史学界第一位女性史学家。

---

① 需要说明的是，在这 53 名女生中，实际上很难找出全人生历程中完全匹配这三种类型的知识女性，只能根据她们在一段时间内对职业、家庭的态度及其主观倾向性做出一定的区分。此外，这三种类型的划分，有时也具有阶段性。

1920 年，陈衡哲从芝加哥大学历史学专业获得硕士学位，回国后被蔡元培先生聘为北京大学西洋史教授，开讲西洋史和英文课，成为北大第一位女教授。同年北大开女禁，据说蔡元培此举目的是"以便北大更顺利地招收女生"[①]。是年 9 月，她与任鸿隽结为夫妻。据说两人好友胡适送新人的对联是"无后为大，著书最佳"。不过胡适的戏言转眼落空，因为几个月后陈即怀有身孕。1921 年 7 月，长女任以都出生，她于当年底辞去北大教授教职。胡适在 1921 年 9 月 10 日的日记中对此事有过评论："莎菲（陈衡哲英文名）因孕后不能上课，她很觉得羞愧，产后曾作一诗，辞意甚哀。莎菲婚后不久即以孕辍学，确使许多人失望。此后推荐女子入大学教书，自更困难了。"[②] 但实际情况是，即使陈此时暂时性地退出教学，也并未放弃科研工作。任以都回忆她幼时有一次曾不断敲书房的门，想要母亲陪她玩耍，最终"惹得母亲大发脾气"，又"吓得自己大哭一场"，此后便知道，"妈妈在书房的时候决不能去找她"，因为此时陈衡哲怀着二女儿任以书，正争分夺秒地"赶写西洋史，一定要在孩子出世前把稿子赶完，交给商务印书馆"[③]。在任以都的回忆中，可以看到的是陈衡哲当时身兼数职的角色困顿。

陈衡哲与任鸿隽育有三个孩子，陈衡哲的高校教学之路也时有中断，但一直笔耕不辍。从她的作品中可以看出，她因为受困于母职，不断摇摆于生育、家务和职业之间，并于纠结挣扎中苦苦思索中国女性的发展之路。比如，在其不少论及女子问题的随笔以及论文如 1926 年的《妇女与职业》、1932 年的《女子教育的根本问题》、1933 年的《国难与知识界的妇女》、1934 年的《妇女问题的根本谈》和《两性问题与社会意识》等文章中，再到 1937

① 陈衡哲：《陈衡哲早年自传》，冯进译，安徽教育出版社，2006，第 127 页。
② 胡适：《胡适的日记》，中华书局，1985，第 211 页。
③ 《任以都先生访问记录》，载陈衡哲《陈衡哲早年自传》，冯进译，安徽教育出版社，2006，第 243 页。

年出版的《新生活与妇女解放》中，都反映着她对女性解放和女子教育的种种思考。她认为，女性解放之道，应该是能让每个女性都既成为"人"，又成为"女人"。换言之，每个女性都应懂得解放的真谛，应"受过相当教育、明了世界大势，有充分的常识、独立的能力、与自尊的人格"①。但是，她也认为女性在家庭与职业之间存在某种矛盾。所以，她指出，妇女的家庭事务，以及对子女的教养，都应属于妇女职业的一部分，并且，母职是一个女性的"天性"，所以这些都是一个母亲所不能不承担的责任。

陈衡哲在1929年9月写给任鸿隽三姐任心一的信中，这样期盼着家人的帮忙，"今秋日本之会（即太平洋国际学会第三届常会），我十分想去，但家中太没有人了，小孩子不放心。你如肯先来，俾我能得到一点自由，那真是感激极了"②。可以看出，即使在女子解放和女子教育上有着独特见解甚至自成一理论体系的陈衡哲，在其书信中坦露迫切渴望暂时"脱离家庭"而去发展自己的职业与独立人格，也如同当时众多知识女性一样，始终面临如何平衡家庭与职业的现实困境。

在医学界，陈翠贞是国内儿科专业的先驱者之一，毕生致力于儿科教学和临床工作，卓有贡献。1956年陈翠贞与其夫婿沈克非一起被评为上海第一医学院一级教授。③陈翠贞身兼数职，工作非常忙碌，但可以看出她努力在进行家庭与职业间的平衡。她的女儿回忆道，很多时候母亲在照顾子女、做完家事后，仍"一直工作到凌晨"。她的学妹桂质良亦同样在医学上做出了突出贡献。桂质良将两个女儿闻玉平、闻玉梅都培养成了著名医生。

①　陈衡哲：《复古与独裁势力下妇女的立场》，载《衡哲散文集》，河北教育出版社，1994，第74页。

②　抢救民间家书项目委会：《任鸿隽陈衡哲家书》，商务印书馆，2007，第100页。

③　复旦大学附属儿科医院档案室：《儿科界一朵永不凋谢的百合——陈翠贞教授》，《临床儿科杂志》2005年第5期，第259—260页；上海复旦大学附属儿科医院：《陈翠贞教授：用心呵护，追梦一生》，《中华儿科杂志》2009年第10期。

也许可以这样判断，尽管被婚姻与家庭牵扯，这些女性在事业发展过程中，对于自身专业的热情追求多少会遭受阻碍，但是在美国多年来接受的教育，使得她们萌发的展现自我的愿望还是需要出口，她们为国为民为社会服务的心愿也必须有所表达，所以在职业和家庭的摇摆之中，她们始终在坚持完成二者的平衡，并试图将人生更多的时间和价值体现在职业发展之上。

二　逐渐重家庭轻职业型

随着职业与家庭冲突的突出，尤其是随着儿女们的降生，有一类知识女性逐渐选择了重家庭轻职业。这类女性渐渐将职业视为人生点缀，认为她们个人主要责任还是在家庭与育儿上。毋庸讳言，民国时期为数较多的知识女性最终回归了家庭。53 名专科女生中，不少在结婚后确实成为家庭主妇，尤其是大凡其夫婿有大成就者，她们一般都选择了退守家庭。不过，有些是迫不得已的，有一些是自行选择的。

如前所述的蔡秀珠与张彭春，两人相识于 1920 年上半年，他们的女儿张新月记录道："彭春先生于 1920 年率领中国教育界人士来校参观时，瓦萨大学校长特介绍二人相识，次年结婚。"[1] 1922 年 6 月，二人长女明珉出生，待满月后两人携女归国，蔡秀珠一生转折由此开始。因为旅途中女儿发高热，未能及时医治，多年后才发现当时是患了脑膜炎，因而成为半残疾，不能自立。[2] 这令初为人父母的张彭春夫妇深深感到痛心与内疚。[3] 此后蔡秀珠的一生就浓缩成了这样两句话："回国后（两人）同在南开任教。

---

① 黄殿祺：《话剧在北方奠基人之一——张彭春》，中国戏剧出版社，2007，第 340 页。

② 黄殿祺：《话剧在北方奠基人之一——张彭春》，中国戏剧出版社，2007，第 340 页。

③ 龙飞、孔廷庚：《张伯苓与张彭春》，南开大学出版社，2016，第 61—63 页。

彭春常出国，她（即蔡秀珠）独自教养4个子女。"①

　　作为20世纪20年代初的留美化学硕士，蔡秀珠可能在最开始也有过事业上的雄心壮志，所以她一回国就担任了南开大学教职。1937年清华大学做校友职业统计时，她是南开中学教师。可以想见的是，可能她有过短暂的从教生涯，但更多时间估计还是花在了照料家庭尤其是对长女的照顾上。她的职业轨迹，一直是随着丈夫在清华、南开等大学的入职、离职等经历而发生改变。20世纪二三十年代，张彭春是教育界、戏剧界的活跃分子，而且他历次出国时间较长②，将家庭和子女教养之事都留给了蔡秀珠。我们可以从张彭春的生命轨迹中探寻蔡秀珠的生命历程。1926年6月，张彭春也从清华大学辞职回到南开大学，任中学部主任兼大学部教授。抗日战争全面爆发后，张彭春奉命到英美等国宣传抗日。他于1940年被调入外交部，出任驻外使节，10月携带妻子和两个儿子出任驻土耳其公使，两个女儿则留在国内寄居于上海的亲戚家中。1940年，蔡秀珠就跟着张彭春出国了，此后可能再未回国。张彭春于1957年7月19日心脏病猝发，客死美国新泽西州纳特莱城。③未知蔡秀珠的具体信息。

　　如同后人感叹的一样，张彭春"有时一去就好几年，蔡夫人独自一人抚养教育四个幼小的儿女，其中还有一名生活不能自理的残疾孩子，其辛苦程度可想而知"④。我们只能这样假设，假如蔡秀珠的人生中，没有遭遇长女的病痛，抑或是她匀出来一些时间在职业发展上，她也有可能成为一名非常优秀的职业妇女，甚至还可以为中国的化学专业做出一定的贡献。

---

①　黄殿祺：《话剧在北方奠基人之一——张彭春》，中国戏剧出版社，2007，第340页。

②　黄殿祺：《话剧在北方奠基人之一——张彭春》，中国戏剧出版社，2007，第340页。

③　黄殿祺：《曹禺和他的恩师张彭春——写在纪念曹禺诞辰100周年之际》，《天津市社会主义学报》2010年第3期。

④　龙飞、孔廷庚：《张伯苓与张彭春》，南开大学出版社，2016，第61—63页。

如果说，像蔡秀珠一样的女性是因为重大家庭变故而舍弃原先所学，被迫逐渐远离职业而退守家庭，那么，还有一类女性，则是在职业和家庭冲突的压力之下逐渐选择了专门致力于操持家庭以及培养孩子。比如1914批的汤蔼林，婚后长期退居家庭，她在音乐上的天赋与造诣，体现在培养其女儿王安敏上。女儿长期侨居美国，是中国第一批探索西方风格的女作曲家之一，作品包括声乐、器乐、合唱、歌剧和交响乐，并在美国多次获奖。1921批的黄孝贞，长于记忆与分析，数学根基深厚，在统计学上颇有成就。1937年以前，她在相夫教子之余，先后于中央、交通、光华、大同等大学任教统计、数学课程，并以"李黄孝贞"的名字与陆宗蔚合作翻译了美国 F.C. MILLS 著的《统计方法》，中华书局1941年9月印行。① 从该书的"译本序"中可得知，此书为"研究统计学者最适用之初级版本"，"吾国各大学多采用之"，黄孝贞也在大学"数度讲授是书"。② 但此后她跟随夫婿前往台湾地区后，尽管初始还在大学教书，但日渐退回家庭教养子女，自此在工作与学术上并未再度发力，但据说她仍对儿孙能成家立业感到欣慰，并不介意因母爱所付出的代价。

在这些退守家庭的妇女里，1914批的唐玉瑞维护婚姻的案例值得一提。唐玉瑞在20世纪20年代就拥有了哥伦比亚大学硕士学位，是当时一名高学历女性，她的夫婿是著名外交家、历史学家蒋廷黻，二人在1923年回国的船上结婚。归国后蒋廷黻在南开大学任历史系教授，而唐玉瑞也在南开中学教数学和钢琴。1929年蒋廷黻出任清华大学历史系主任，唐玉瑞亦跟随前往，浦薛凤在回忆录中亦记录到当时他夫人与唐玉瑞"时常来往"③。唐玉瑞在

---

① 此外，她还有数篇论文发表，如《统计方法与社会学》，《统计月报》1931年第3卷第1期；《记中国经济学社辩论会并抒所见》，《经济学季刊》1936年第7卷第3期；等等。

② F.C. MILLS：《统计方法》，李黄孝贞、陆宗蔚译，中华书局，1941。

③ 浦薛凤：《浦薛凤回忆录》（上），黄山书社，2009，第149页。

中西女塾就读时候的同学杨步伟曾回忆道："唐（玉瑞）以后虽做过很高的地位的太太（蒋廷黻的太太），但是一直温和性情，一点不骄傲，三十年未改。"① 20 世纪 40 年代二人婚变时，社会舆论也特别说到唐玉瑞"短小端庄，具贤妻良母典型"②。可见唐在其人生选择上可能更倾向于坚守婚姻之道，故而逐渐离开了工作岗位并专心成为一名家庭主妇，二人共育有四个孩子。1948 年蒋廷黻在唐玉瑞毫不知情的情况下委托律师在墨西哥法庭单独办妥与其的离婚手续。此后数年，唐玉瑞为维护和挽救婚姻，做了诸多努力，如上《申报》登载声明、请求联合国人权委员会调查并协助解决其与蒋廷黻的婚姻纠纷等。③ 时至今日，因为史料缺失，我们并不知道当时墨西哥法庭判决二人离婚时的具体细节。但也许对于有着良好家境出身的唐玉瑞来说，她并不在乎有无物质补偿。而她之所以要维权，一方面也许因为 53 岁的年龄，人生已到了儿孙满堂的时期，此时被弃，更多的是陷入了一种对未来的茫然失措中，她无法想象人生该如何重新开始；而另一方面，这也许反映了一个在美国留学多年的社会学专业高级知识分子，对夫妻双方多年相濡以沫的感情深入骨髓的难以放弃，以及对契约式婚姻与一夫一妻制的社会规则一种植根于内心的信任与推崇。

三 逐渐重职业轻家庭型

实际上在 53 名留美女生中，这一类型的女性并不太多见，但也有数个案例。这些女性中，有人因为重视职业发展而主动成为独身者，如 1914 批的张端珍一生未婚；还有人是为追求个人的绝

---

① 杨步伟：《一个女人的自传》，岳麓书社，2017，第 69 页。

② 佚名：《藐视国家法令托庇外人，蒋廷黻婚变始末：唐玉瑞悔教夫婿觅封侯》，《珠江报》1949 年新 80 期。

③ 关于二人的婚变缘由、事态发展经过，可参见佚名《藐视国家法令托庇外人，蒋廷黻婚变始末：唐玉瑞悔教夫婿觅封侯》，《珠江报》1949 年新 80 期；以及佚名《蒋廷黻婚变案竟控至联合国》，《文史博览》2009 年第 5 期。

对解放与独立，尽管组建了家庭，但拒绝成为"贤妻良母"，仍以自己的事业发展为主，从而树立起自身事业女性的刚性形象，典型者如 1921 批的颜雅清。

1921 批的颜雅清，在这 53 名留美专科女生中行为处事较为大胆与特立独行。她是颜惠庆的侄女，曾陪同其伯父出使苏联；她从幼时起就跟随其父亲颜福庆屡次出国。[①] 良好开明的家庭环境与教育，培养了这样一位勇敢追求自我的女性，在此后她的一生当中，颜雅清一直都是自己命运的掌控者。1927 年，她 23 岁的时候与陈炳章结婚，婚后育有一子一女。颜雅清一直热衷于参加诸如女青年会等系列社会活动，但"社会活动参加越多，对家庭的责任心就越小"[②]。

婚后几年，颜雅清可能终于意识到，自己的志向并不在成为"贤妻良母"，她要实现的是报国救世的大业。1935 年，颜雅清跟随伯父颜惠庆出使苏联，同年，她在国际联盟第 16 次常会第一委员会分组会议上就妇女地位问题发表公开讲话且引起很大反响，回国后她被外交部正式任命为"本部科员，分驻沪办事处办事"[③]，自此开启了往后人生中十三年的外交生涯。1936 年，她主动与丈夫提出离婚，然后将两个孩子托给娘家人照顾，自己只身出国，此后将更多的时间放在中国妇女解放与全世界和平事业上。她不仅频频亮相于国际联盟，并在美国各地发表演讲。她于 1938 年 1 月获得了美国航空飞行署颁发的学员飞行资格证书，同年 11 月，拿到了私人飞行员执照。因为她痛恨日本侵略军，而当时中国的空军并不发达，在爱国激情的带动下，她"希望自己学成归国后能成为中国空军的一名飞行教官，甚至是空军战斗机飞行员。如

---

① 关于颜雅清的具体事迹，可以参考蔡德贵《世界公民颜雅清传》，花城出版社，2013；帕蒂·哥莉《飞天名媛——中国第一代女飞行家三人传》，张朝霞译，花城出版社，2012。
② 蔡德贵：《世界公民颜雅清传》，花城出版社，2013，第 154 页。
③ 《外交部公报》第 9 卷第 7 号，1936 年 7 月 28 日。

果祖国召唤她，她时刻准备着驾机飞上蓝天，将炸弹投向敌人"①。很快她发现，她驾驶飞机环美飞行等一些大胆的举动，加之她美丽的容颜，使得她可以成为中国在美国进行战款募捐的活招牌。于是，她一边在美国学习妇女儿童福利课程，一边利用自身的招牌效应，吸引媒体注意，多次发表公共讲演，在救济和社会福利等各种机构中任职，为抗日战争募捐。

20 世纪 40 年代，颜雅清成为美国著名的中国女性之一，以希尔达·颜（Hilda Yen）名噪一时，此后一直活跃在联合国舞台。她是罗斯福总统夫人的三大助手之一，还是 1948 年联合国大会通过的《世界人权宣言》的起草人之一，并与 1916 批蔡秀珠的夫婿张彭春一起出席了联合国大会。可以看出，她为中国外交贡献了自己的一份力量。颜雅清在事业上的追求，并没有限制她追求个人幸福，1948 年她再婚，嫁给了一个新西兰人。不过，她的一生都在为打破世俗而奋斗，也一直都是为了自己的个体独立和事业发展而活着，比如，1956 年她还报考了哥伦比亚大学图书管理专业并被顺利录取，起因只是她的丈夫约翰想找一个地方安度退休生活，而她却想时刻保有对社会公共事务的热情，"有更多的机会来帮助他人，达到像父亲说的'为人群服务'的目的"②。两人最终于 1959 年正式办理离婚手续。可以看出，终其一生，颜雅清都在事业与家庭之间选择了自己的事业发展，一旦家庭对事业有所拖累的时候，她宁愿舍弃家庭，也不放弃自己的职业追求。

从颜雅清这类女性身上，我们可以发现，她们中一些人敢于打破旧传统，并力图突破男人们设置的禁区，为自己设定新的角色。她们开始进入传统的"男性的领域"，以争取个人和女性经济独立为由，努力实现自己的事业理想。同时，她们受到正在兴起

① 帕蒂·哥莉：《飞天名媛——中国第一代女飞行家三人传》，张朝霞译，花城出版社，2012，第 61 页。

② 蔡德贵：《世界公民颜雅清传》，花城出版社，2013，第 296 页。

的美国女权运动的激励，并从中有所借鉴。

　　此外，没有完全的证据表明，在史料记载上显得"销声匿迹"的女生，就真的成了"退守家庭"的"家庭主妇"。而且，就算选择了做"家庭主妇"，这也是她们在为社会为家庭做贡献，应该承认她们的价值所在，不必完全苛责。而且，这里面的一些女生选择成为家庭妇女，嫁人后就不再出去工作，习惯于在家成为全职太太，可能原因之一是沿袭自己母亲的做派，因为她们的母亲，绝大部分都是官太太或者商太太。另一个原因可能在于，多年的教会女校生活经历使得她们的思想发生了潜移默化的变化，这种思想认为，在家相夫教子，信奉"施较受更为有福"的教育宗旨，对子女言传身教，也是对毕生所学的一种回馈。再一个原因可能在于，她们中的一部分接受教育，本来就没考虑要为社会做贡献，而是致力于做贤妻良母。与基督徒教育理念不谋而合的，其实是烙印在她们身上的中国的传统文化观念。尽管这些女孩子从幼年起接受的是颇为西化的教育，但实际上，无论方式多么西化，贯穿其中的还是中国传统的儒家精神。

结 语

19世纪末20世纪初，因派遣男生留学政策渐见成效，清政府以及后来的民国政府开始启动女生留学计划。尽管此举受惠人数偏少，但仍有一些女性得以留洋，在留学生涯中获取新知识，习得新技能，并在回国后迅速成为所在专业和行业的佼佼者。在这些女留学生中，1914—1927年受到庚款留美计划资助的53名清华庚款留美女生因为人数集中、留美学校闻名以及专业优胜等因素，成为被外界所熟知、关注的女留学生群体。按照目前学界具有代表性的观点，她们中多数属于近代女留学生群体中的第三代。这批在20世纪初到美国学习的女留学生，回国后分布在教育、医学、音乐等社会各界，为20世纪中国社会的现代化建设做出了突出贡献。这批女留学生既属于20世纪上半叶中国留学大潮的一部分，又带有鲜明的女性群体特点。身为女性，她们的经历与同时期的男学生有着显著的不同，她们不但面临如何做"现代"中国人的问题，也面临如何做"现代"中国女人的问题——求职、婚姻家庭、女性性别认同、事业与家庭的冲突、育儿困境等，这些都是需要她们去面对和解决的。

然而，也许是囿于史料以及其他因素，53名清华庚款留美女生的相关研究并不多见。实际上，对这批知识女性在留美归国后的婚姻、家庭、职业经历做详细考察，从女性个人生活史的视角来回溯与观照当时的中国社会，对于我们了解20世纪中国女性的性别遭遇大有裨益。故此，本书旨在通过考察 53 名清华庚款留美女生群体的生命历程，从她们聚于清华、散落美国的求学生涯，到归国后的职业生涯以及如何处理职业与家庭的关系这一细微之处，来审视这些接受过西方现代教育和性别观念熏陶的中国女性在回归传统家庭与选择新式职业之间所经历的"传统性"与"现代性"的碰撞及其所呈现的"半现代化"特征。

具体而言，本书以 1914—1927 年清华学校派送的 53 名庚款留美女生为研究对象，遵循时间线索，粗略地将 53 名留美女生的生命历程分为出国前、出国后和回国后三个主要人生阶段，对她们的基本特征、家庭背景、出国前的教育训练、清华学校对她们的招录选派过程、出国后的教育学习和生活经历以及结束留美学习后的职业与婚姻家庭状况进行历史扫描。

出国前，这 53 名女生的家庭主要属于当时社会的中上层阶级，大多数来自当时中国比较富庶的江浙一带，她们幼时多接受过传统的儒家教育，并在以教会女校为主体的女子学校接受过较好的西式教育。本书考证了这 53 名女生的基本信息，并对学界各种含糊不清的数目、名录进行了尽可能详细的勘误。清华学校在招录和选派专科女生的过程中，既遵循了严格的标准，也出现过一些如停送专科女生的波折，尽管招录人数并不多，社会却颇为重视。

出国后，这 53 名女生大多进入了当时美国一流的综合性大学或女子大学，她们在美国努力学习西方的先进科学技术和文化艺术，所学专业主要分布在文科类的历史学、社会学、教育学和体育学，实科类的理学、工学和医学（尤以医学为多），艺术类的音乐学。在美国学习过程中，她们所学课程丰富，且教育和考试均极为严格。同时，这些学生还广泛参加各种课外活动。在美国学习的经历，一方面增长了她们的知识才干，另一方面也强化了她们对中国的国家认同和民族认同，并强化了她们现代政治身份意义上的女子国民的自我认知。

留美学习结束后，这批留美女生中的大部分人回到祖国。她们的出路主要是两种，一种是获得较好的职业从而积极服务于社会，特别是在教育界和医学界为国家的现代化建设尽她们作为女子国民的应有贡献，另一种是回归家庭相夫教子。总体上来看，前者更为突出。

在婚姻方面，经历了西方教育洗礼后，她们大多具有健全的独立的人格，能够自由选择和主宰自己的婚姻。当然，在职业与婚姻家庭的平衡上，这些女性所遭遇的困顿体现了她们性别上的"半现代化"特征，这在婚姻家庭方面尤其突出，尽管大多数留美女生的婚姻家庭比较幸福，但少数遭遇婚姻挫折的留美女生由隐忍到奋起抗争的历程表明她们在西方所浸染的"现代"特色终究压住了导致她们能够隐忍的出国前所熏陶的"传统"底色。

可以看出，从53名清华庚款留美女生的职业经历和婚姻家庭来看，作为职业知识女性，她们在如何处理职业和家庭的冲突上，有着非常鲜明的特征。具体表现在，尽管她们在美国接受了5—6年的西方现代教育，回国后进入职场的工作模式和方法都在力图体现和遵循现代化体系，但是，她们在个人婚恋观以及家庭观念上仍然是传统的。这样的传统与现代之间的认知落差，既使得她们对自身的"现代身份认同"（modern identity）有着矛盾之处，也使得她们在职业与家庭之间平衡的处理方式上有着非常明显的"半现代化"特征。

53名留美女生固然是女性，不过，她们同样也是近代留美知识分子的代表。她们有着近代留美知识分子的普遍轨迹：离开家庭，求学于新式教育，出国学习，并经由发表言论、社交、参加社团等方式来获取社会资本与教育资源，机智地与父权、男权等各种权力机制进行对话，既有妥协与合作，也有拒绝和抗争。就此而言，从她们一生的丰富经历也可以看出群体"个体化"后近代知识分子所呈现的复杂面向。

　　以女性个体的生命经验为切入点，来探寻她们不同人生阶段的时代遭遇，为考察近现代女性史提供了另一个视角，也反过来将女性研究纳入一个更为广阔的视域中。那么，如何理解这批女留学生在婚恋观上的"半现代化"特征？对于这批女生而言，现代化是什么？她们又是如何现代化的？哪些特征表明她们是"现代化"的还是"半现代化"的？叶维丽曾经指出，归国后的留学生如何"做现代中国人"同样涉及谋生方法。因此，对于现代知识分子而言，"现代性"不仅涉及思想观念，也是一个"活法"（即生活方式）的问题，一个"存在"（existential）的问题。①这句话可以这样理解，这群知识女性在学成归国后，对于人生中职业、婚姻、家庭等的各种选择，即在生活方式选取与如何求得"个体存在感"的人生经历上，有着错综复杂的思想纠结在里面，而这些，既是她们自身学识阅历所塑造的，同时她们也被这些选择、冲突与平衡所塑造。在这些选择、冲突与平衡中，就体现出了她们在婚恋观与家庭观上的"半现代化"特征。

　　所以，考察她们的日常生活，可以发现，在性别、婚姻与家庭观念上，她们所呈现的，仍然是一种"半现代化"的状态，即中国的传统婚姻家庭观念与现代的个体自由观念等相互交织，最终形成的是一种"半现代化"的思想观念及其指导下的生活选择，而这显然与她们在异国他乡多年所接受的"现代化"的科学知识体系既是相符合的，又是相违背的，这就是体现在这一群体身上的矛盾之处。也因此，对于这批女性知识分子而言，与近代中国的"现代化"之路一样，她们的"现代化"之路，也充满曲折和痛苦，这是一个大时代的变迁在普通人人生选择上的各种投影与印记。所以，她们"与传统文化的关系——是继承还是背弃——

---

① 叶维丽：《为中国寻找现代之路：中国留学生在美国（1900—1927）》，北京大学出版社，2017，第7页。

就是个不断提出的问题"①。或者更明确一点说，她们对中国传统女性文化中各种对女性的教育尤其是道德训化等因素应予继承还是背弃，就成为这些女性的痛苦纠结之源。叶维丽认为，现代中国知识分子倾向于将继承与扬弃相结合。就笔者对这批女生的考察来看，作为现代中国知识分子中的女性代表，她们反而将传统的底色诠释得非常鲜明。陈衡哲的大女儿任以都女士在1985年写给叶维丽的信中，也表达了这个意思，即"这代知识女性接受了系统的西方教育，但仍深深根植于中国文化传统之中"②。所以，从这一点来看，传统与现代底色在她们身上的交融，恰恰表明了她们的"半现代化"特征。

究其原因，笔者以为，从客观上来说可能有以下几点。

第一，民国社会结构的"半现代化"。尤其是近代社会巨大变革所引发的转型堕距，使得女性在接受现代学校教育后，思想观念受到女权主义的鼓励与社会解放思潮的洗礼，但民国社会结构的缓慢转型却使得女性在现实中举步维艰。这可能是这些知识女性在面临冲突和选择时的一个客观大背景。这使得民国社会规范也呈现"半现代化"特征。民国传统社会规范与现代社会规范并存，社会舆论环境对男女性别的角色期待仍然含混不清，具体对女性而言，则是她们在接受新价值观引导的同时又被旧价值观所束缚。

第二，职业市场的"半现代化"。女性接受学校教育后进入社会求职，但与她们对接的职位设置与分类以及儿童公育与家政服务业当时并未形成规模，女性要承担的家庭责任难以找人分担，急于离家投入职业的心理又不被社会舆论支持，性别劳动分工亦

---

① 叶维丽：《为中国寻找现代之路：中国留学生在美国（1900—1927）》，北京大学出版社，2017，第7页。

② 叶维丽：《为中国寻找现代之路：中国留学生在美国（1900—1927）》，北京大学出版社，2017，第8页。

处于传统与现代交织之中，女性试图从事现代职业从而改变其从属地位，却又难以被部分仍秉持传统性别劳动分工观念的男性所承认，因而冲突在所难免。尽管这些女性归国后已寻求到职业发展路径，但一旦步入婚姻，生育是不得不面对的事宜。而女性一生育，就面临职业的交接与断层。久而久之，性别分工遂回归到了传统模式，即男性仍然因袭传统，外出就业赚钱养家糊口，而女性则退归家庭，做贤妻良母。

第三，民国社会婚姻模式也呈现"半现代化"特征。可以说，在近代社会分层与婚恋模式大变革背景下，新式婚姻观念形成，新女性更崇尚自身独立而非通过婚嫁获取向上流动机会。而此时，知识女性自身的"半现代化"等，也成为需要考量的因素，包括知识女性自我能力、素质是否与现代职业需求相匹配，知识女性自我的性别观念是否完成了现代转型等。精英男性自身也具有"半现代化"特征，精英男性在观念上承认男女平等的政治正确，但在实践过程中往往与之相背离，从而导致他们无法真正接受知识女性进入现代职业。较为明显的例证是，可能因为她们所嫁之人大多是清华留美同学，这些人后来大多成为学界、政界、商界等各界著名人士。

20 世纪 20 年代后期开始到三四十年代，"女子读书无用论"甚嚣尘上，一些教育界人士尤其是精英男性知识分子甚至将批评的目光投向了这一批留美女生，指责她们回国后多数回归了家庭，没有为中国社会做出应有的贡献，输送她们留学浪费了庚款经费。此种评论对这一批清华庚款留美女生是有失公允的。正是基于此种考虑，笔者试图将婚姻家庭这一维度纳入对这批女性的个人生活史考察，从而还原这批女生"学得好、嫁得好、工作得也好"的历史真相。

一是当我们探讨这些女性在个体现代化进程中的各种人生选择时，我们会发现，这些学界谓之中国早期的"现代女性"群体，她们的"现代化"实际上却处于未完成状态，或者说偏离状态，这也许有她们的个体因素，但其背后的各种错综复杂的影响因素，我们亦不能不重视，而这是我们以往的讨论中所忽略的。二是当我们讨论这批高学历留美女性的求职经历与成就时，我们会发现，从个人生活史的角度而言，与事业成功的男性留美知识分子可以适当从家庭抽身相比较，这批知识女性的职业生涯与婚姻家庭生活二者是密不可分的，对于经历了生育过程与子女养育的女性来说尤甚。这也是我们必须要考虑到的知识女性特殊之处。三是当我们来细致考察每一位知识女性的婚恋观时，我们会发现，她们既受到了中美两国传统女性观念的影响以及中美两国女权运动的激励，也在寻求并强调现代教育与传统妇德的兼容，努力把自己塑造成现代的贤妻良母。[1] 可以说，这些女性虽然在归国后纷纷进入职场，但在当时的时代背景下，她们仍急于向国人表明她们在根本上是认同家庭的。她们既内化了当时中国社会对性别秩序的焦虑，也认同并维护了这一秩序，甚至在某种程度上也使得自此之后的中国女性在工作家庭双肩挑的道路上越走越远。

在此过程中，她们遭遇到的也是当代妇女共同的群体困惑——如何平衡事业与家庭。传统教育要求她们进入婚姻，成为如她们母亲般的以家庭为主、具有牺牲精神和高尚道德的贤妻良母，而现代教育却又允许她们拥有独立的空间和自我实现的可能，在建立主体性的同时还能服务社会。在这两难境遇中，每一位困于其中的女性，都没办法迅疾做出简单的抉择。

如此，以今人之眼光来苛求当日之知识女性，似乎是不妥的，因为，即使时至今日，知识女性同样面临如何平衡职业与家庭冲突的困境。清华庚款留美女生在平衡职业与家庭的冲突方面的困境显得更加突出，今日知识女性所面对的社会结构至少不如当时

---

[1]　叶维丽：《为中国寻找现代之路：中国留学生在美国（1900—1927）》，北京大学出版社，2017，第126页。

那样传统，因此，从历史的眼光来看，当下知识女性对这些困境的应对应较之那时的知识女性更加从容一些。当然，不可否认的是，如何面对和解决当下知识女性所面临的相似的冲突困境，仍应引起我们足够的重视，而这也正是早期留美知识女性的历史际遇所能带给我们的现代启示。当然，限于篇幅，对于当代知识女性所遭遇的相似困境，具体应该如何加以分析并正确面对，则有待包括笔者在内的当代学人继续加以研究。

主要参考文献

一 中文文献

（一）图书

[1]《红房子130年》编委会：《红房子130年》，上海人民出版社，2014。

[2]《华夏妇女名人词典》编委会：《华夏妇女名人词典》，华夏出版社，1988。

[3]《上海妇女志》编纂委员会：《上海妇女志》，上海社会科学院出版社，2000。

[4] 安树芬：《中国女性高等教育的历史与现状研究》，高等教育出版社，2002。

[5] 白玉良：《中国工程院院士自述》（第二卷），高等教育出版社，2008。

[6] 北京鲁迅博物馆鲁迅研究室编《鲁迅研究资料7》，天津人民出版社，1980。

[7] 北京清华学校：《游美同学录（民国六年）》，1917。

[8] 北平清华大学：《清华同学录》，国立清华大学校长办公处，1937。

[9] 冰心：《新编冰心文集》（第三卷），商务印书馆，2008。

[10] 蔡德贵：《世界公民颜雅清传》，花城出版社，2013。

［11］陈春花：《朗润日记：北大国发院印记》，机械工业出版社，2022。

［12］陈鹤琴：《我的半生》，上海三联书店，2014。

［13］陈衡哲：《陈衡哲早年自传》，冯进译，安徽教育出版社，2006。

［14］陈衡哲：《衡哲散文集》（全二册），开明书店，1938。

［15］陈衡哲：《衡哲散文集》，河北教育出版社，1994。

［16］陈衡哲：《一支扣针的故事》，北方文艺出版社，2015。

［17］陈洁：《上海美专音乐史》，南京大学出版社，2012。

［18］陈瑾瑜：《中西女中（1892—1952）》，同济大学出版社，2016。

［19］陈景磐：《中国近代教育史》（第三版），人民教育出版社，2004。

［20］陈希文、陈其英编《郑洪年一年来国难中之教育言论》，国立暨南大学秘书处印务组，1933。

［21］陈学恂、田正平编《中国近代教育史资料汇编——留学教育》，上海教育出版社，1991。

［22］陈学恂：《中国近代教育史教学参考资料》，人民教育出版社，1987。

［23］陈学勇：《凌叔华文存》，四川文艺出版社，1998。

［24］陈雁：《北洋外交领军者颜惠庆》，福建教育出版社，2015。

［25］陈雁：《颜惠庆传》，河北人民出版社，1999。

［26］程光胜：《梦想成真：张树政传》，上海交通大学出版社，2013。

［27］程新国：《庚款留学百年》，东方出版中心，2005。

［28］戴维·波普诺：《社会学》（第十一版），李强等译，中国人民大学出版社，2012。

［29］杜学元：《近代女性教育文献丛刊》（第1、2、6册），国家图书馆出版社，2021。

［30］杜学元：《外国女子教育史》，四川人民出版社，2003。

［31］杜学元：《中国女子教育通史》，贵州教育出版社，1995。

［32］F. C. MILLS：《统计方法》，李黄孝贞、陆宗蔚译，中华书局，1941。

［33］范敬、张其成、李艳：《张一帖内科》，安徽科学技术出版社，2020。

［34］房兆楹：《清末民初洋学学生题名录初辑》，台湾"中研院"近代史研究所，1962。

［35］费正清：《剑桥中国晚清史》（上卷），中国社会科学出版社，1993。

［36］费正清、刘广京：《剑桥中国晚清史 1800—1911 年》（上卷），中国社会科学院历史研究所编译室译，中国社会科学出版社，1985。

［37］弗雷德里克·鲁道夫：《美国学院和大学史》，王晨译，商务印书馆，2024。

［38］复旦大学老教授协会：《复旦名师剪影》（医学卷），复旦大学出版社，2013。

［39］高魁祥、申建国编《中华古今女杰谱》，中国社会出版社，1991。

［40］高兰兴、郭俊生、郭长江：《军队营养与食品学》，军事医学科学出版社，2008。

［41］关鸿、魏平主：《从家乡到美国：赵元任早年回忆》，学林出版社，1997。

［42］贺丰杰、吴克明：《中西医临床妇产科学》，中国医药科技出版社，2019。

［43］贺国庆：《德国和美国大学发达史》，人民教育出版社，1998。

［44］胡光麃：《大世纪观变集（第五册 旅台从文三百则）》，台湾联经出版事业公司，1992。

［45］胡光麃：《大世纪观变集（第一册 波逐六十年）》，台湾联经

出版事业公司，1992。

[46] 华东师范大学老教授协会组编《师魂》，华东师范大学出版社，2011。

[47] 寰球中国学生会：《寰球中国学生会民国十五年特刊》，1926。

[48] 寰球中国学生会：《寰球中国学生会年鉴》（第二期），1923。

[49] 荒砂、孟燕坤：《上海妇女志》，上海社会科学院出版社，2000。

[50] 黄殿祺：《话剧在北方奠基人之一——张彭春》，中国戏剧出版社，2007。

[51] 黄天鹏：《新闻学论文集》，上海光华书局，1930。

[52] 黄新宪：《中国留学教育的历史反思》，四川教育出版社，1991。

[53] 江勇振：《星星、月亮、太阳：胡适的情感世界》（增订版），新星出版社，2012。

[54] 姜纬堂编著、刘宁元主编《中国女性史类编》，北京师范大学出版社，1999。

[55] 姜义华：《中华文明三论》，上海人民出版社，2021。

[56] 蒋美华：《20世纪中国女性角色变迁》，天津人民出版社，2008。

[57] 金富军：《清华大学留学管理研究：1909—1949》，清华大学出版社，2022。

[58] 金富军：《档案里的清华》，上海三联书店，2023。

[59] 克莱、保罗、塞尔卡尔：《世界妇女史：从史前至公元1500年》（上卷），裔昭印、张凯译，格致出版社、上海人民出版社，2012。

[60] 雷良波：《中国女子教育史》，武汉出版社，1993。

[61] 李楚材：《帝国主义侵华教育史资料——教会教育》，教育科

学出版社，1987。

[62] 李火秀：《过渡时代的"造桥"者——陈衡哲评传》，中国社会科学出版社，2019。

[63] 李景文、马小泉：《民国教育史料丛刊》，大象出版社，2015。

[64] 李开军：《中国历史记者专题研究》，山东文艺出版社，2009。

[65] 李立明：《现代中国作家评传》（第一集），波文书局，1979。

[66] 李绍昌：《半生杂忆》，文海出版社影印本，1969。

[67] 李喜所、刘集林等：《近代中国的留美教育》，天津古籍出版社，2000。

[68] 李喜所：《中国留学通史》（三卷本），广东教育出版社，2010。

[69] 李银河：《女性权力的崛起》，中国社会科学出版社，1997。

[70] 李永、顾晓莉：《中国近代留学教育活动史研究》，科学出版社，2019。

[71] 李又宁：《华族留美史：150年的学习与成就》，纽约天外出版社，1999。

[72] 李又宁、张玉法编《中国妇女史论文集》，台湾商务印书馆，1981。

[73] 梁碧莹：《近代中美文化交流研究》，中山大学出版社，2009。

[74] 梁冠霆：《留美青年的信仰追寻》，上海人民出版社，2010。

[75] 林美玫：《妇女与差传：19世纪美国圣公会女传教士在华差传研究》，社会科学文献出版社，2011。

[76] 凌叔华：《古韵》，傅光明译，天津人民出版社，2016。

[77] 刘开生：《衡山碧色映朝阳：陈衡哲和她的姊妹们》，湖南大学出版社，2023。

[78] 留学生丛书编委会：《中国留学史萃》，中国友谊出版公司，1992。

[79] 龙飞、孔廷庚：《张伯苓与张彭春》，南开大学出版社，2016。

[80] 卢燕贞：《中国近代女子教育史》，文史哲出版社，1988。

［81］鲁静、史睿编《清华旧影》，东方出版社，1998。

［82］陆阳、胡杰编《胡彬夏文集》，线装书局，2014。

［83］陆阳：《杨家旧事》，南京师范大学出版社，2017。

［84］罗元旭：《东成西就：七个华人基督教家族与中西交流百年》，生活·读书·新知三联书店，2012。

［85］洛伊斯·班纳：《现代美国妇女》，侯文蕙译，东方出版社，1987。

［86］迈克尔·W.阿普尔：《意识形态与课程》，黄忠敬译，华东师范大学出版社，2003。

［87］茅盾：《我走过的道路》，人民文学出版社，1997。

［88］倪徵噢：《淡泊从容莅海牙》，北京大学出版社，2015。

［89］帕蒂·哥莉：《飞天名媛：中国第一代女飞行家三人传》，张朝霞译，花城出版社，2012。

［90］帕梅拉·麦克维：《世界妇女史：1500年至今》（下卷），洪庆明、康凯译，格致出版社、上海人民出版社，2012。

［91］彭小舟：《近代留美学生与中美教育交流研究》，人民出版社，2010。

［92］浦薛凤：《浦薛凤回忆录》（上），黄山书社，2009。

［93］钱化佛口述、郑逸梅撰《三十年来之上海》，学者书店，1947。

［94］钱京娅、史卫华主编《复旦大学图书馆百年纪事（1918—2018)》，复旦大学出版社，2018。

［95］钱益民、颜志渊：《颜福庆传》，复旦大学出版社，2007。

［96］抢救民间家书项目组委会：《任鸿隽陈衡哲家书》，商务印书馆，2007。

［97］乔素玲：《教育与女性——近代中国女子教育与知识女性觉醒（1840—1921)》，天津古籍出版社，2005。

［98］清华大学校史编写组编著《清华大学校史稿》，中华书局，1981。

［99］ 清华大学校史研究室编《清华大学九十年》，清华大学出版社，2001。

［100］ 清华大学校史研究室编《清华大学史料选编》（第一卷），清华大学出版社，1991。

［101］ 清华大学校史研究室编《清华大学一百年》，清华大学出版社，2011。

［102］ 清华大学校史研究室编《清华漫话》，清华大学出版社，2006。

［103］ 清华学校：《清华学校一览》，1917。

［104］ 任鸿隽：《科学救国之梦——任鸿隽文存》，上海科技教育出版社，2002。

［105］ 荣鸿曾、吴淼鑫编《在你温厚的笑容中荡漾》，上海音乐学院出版社，2016。

［106］ 沈俊鸿编《江阴名人自述》（上），上海古籍出版社，2008。

［107］ 石新明：《满井村——北科大校园》，冶金工业出版社，2009。

［108］ 史黛西·比勒：《中国留美学生史》，张艳译，生活·读书·新知三联书店，2010。

［109］ 史静寰：《妇女教育》，吉林教育出版社，2000。

［110］ 舒新城：《近代中国留学史》，上海古籍出版社，2014。

［111］ 宋路霞：《上海滩名门闺秀》（伍），上海科学技术文献出版社，2018。

［112］ 苏云峰：《从清华学堂到清华大学（1911—1929）》，生活·读书·新知三联书店，2001。

［113］ 孙石月：《中国近代女子留学史》，中国和平出版社，1995。

［114］ 天津市第一医院志编纂委员会：《〈天津卫生史料〉专辑4·第一医院志 1930—1990》，1990。

［115］ 田正平：《调适与转型：传统教育变革的重构与想象》，人

民教育出版社，2016。

［116］田正平：《留学生与中国教育近代化》，广东教育出版社，1996。

［117］田正平、周谷平：《教育交流与教育现代化》，浙江大学出版社，2005。

［118］汪一驹：《中国知识分子与西方》，梅寅生译，台湾枫城出版社，1978。

［119］王德禄：《归来：二十世纪五十年代归国北美留学生名录》，中国科学技术出版社，2023。

［120］王焕琛：《留学教育：中国留学教育史料》（第三册），台湾编译馆，1980。

［121］王惠姬：《中国现代化的推手——以留美实科女生为主的研究（1881—1927）》（上、下），台湾花木兰文化出版社，2011。

［122］王良镭、何品：《年会记录选编》，上海科学技术出版社，2020。

［123］王奇生：《中国留学生的历史轨迹（1872—1949）》，湖北教育出版社，1992。

［124］王奇生：《留学与救国——抗战时期海外学人群像》，广西师范大学出版社，1995。

［125］王晓慧：《近代中国女子教育论争史研究（1895—1949）》，中国社会科学出版社，2015。

［126］王晓焰：《18—19世纪英国妇女地位研究》，人民出版社，2007。

［127］王玉琴：《一日西风吹雨点——陈衡哲传》，中国书籍出版社，2015。

［128］王桢禄：《当代昆山人才录》，昆山市亭林印刷总厂，1996。

［129］魏淑凌：《家国梦影：凌叔华与凌淑浩》，张林杰译，百花文艺出版社，2008。

［130］吴成平：《上海名人辞典》，上海辞书出版社，2001。

［131］吴观国、吉鸿：《中文医学文献分类索引》，人民卫生出版社，1958。

［132］吴汉全、王中平：《留学生与近代中国社会变迁》，吉林人民出版社，2012。

［133］吴康宁：《课程社会学研究》，江苏教育出版社，2004。

［134］吴宓：《吴宓日记》（第二册），生活·读书·新知三联书店，1998。

［135］吴襄、郑集：《现代国内生理学者之贡献与现代中国营养学史料》，中国科学图书仪器公司，1954。

［136］吴梓明：《基督教大学华人校长研究》，福建教育出版社，2001。

［137］向延生编《中国近现代音乐家传》（第3卷），春风文艺出版社，1994。

［138］项建英：《别样的风采：近代大学女教师研究》，浙江大学出版社，2018。

［139］萧梦麟选编《橘花：〈苏州杂志〉选集》，新世界出版社，2017。

［140］谢长法：《中国留学教育史》，山西教育出版社，2006。

［141］熊贤君：《中国女子教育史》，山西教育出版社，2009。

［142］徐颖果、马红旗：《精编美国女性文学史》，南开大学出版社，2016。

［143］徐永初、陈瑾瑜主编《圣玛利亚女校（1881～1952）》，同济大学出版社，2014。

［144］徐永初、陈瑾瑜主编《追寻圣玛利亚校友足迹》，同济大学出版社，2014。

［145］徐永初、陈瑾瑜主编《追忆圣玛利亚女校》，同济大学出版社，2014。

［146］徐志摩、潘倩：《徐志摩翰墨辑珍》第2卷《留美日记》，

中央编译出版社，2014。

[147] 雅礼校友会编《雅礼中学建校八十周年纪念册》，湖南人民出版社，1986。

[148] 杨步伟：《一个女人的自传》，岳麓书社，2017。

[149] 杨家骆：《民国名人图鉴：草创本》，辞典馆，1937。

[150] 杨绛：《将饮茶》，生活·读书·新知三联书店，2015。

[151] 杨维忠：《莫厘王氏人物传——王鏊家族精英选》，苏州大学出版社，2016。

[152] 杨伟国、瞿介明：《回眸广慈》，上海交通大学出版社，2017。

[153] 叶维丽：《为中国寻找现代之路：中国留学生在美国（1900—1927）》（第二版），周子平译，北京大学出版社，2017。

[154] 裔昭印：《妇女与性别史研究》（第一辑），生活·读书·新知三联书店，2016。

[155] 裔昭印：《西方妇女史》，商务印书馆，2009。

[156] 俞子夷：《一个小学十年努力记》，中华书局，1930。

[157] 约翰·塞林：《美国高等教育史》（第二版），孙益、林伟、刘冬青译，北京大学出版社，2014。

[158] 越生文化编《中西女塾章程》，浙江教育出版社，2022。

[159] 张德龙：《上海高等教育系统教授录》，华东师范大学出版社，1988。

[160] 张珑编《回忆中西女中（1900～1948）》，同济大学出版社，2016。

[161] 张睦楚：《留美中国学生联合会史》，西南大学出版社，2023。

[162] 张睦楚：《民族意识与自由主义的双重变奏——留美中国学生联合会之历史考察》，社会科学文献出版社，2018。

[163] 张睦楚：《浙籍留美学生与浙江近代高等教育早期现代化研

究》，浙江大学出版社，2024。

[164] 张南琛、宋路霞：《张静江、张实铭家族——一个传奇家族的历史纪实》，重庆出版社，2006。

[165] 张朋园等：《任以都先生访问记录》，台湾"中研院"近代史研究所，1993。

[166] 张玮瑛、王百强、钱辛波主编《燕京大学史稿 1919—1952》，人民中国出版社，1999。

[167] 张玉珍、项馥梅：《钢琴学》（第一集），商务印书馆，1933。

[168] 张子高、张孟闻：《刘咸选辑》，上海书店，1989。

[169] 章开沅：《辛亥革命辞典》，武汉出版社，2011。

[170] 章开沅、余子侠：《中国人留学史》（上册），中国社会科学出版社，2013。

[171] 赵匡华：《中国化学史：近现代卷》，广西教育出版社，2003。

[172] 赵荣光：《中华食学》，中国轻工业出版社，2022。

[173] 郑刚：《留学生与近代中国研究生教育》，大象出版社，2020。

[174] 郑杭生：《社会学概论新修》（第三版），中国人民大学出版社，2003。

[175] 郑集：《中国早期生物化学发展史（1917—1949)》，南京大学出版社，1989。

[176] 中国人民政治协商会议上海市委员会文史资料工作委员会编《上海文史资料选辑》（第 59 辑），上海人民出版社，1988。

[177] 中国人民政治协商会议天津市委员会文史资料委员会编《天津文史资料选辑》（第 38 辑），天津人民出版社，1987。

[178] 中国社会科学院世界宗教研究所：《中华归主——中国基督教事业统计》（中册），中国社会科学出版社，1987。

[179] 中国营养学会编《中国营养学会史》，上海交通大学出版社，2008。

［180］ 中华全国妇女联合会妇女研究所、中国第二历史档案馆：《中国妇女运动历史资料·民国政府卷 1912—1949》（下），中国妇女出版社，2011。

［181］ 中华人民共和国全国妇女联合会：《马克思恩格斯列宁斯大林论妇女》，人民出版社，1978。

［182］ 周莉萍：《美国妇女与妇女运动（1920—1939）》，中国社会科学出版社，2009。

［183］ 周棉：《留学生群体与民国的社会发展》，中国社会科学出版社，2017。

［184］ 周棉：《留学生与中国的社会发展》（一），中国矿业大学出版社，1997。

［185］ 周棉：《留学生与中国的社会发展》（二），吉林人民出版社，2008。

［186］ 周棉：《中国留学生大辞典》，南京大学出版社，1999。

［187］ 周棉：《中国留学生论》，南京大学出版社，2012。

［188］ 周质平编《胡适早年文存》，台湾远流出版公司，1995。

［189］ 朱峰：《基督教与近代中国女子高等教育——金陵女大与华南女大比较研究》，福建教育出版社，2002。

［190］ 朱航满编《2017 中国随笔年选》，花城出版社，2018。

［191］ 朱孔京：《中国近代留学教育比较研究》，中国社会科学出版社，2022。

［192］ 朱有瓛主编《中国近代学制史料》，华东师范大学出版社，1983。

（二）期刊

［1］《东方杂志》（1907—1929）。

［2］《凤藻》（1919—1922）。

［3］《妇女杂志》（1916—1927）。

［4］《妇女月报》（1935—1936）。

[5]《环球》（1917—1918）。

[6]《寰球中国学生会周刊》（1923）。

[7]《教育杂志》（1914—1936）。

[8]《教育周报》（1918—1930）。

[9]《留美学生季报》（1915—1920）。

[10]《墨梯》（1921—1936）。

[11]《女青年月刊》（1934—1937）。

[12]《清华周刊》（1915—1925）。

[13]《新教育》（1923）。

[14]《学生》（1916—1922）。

[15]《中国留美学生月报》（*The Chinese Students' Monthly*，1914—1930）。

[16]《中华教育界》（1926）。

[17] 陈雁：《巴伯奖学金与近代中国女性留美：途径、专业与意义》，《妇女研究论丛》2007 年第 5 期。

[18] 陈雁：《密歇根大学、巴伯奖学金与亚洲近代女子高等教育》，《全球史评论》2019 年第 1 期。

[19] 戴念祖、刘娜：《顾静徽——中国第一个物理学女博士》，《物理》2009 年第 3 期。

[20] 丁汝燕：《中国现代声乐艺术教育的开创者——周淑安、赵梅伯》，《中国音乐》2006 年第 3 期。

[21] 冯长春、张翼鹏：《音乐教育家张玉珍考略》，《中国音乐》2024 年第 2 期。

[22] 复旦大学附属儿科医院档案室：《儿科界一朵永不凋谢的百合——陈翠贞教授》，《临床儿科杂志》2005 年第 5 期。

[23] 宫宏宇：《清华学校首批庚款留美女学人中的音乐人》，《音乐艺术（上海音乐学院学报）》2021 年第 1 期。

[24] 金富军：《1949 年前清华大学资助留学生类型考察》，《江苏

师范大学学报》（哲学社会科学版）2015 年第 1 期。

［25］金富军：《清华大学留美公费生考试制度考察》，《清华大学
学报》（哲学社会科学版）2015 年第 3 期。

［26］金富军：《1909—1949 年清华留学生派遣政策考察》，《兰台
世界》2016 年第 12 期。

［27］金富军、李珍：《清华学校留学辅导考察》，《扬州大学学
报》（高教研究版）2016 年第 3 期。

［28］李喜所：《20 世纪中国留学生的宏观考察》，《广东社会科
学》2004 年第 1 期。

［29］李岩：《千虑一失——萧友梅音乐教科书的缺憾》，《人民音乐》
2012 年第 3 期。

［30］李扬：《"运动"的另一种轨迹——作为"白话小说"的〈一
日〉》，《中山大学学报》（社会科学版）2022 年第 2 期。

［31］梁晨：《技术方法的引入与时代新史学的形成》，《南京大学
学报》（哲学·人文科学·社会科学）2022 年第 2 期。

［32］梁晨：《1909—1944 年清华留美学生职业状况量化研究》，
《近代史研究》2024 年第 4 期。

［33］刘峰：《圣玛利亚女学与〈凤藻〉研究》，《中华女子学院学
报》2011 年第 5 期。

［34］刘再生：《千古文章未尽才——黄自对音乐创作与音乐教育
的贡献》，《中国音乐教育》2014 年第 1 期。

［35］吕芳文：《一代才女陈衡哲》，《湘潮（下半月）》2016 年第
4 期。

［36］聂锦麟：《弥深弥淳的情怀——世纪老人张继英写真》，《寻
根》1995 年第 6 期。

［37］任秀蕾：《周淑安的历史地位》，《中国音乐学》2009 年第
3 期。

［38］上海复旦大学附属儿科医院：《陈翠贞教授：用心呵护，追

梦一生》，《中华儿科杂志》2009 年第 10 期。

[39] 上海申报教育消息栏：《远东运动大会特刊（十六年九月二日）》，《体育》1927 年第 1 期。

[40] 邵学言：《妈妈的琴声——忆我的妈妈李素心》，《星海音乐学院学报》2012 年第 3 期。

[41] 石四箴：《中国儿童口腔医学回顾与展望》，《中国实用口腔科杂志》2008 年第 5 期。

[42] 史建国：《关于陈衡哲的几点史料辨正》，《民国档案》2010 年第 2 期。

[43] 史静寰：《美国现代派传教士教育家的形成与中国教会学校的改革》，《美国研究》1991 年第 3 期。

[44] 孙承晟：《葛利普与北京博物学会》，《自然科学史研究》2015 年第 2 期。

[45] 唐纪明：《美国退还庚子赔款与清华学校》，《清华大学教育研究》1989 年第 2 期。

[46] 田涛：《中国第一个女留学生金雅妹——〈纽约时报〉有关金雅妹的报道》，《徐州师范大学学报》（哲学社会科学版）2011 年第 3 期。

[47] 万凡捷：《闽籍华侨华人音乐家的音乐创作——以周淑安、罗浪、殷承宗为例》，《华侨大学学报》（哲学社会科学版）2023 年第 2 期。

[48] 汪镇美：《被遗忘的早年旅美钢琴家董光光》，《钢琴艺术》2020 年第 10 期。

[49] 王奇生：《教会女子高等教育的历史演变》，《华中师范大学学报》（哲学社会科学版）1996 年第 2 期。

[50] 王晓慧：《1914 年清华学校首批留美专科女生考略》，《江苏师范大学学报》（哲学社会科学版）2018 年第 3 期。

[51] 王运来、杜淑惠：《陶行知的高等教育改革创举及其教育家

精神新探》，《江苏高教》2024 年第 1 期。

[52] 吴洪成：《中国近代教会女学述论》，《西南师范大学学报》（哲学社会科学版）1997 年第 1 期。

[53] 项建英、高梅：《近代中国留美高校女性综论》，《教育评论》2017 年第 8 期。

[54] 项建英：《近代中国留美高校女性综论》，《教育评论》2017 年第 8 期。

[55] 项建英、王弦弦：《19 世纪末 20 世纪初教会大学"合并化"运动透析》，《现代大学教育》2010 年第 4 期。

[56] 谢喆平：《重拾陈衡哲》，《人物》2009 年第 3 期。

[57] 徐学海、陆以真：《妇女运动的领导者：孙王国秀女士访问记》，《妇女（上海 1945）》1947 年第 11 期。

[58] 阎广芬：《西方女学的传入与中国近代女子教育》，《教育研究》2000 年第 4 期。

[59] 杨慧：《近代中国教会女子教育与妇女解放》，《北方论丛》2002 年第 6 期。

[60] 佚名：《中国近代掌管两所医院的女院长——何金英》，《中华医史杂志》2001 年第 2 期。

[61] 元青、吴鲁锋：《清季留学生群体的"中学西传"活动》，《南开学报》（哲学社会科学版）2021 年第 1 期。

[62] 张铭雨、李中清、梁晨：《民国时期大学生的社会阶层来源：基于量化历史数据的实证分析》，《清华大学教育研究》2023 年第 4 期。

[63] 张睦楚：《"奢望幻灭"：一战期间留美中国学生对威尔逊主义的反应》，《思想理论战线》2023 年第 4 期。

[64] 张睦楚：《书生报国的另一种面相：留美中国学生的价值选择与意义转向》，《现代教育论丛》2022 年第 5 期。

[65] 张睦楚：《由"私域"走向"公共"：近代留美中国学生的

历史选择——以留美中国学生联合会为例》，《北京教育学院学报》2018 年第 4 期。

[66] 赵叶珠：《美日高等教育规模扩张过程中女性参与的比较》，《现代大学教育》2002 年第 1 期。

[67] 周棉：《留学生群体与民国的社会发展》，《近代史研究》2019 年第 1 期。

[68] 周棉：《留学生群体与民国时期新式教育体制的建立》，《浙江学刊》2012 年第 5 期。

[69] 周棉：《论中国留学教育的产生》，《教育评论》2002 年第 6 期。

[70] 庄孔韶：《中国大教育家庄泽宣先生行止——故居、学术与大族传承》，《当代教育与文化》2014 年第 1 期。

（三）学位论文

[1] 李静玲：《现代性的另一种诉求：近代中国留美生基督信仰研究》，硕士学位论文，浙江师范大学，2021。

[2] 林伟：《彼岸的想象：留美中国学生的国家认同（1901—1919)》，博士学位论文，北京师范大学，2012。

[3] 韦希：《当代女性主义视野下的中国高师音乐教育》，博士学位论文，南京师范大学，2013。

[4] 张文莉：《音乐教育家周淑安研究》，硕士学位论文，浙江师范大学，2023。

[5] 张晓洁：《近代江苏女留学生群体研究》，硕士学位论文，江南大学，2019。

（四）报纸

[1] 《大公报（桂林）》（1943）。

[2] 《大公报（上海）》（1936—1948）。

[3] 《大公报（天津）》（1927—1948）。

[4] 《民国日报》（1916—1931）。

［5］《民报》（1932—1933）。

［6］《申报》（1920—1949）。

［7］《神州日报》（1916—1940）。

［8］《时报》（1918—1933）。

［9］《时事新报（上海）》（1914—1937）。

［10］《时事新报（重庆）》（1944）。

［11］《图画时报》（1928）。

［12］《益世报（北京）》（1934—1935）。

［13］《新闻报》（1923—1937）。

（五）网络文献

［1］《百年前的金女大毕业生，如何在婚姻中做自己?》，腾讯网，2023 年 3 月 8 日，https://new. qq. com/rain/a/20230308A091E100。

［2］陈方培、陈道元：《回忆中大物理系三七级》，东南大学校友总会，2009 年 11 月 30 日，http://seuaa. seu. edu. cn/2008/0911/c1931a24256/page. htm。

［3］《一百年前，爱因斯坦走进上海"梓园"的那个良夜》，澎湃新闻，2022 年 11 月 16 日，https://roll. sohu. com/a/606365729_260616。

［4］韦季刚：《美国国家档案馆藏 1914 年庚款留学生入境记录》，清华大学校史馆，2020 年 12 月 21 日，https://xsg. tsinghua. edu. cn/info/1003/2381. htm。

［5］韦季刚、薛一东：《美国国家档案馆藏 1918 年庚款留学生档案》（上），清华大学校史馆，2023 年 8 月 4 日，https://xsg. tsinghua. edu. cn/info/1003/3314. ht。

［6］韦季刚、薛一东：《美国国家档案馆藏 1923 年庚款留学生档案》，清华大学校史馆，2024 年 4 月 3 日，https://xsg. tsinghua. edu. cn/info/1003/3451. htm。

二 英文文献

[1] "Chop Suey Not Chinese", *The Boston Globe* (November 24, 1918): 53.

[2] E. G. Dexter, *A History of Education in the United States*, New York: The MacMillan Company, 1904.

[3] Ellsworth C. Carlson, *The Foochow Missionaries*, *1847-1880*, Boston: The East Asian Research Center at Harvard University, 1974.

[4] Geraldine Joncich Clifford, *Lone Voyagers*: *Academic Women in Coeducational Institutions*, *1870-1937*, New York: Feminist Press, 1989.

[5] Gerda Lerner, *The Majority Finds Its Past*: *Placing Women in History*, London: Oxford University Press, 1979.

[6] Jana Nidiffer, *Pioneering Deans of Women*: *More Than Wise and Pious Matrons*, New York: Teachers College Press, 2000.

[7] Jane Hunter, *The Gospel of Gentility*: *American Women Missionaries in Turn-of-the-Century China*, New Haven and London: Yale University Press, 1984.

[8] Janet Ng, *The Experience of Modernity Chinese Autobiography of the Early Twentieth Century*, Ann Arbor: The University of Michigan Press, 2003.

[9] Joan Kelly-Gadol, "The Social Relation of the Sexes: Methodological Implications of Women's History", *Signs*: *Journal of Women in Culture and Society*, Vol. 1, No. 4 (Summer, 1976).

[10] Leslie A. Flemming, *Women's Work for Women*: *Missionary and Social Change in Asia*, San Francisco: Westview Press, 1989.

[11] Linda Eisenmann, "Creating a Framework for Interpreting US Women's Educational History: Lessens from Historical Lexicogra-

phy", *History of Education* 30 (2001).

[12] Maresi Nerad, *The Academic Kitchen: A Social History of Gender Stratification at the University of California, Berkeley*, Albany: State University of New York Press, 1999.

[13] Margaret E. Burton, *The Education of Women in China*, New York: Flening H. Revell Company, 1911.

[14] Patricia Palmieri, *In Adamless Eden: The Community of Women Faculty at Wellesley*, New Haven: Yale University Press, 1995.

[15] Patricia R. Hill, *The World Their Household: The American Woman's Foreign Mission Movement and Cultural Transformation, 1870-1920*, Ann Arbor: University of Michigan Press, 1985.

[16] Phillips, C. J., "The Student Volunteer Movement and Its Role in China Missions, 1886-1920", in Suzanne Wilson, Barnett and J. K. Fairbank, *The Missionary Enterprise in China & America*, Cambridge, Mass: Harvard University Press, 1974.

[17] Renate Bridentbal, Susan Mosher Stuar, and Merry E. Weisner, eds. , *Becoming Visible: Women in European History*, Boston: Houghton Mifflin, 1976.

[18] *The Chinese Students' Monthly*, Vol. 10-26, 1914-1931.

[19] Tsinghua, *Alumni Year Book* (1923-4), The Tsinghua Alumni Association, 1923.

[20] Y. C. Wang, *Chinese Intellectuals and the West 1872-1949*, Chapel Hill: University of North Carolina Press, 1966.

后　记

　　本书是在我的博士后报告基础上修改完成的。2015 年 9 月，我进入复旦大学中国史博士后流动站，求学于沪上名师姜义华先生。当时我提出想做中国近代女性史课题，姜先生欣然应允。2016 年 2 月我到温哥华访学，在加拿大英属哥伦比亚大学亚洲图书馆的书架上，我见到了陈衡哲的一本小书，取下来一读，就有点爱不释手，那是我第一次近距离接触到清华庚款留美女生群体，随后，我开始对这一群体产生了浓厚的兴趣，并有意识地搜集她们的相关史料，尝试对这一群体进行研究。回国后，我将本书最初的想法和思路向姜先生汇报，得到了先生的肯定和指导，在此对先生特别感谢。

　　2017 年 2 月我回国，5 月，关于这一群体的第一篇研究论文就刊登了出来，这给了我莫大的鼓舞。我的博士学位论文写的是近代中国女子教育史，里面也涉及当时的留美女生群体，但因不是研究重点，所以一笔带过了。然而，回过头来再去对这 53 名清华庚款留美女生的整个人生历程做细致研究时，我对近代中国的女子教育史理解得更为透彻。所以，2018 年到 2022 年，我对于这一群体的研究成果也越来越多。2018 年，我以此为基础，申报了教育部人文社会科学研究青年基金项目并有幸获准立项。有了资金的加持，我开始有目的地到这些女生的生源地和工作地去探寻她们的踪影和足迹，虽所获不多，但也加深了我对这一群体的具象化理解。

这些年来，在收集这一群体信息和材料的过程中，幸得学界各位师友鼎力相助。首先，我要非常感谢清华大学校史研究室副主任、校史馆副馆长金富军教授。数年前，在复旦大学校史研究室主任钱益民教授的引荐下，我得以向金教授学习和请教。尽管金教授与我未曾谋面，但他对我的清华庚款留美女生群体研究始终予以关注和指导，数次惠赐资料，每次对我的困惑都有求必回。书稿初成时犹显粗糙，我贸然呈送给金教授，并请他为拙著写序，金教授欣然允诺，并在序言里对我鼓舞良多，令我深受教益。

然后，我要特别感谢原任教于首都师范大学教育学院的林伟老师，毫无保留地将他在美国留学期间收集的《中国留美学生月报》英文资料赠予了我，让我得以知晓女生们在国外留学时的诸多生活情况。我还要感谢一直对我的写作予以关怀与支持的师友们，他们是：中国人民大学的宋少鹏教授、中南大学的万琼华教授、江苏师范大学的周棉教授、浙江师范大学的项建英教授、西南大学的谢长法教授、四川师范大学的杜学元教授、复旦大学的钱益民教授和王晴璐老师，以及云南师范大学的张睦楚教授；还有康涅狄克大学历史系的郑扬博士、南京地方史研究者王重阳医生等。我的硕博导师南京师范大学的胡金平教授，以及我的师门好友南京师范大学的刘齐老师、任小燕老师和苏州大学的金国老师，都一直关注着我的写作，在此一并谢过。我还要感谢复旦大学历史学系诸位教授，如章清教授、陈雁教授等对我写作的思路点拨，以及美国一些女校如史密斯学院特别藏书阅览室的工作人员，通过邮件给我发送一些女生的资料。

此外，我要感谢首都师范大学的秦方老师和华东师范大学的王燕老师，作为多年好友，一直给我鼓劲打气。最后，我要感谢我所在的华中农业大学及马克思主义学院，无论是在出版经费还是在办公环境上，都给予我很多支持。我也感谢我的几位研究生助手，尤其是朱珍妮、闫思豫和黄江玉，协助我核校众多纷繁资料。感谢我的先生刘燕舞承担了大量家务和育儿工作。总之，师友们的指导和帮助，给予了我非常大的鼓励和信心。

其实，这本小书初稿将近 40 万字。我原本想将这批女生的"半现代性"以及她们如何平衡婚姻家庭和职业等具体特征予以细致归纳总结，后来因为种种原因，删减了十来万字，这些特征只能留待日后提炼。本书仍有诸多不足之处，目前还并不能让我满意，但考虑到已拖拉太久，或许只有先予以面世再等将来时间充裕时进一步修订。感谢本书的组稿编辑刘荣老师一直以来的耐心和细心，感谢她对本书题材的喜爱。感谢刘荣、单远举两位老师对本书的精心编校。

我自身在高校任职多年，坦率来说，百年前这些知识女性的坚守与困惑，今天依然存在于我们这一批女性身上。探究她们，就仿佛在跟自己对话，也是在为我的两个女儿提供一个了解过去女性求学历史的机会。

既如此，就恳请读者批评指正吧！

王晓慧

2025 年 2 月于华农西苑

图书在版编目（CIP）数据

清华庚款留美女生研究：1914—1927 / 王晓慧著 .
北京：社会科学文献出版社，2025.5. --ISBN 978-7
-5228-5408-3

Ⅰ. K828.5

中国国家版本馆 CIP 数据核字第 20253R3D95 号

清华庚款留美女生研究（1914—1927）

著　　者 / 王晓慧

出 版 人 / 冀祥德
组稿编辑 / 刘　荣
责任编辑 / 单远举
责任印制 / 岳　阳

出　　版 / 社会科学文献出版社（010）59367011
　　　　　地址：北京市北三环中路甲 29 号院华龙大厦　邮编：100029
　　　　　网址：www.ssap.com.cn
发　　行 / 社会科学文献出版社（010）59367028
印　　装 / 三河市龙林印务有限公司

规　　格 / 开　本：787mm×1092mm　1/16
　　　　　印　张：18.75　字　数：241 千字
版　　次 / 2025 年 5 月第 1 版　2025 年 5 月第 1 次印刷
书　　号 / ISBN 978-7-5228-5408-3
定　　价 / 98.00 元

读者服务电话：4008918866